BIBLIOTHÈQUE DU PUGET

BONS LIVRES POUR TOUS LES AGES

(SCIENCE)

—

LES EDDAS

PARIS, IMPRIMERIE JOUAUST, RUE SAINT-HONORÉ, 338

BIBLIOTHÈQUE DU PUGET

LES EDDAS

TRADUITES DE

L'ANCIEN IDIOME SCANDINAVE

PAR

Mlle R. DU PUGET

MEMBRE DE L'ACADÉMIE DES SCIENCES, ARTS ET BELLES-LETTRES DE CAEN
TRADUCTEUR DES OEUVRES DE TÉGNIER,
DE L'HISTORIEN A. FRYXELLE, DE Mlle BREMER, ETC., ETC.
ACTEUR DE LA BIBLIOTHÈQUE DE LA JEUNESSE

DEUXIÈME ÉDITION

PARIS

LIBRAIRIE DE L'ASSOCIATION POUR LA PROPAGATION
ET LA PUBLICATION DES BONS LIVRES
5, RUE DU 29 JUILLET, 5

TOUS DROITS RÉSERVÉS

1865

NOTICE

SUR LES EDDAS

Tous les peuples ont eu recours aux dogmes religieux pour se rendre compte de l'origine de l'Univers et de sa conservation, de la mission de l'homme durant sa vie, et de son état après la mort. Les Eddas sont le résumé de la croyance des Scandinaves païens sur ces divers sujets.

Il y a deux Eddas : la plus ancienne et celle de Sæmund-le-Sage, l'*Edda poétique ou rhythmique*, contient un assez grand nombre de poèmes, composés à différentes époques par les skalds ou poètes, sur des sujets mythologiques et historiques. L'un de ces poèmes, la *Prédiction de Wola*, offre les traces incontestables d'une origine païenne extrêmement reculée.

L'Edda en prose est d'une date plus récente. On l'attribue à Snorre Sturleson, célèbre annaliste norwégien (1); mais il est évident que plusieurs écrivains ont participé à sa

---

(1) Né en 1178, mort en 1241.

composition. Suivant toutes les probabilités, le travail de Snorre Sturleson s'est borné à une esquisse du voyage de Gylfe ; la mort ne lui a point permis d'y mettre la dernière main. Ce manuscrit, resté dans la famille de Sturleson, y a pris peu à peu des accroissements ; divers auteurs se sont plu à l'augmenter, sans qu'il soit possible de déterminer avec certitude la limite où chacun s'est arrêté.

J'intervertis l'ordre chronologique en publiant d'abord la traduction de l'Edda de Snorre Sturleson : mon but, en agissant ainsi, est de faciliter la lecture de l'Edda poétique ; autrement elle serait devenue très-fatigante par la multiplicité des notes dont il aurait fallu accompagner le texte, afin de le rendre intelligible. J'ai mis un soin particulier à conserver, dans ma traduction, la couleur locale et la naïveté de l'original.

Les principaux manuscrits des Eddas sont : le *Codex Regius* ou *Edda Royale*, le *Codex Wormianus* (1), l'*Edda d'Upsal* (2) et six manuscrits de la Bibliothèque royale de Stockholm.

R. Du Puget.

(1) Appartient à la Bibliothèque royale de Copenhague.
(2) Donné en 1669 à la Bibliothèque de l'Université d'Upsal par M. le comte M. G. de La Gardie, chancelier de Suède.

L'EDDA

DE SNORRE STURLESON

AVANT-PROPOS

1. La toute-puissance de Dieu créa dans le commencement le ciel, la terre, et tout ce qu'ils contiennent. Dieu fit ensuite deux créatures humaines, Adam et Ève : toutes les races descendent d'eux. Leur postérité devint nombreuse, se répandit sur la terre, mais les hommes ne tardèrent point à dégénérer. La plupart vivaient suivant la chair et méprisaient la parole de Dieu ; aussi furent-ils noyés ainsi que leurs animaux, à l'exception de tous ceux qui étaient dans l'arche avec Noé. Ceux-ci repeuplèrent la terre ; mais les hommes, en se multipliant, retombèrent bientôt dans leurs premiers excès. Ils étaient presque tous préoccupés de pensées d'or-

gueil et d'avarice, de l'amour des richesses, et n'obéissaient plus à Dieu; ils en vinrent même à ne plus prononcer son nom, et les pères cessèrent de raconter à leurs enfants toutes les merveilles qu'il avait faites. Les hommes finirent donc par oublier entièrement leur Créateur; à peine si quelques rares individus le connaissaient. Malgré tant d'ingratitude, Dieu n'en continua pas moins à répandre sur eux les dons de la terre, la richesse et les joies qui en sont la suite. Il leur donna aussi la raison et l'intelligence des choses temporelles. Les hommes, en méditant sur ce qu'ils voyaient, cherchèrent à deviner comment il se faisait que, sous une enveloppe différente, la terre, les quadrupèdes, les oiseaux, avaient la même nature. Si on creusait un puits sur de hautes montagnes, on y trouvait de l'eau aussi promptement que dans les vallées les plus profondes. On observait les mêmes phénomènes chez les animaux : leur sang jaillissait avec une égale vivacité de la tête et des pieds. La terre avait encore une autre propriété : tous les ans elle se couvrait de plantes et de fleurs, que la même année voyait croître et se flétrir. Une remarque semblable avait été faite pour les quadrupèdes et les oiseaux; leurs poils, leurs plumes, poussaient et tombaient tous les ans. Une troisième propriété de la terre, c'est qu'en l'ouvrant avec la bêche on y faisait croître des végétaux. Les hommes comparèrent donc les montagnes et les pierres aux dents et aux os des créatures; ils pensèrent que, sous différents rapports, la terre était un corps vivant; qu'elle était extrêmement vieille et très-vigoureuse. Elle donnait la vie à tout, et recevait dans son sein tout ce qui mourait. C'est pourquoi ils lui donnèrent un nom, et dirent qu'ils sortaient d'elle. La tradition leur avait appris que, depuis bien des siècles, la marche des corps célestes était inégale ; qu'il fallait à plusieurs d'entre eux plus de temps qu'aux autres pour effectuer leur révolution : ils en conclurent qu'il devait y avoir un modérateur des corps célestes, qu'il était grand, puissant, et dirigeait les astres suivant sa volonté. S'il disposait des corps célestes, il existait avant eux, et devait être également le maître de la lumière, de la pluie, de la neige, de la grêle, des moissons, des vents et des tempêtes. Les hommes ignoraient dans quelle région se trouvait son royaume, mais ils n'en croyaient pas moins que cet être inconnu gouvernait toutes choses sur la terre. Afin de pouvoir exprimer leurs idées et les fixer dans la mémoire, ils les désignèrent par leurs noms personnels. La dispersion des races et les changements survenus dans leur langage ont fait subir de nombreuses modifications à cette croyance.

2. Noé, étant devenu vieux, partagea la terre entre ses fils. Cham eut l'occident, Japhet le nord, et Sem le midi. J'expliquerai ceci plus tard, en parlant de la division de la terre. A mesure que les arts naissaient et se développaient, l'orgueil et l'amour des richesses

augmentaient parmi les hommes; chacun tirait vanité de son talent, de ses découvertes, et cette vanité fut portée à un tel point, que les Africains, descendants de Cham, dévastèrent la partie du monde habitée par leurs parents, les descendants de Sem. La terre ne leur suffisant plus après cette victoire, ils bâtirent dans la plaine de Sinear une tour de briques et de pierres, avec l'intention de la faire monter jusqu'au ciel. Cette tour avait dépassé la région des vents, et les travailleurs n'en persévéraient pas moins dans leur dessein. Dieu, qui voyait l'accroissement journalier de leur orgueil, pensa qu'il était temps de l'étouffer. Ce Dieu est le Tout-Puissant; il pouvait détruire la tour en un moment, mais il préféra, afin de montrer aux hommes combien ils étaient faibles, répandre la confusion dans leur langage. Ils ne se comprenaient plus. Les uns détruisaient l'ouvrage des autres; ils finirent par en venir aux mains. Leur entreprise fut manquée, et la tour resta inachevée. Les architectes étaient au nombre de soixante-douze, et Zoroastre, leur chef, avait ri avant de pleurer lorsqu'il vint au monde. Soixante-douze idiomes se sont répandus sur la terre depuis la dispersion des géants. Une ville célèbre fut bâtie plus tard dans l'endroit où l'on avait commencé la tour, et, en souvenir de cette dernière, elle fut appelée Babylone. Après la confusion des langues, les noms d'hommes et de choses se multiplièrent. Zoroastre en eut beaucoup. Il comprit que son orgueil avait été humilié, mais cela ne l'empêcha point de rechercher les dignités temporelles. Il se fit proclamer roi par plusieurs races africaines. L'idolâtrie date de Zoroastre; quand on lui offrait des sacrifices, il était appelé Baal, et nous le nommons Bel. Il avait encore d'autres noms; leur multiplicité étouffa la vérité. On adora des hommes, des quadrupèdes, des oiseaux, l'air, les astres, en un mot toutes les choses terrestres. L'erreur se répandit sur la terre; elle y effaça si complétement la vérité, que personne, excepté le peuple hébreu, ne connaissait Dieu. Mais les hommes ne perdirent point les facultés qui leur avaient été données; ils jugeaient de toute chose selon la raison humaine, et comprirent que l'univers avait été créé par une substance quelconque.

3. La terre était divisée en trois parties. La première commençait au sud, se prolongeait vers l'occident jusqu'à la Méditerranée; on lui donna le nom d'Afrique. Son extrémité méridionale est chaude et brûlée par le soleil. La seconde partie s'étendait de l'ouest au nord jusqu'à la mer; elle fut appelée Europe ou Enéa. Ses contrées septentrionales sont si froides, que l'herbe n'y végète point; personne ne peut les habiter. Au nord, et vers l'orient jusqu'au sud, se trouve l'Asie. Cette partie de la terre doit la plupart de ses attraits à la richesse du sol, qui produit de l'or et des pierres précieuses : c'est le centre du monde. Le paysage y étant plus beau et le terrain de meilleure qualité qu'en d'autres pays, la race humaine y fut également plus

éclairée, plus forte, plus belle, et toutes les sciences fleurirent en Asie.

4. La plus magnifique des villes bâties par les hommes, c'est-à-dire Troie, était située près du centre de la terre, dans une contrée que nous appelons la Turquie. Aucune ne l'égalait en étendue, et, sous beaucoup de rapports, elle avait été construite avec tout l'art et la dépense que comportait la richesse de ce pays. Elle renfermait dans son enceinte douze royaumes subalternes, et un grand roi, qui commandait à tous. Plusieurs nations dépendaient de chaque roi subalterne. Douze généraux défendaient la ville, et leur habileté dans les exercices du corps les plaçait au-dessus de tous les hommes du monde. Cette dernière assertion éprouve cependant quelque contradiction de la part des historiens qui ont parlé d'eux; mais les héros les plus célèbres du Nord ont toujours tenu à honneur de descendre des princes de Troie, et les ont mis au nombre de leurs divinités. Dans leur admiration pour ces guerriers, ils ont même remplacé Odin par Priam. Ce n'est pas surprenant, puisque Priam descend de Saturne, qui fut pendant longtemps adoré dans le Nord comme un dieu.

5. Saturne habitait une île de l'archipel nommée Crète; il était plus grand, plus fort, plus beau que les autres hommes, et aussi remarquable par son intelligence que par ses dons extérieurs. Beaucoup d'arts lui doivent leur naissance. Son habileté dans la magie

noire était si grande, qu'il connaissait l'avenir. Saturne découvrit les minerais, dont il fit de l'or, ce qui ne tarda point à le rendre puissant. Il prédisait les récoltes. Ces motifs, et d'autres encore, engagèrent les Crétois à le proclamer roi de leur île ; et lorsqu'il l'eut gouvernée un peu de temps, l'abondance y fut générale. L'or était si commun dans l'île de Crète, que toute la monnaie était fabriquée avec ce métal, et jamais les Crétois n'eurent à gémir relativement aux mauvaises récoltes. Tous les pays pouvaient donc s'approvisionner dans leur île. Cette grande habileté de Saturne et les facultés extraordinaires qu'il possédait firent penser qu'il était dieu. Il en résulta parmi les Crétois et les Macédoniens une erreur semblable à celle des Assyriens et des Chaldéens à l'égard de Zoroastre. Lorsque, de son côté, Saturne vit tous les avantages qu'il procurait au peuple, il se proclama lui-même dieu, et maître du ciel et de la terre.

6. Il mit un jour à la voile pour la Grèce. Il y avait dans ce pays une fille de roi dont il était amoureux ; voici comment il s'y prit pour l'enlever. La princesse étant sortie avec ses femmes, Saturne se transforma en taureau et se coucha devant elle dans la forêt. La beauté du taureau était sans égale, et son poil avait la couleur de l'or. Quand la princesse le vit, elle le caressa ; aussitôt Saturne se leva, se dépouilla de sa forme de taureau, prit la princesse dans ses bras, l'emporta vers son navire, et remit à la voile pour l'île

de Crète. Junon sa femme lui ayant adressé des reproches sur son infidélité, Saturne changea la princesse en génisse et l'envoya en Orient, près des bouches du Nil, où il la fit garder par un esclave nommé Argus. Elle y resta douze mois avant de reprendre sa première forme. Saturne fit beaucoup de choses de ce genre, et de plus extraordinaires encore. Il avait trois fils : Jupiter, Neptune et Pluton. C'étaient des hommes remarquables; mais Jupiter surpassait ses frères : il aimait les armes, et conquit beaucoup de royaumes. Aussi habile que son père dans la magie noire, il prit diverses formes d'animaux et fit une foule de choses impossibles pour la nature humaine, sans la faculté de se transformer à volonté. Devenu redoutable à tous les peuples, Jupiter fut adoré à la place de Thor.

7. Saturne fit bâtir soixante-douze villes en Crète, et lorsqu'il se crut affermi dans son royaume, il le partagea entre ses fils, dont il fit des dieux. Il donna le ciel à Jupiter, la terre à Neptune, et les régions inférieures à Pluton. Cette dernière part lui paraissant moins bonne que les autres, il y ajouta son chien Cerbère. Les Grecs disent qu'Hercule tira Cerbère des régions inférieures et l'amena sur la terre. Quoique Saturne eût donné le ciel à Jupiter, celui-ci n'en convoita pas moins la terre, et il dévasta le royaume de son père. On prétend qu'il fit prendre et mutiler Saturne; c'est par de semblables exploits que Jupiter croyait prouver sa divinité. Saturne, après l'attentat de son fils, s'en-

fuit vers l'Italie. Les peuples de ce pays ne travaillaient pas, ils vivaient d'herbes, de glands, habitaient des grottes et des cavernes. Lorsque Saturne arriva en Italie, il changea de nom et se fit appeler Njord, présumant que, moyennant cette précaution, son fils Jupiter ne le trouverait pas facilement. Saturne apprit d'abord aux peuples de l'Italie à labourer et à planter la vigne : le sol était bon, il donna bientôt d'abondantes moissons, et Saturne fut proclamé roi. Il entra en possession de tous les royaumes de ce pays, où il fit bâtir beaucoup de villes.

8. Jupiter eut un grand nombre de fils ; des peuples puissants descendent d'eux. Dardanus, Hérikon, Tros, Ilus et Laomédon, père du grand roi Priam, étaient fils de Jupiter. Priam eut aussi beaucoup de fils ; l'un d'eux, Hector, a été l'homme le plus illustre du monde par sa force, sa taille et son habileté guerrière. Les historiens racontent que tous les Grecs d'Europe et d'Asie se réunirent pour attaquer les Troyens ; les dieux, qu'ils avaient consultés auparavant, leur firent cette réponse : « Tout l'art humain ne pourra vaincre les Troyens, mais ils seront trahis par les leurs. » Ce qui arriva en effet. Tous les descendants des Troyens ont été célèbres, et particulièrement les Romains. Lorsque Rome fut bâtie, ses habitants s'appliquèrent, dit-on, à modeler leurs coutumes et leurs lois sur celles des Troyens leurs ancêtres. Plusieurs siècles après, Pompée, général romain, ayant dévasté l'Asie,

Odin s'enfuit de ce pays vers l'Europe, et prit, ainsi que ses compagnons, la qualité de Troyen, tant ce nom inspirait de respect. Il dit que Priam avait porté le nom d'Odin, et que sa femme s'appelait Frigg. Cette tradition est regardée comme vraie par beaucoup d'historiens; longtemps encore, tous les guerriers illustres ont prétendu qu'ils descendaient des Troyens.

9. Un roi subalterne de Troie, nommé Munon ou Mennon, avait épousé une fille de Priam, après avoir été élevé en Thrace chez le duc Loricus. Quand Munon eut dix ans, il prit les armes de son père. Sa beauté était si remarquable, qu'en le voyant parmi les autres hommes, on aurait dit de l'ivoire incrusté dans le bois; ses cheveux étaient plus brillants que l'or. A douze ans, il avait toute sa force, et soulevait dix peaux d'ours à la fois. Il tua Loricus, sa femme Lora ou Glora, et prit possession du royaume de Thrace que nous appelons Thrudhem. Ensuite il parcourut la terre, fit mordre la poussière à tous les géants, à un dragon monstrueux et à beaucoup d'animaux. Il rencontra en Europe une devineresse nommée Sibylle, nous l'appelons Sif; il l'épousa. Personne ne connaissait l'origine de Sif, mais elle était la plus belle de toutes les femmes; ses cheveux étaient d'or. Ils eurent pour fils Loride, qui ressemblait à son père, puis Henrede, Vingethor, Vingemer, Moda, Magi, Cespheth, Bedveg, Atra, que nous appelons Annan ; Itrman, Heremod, Skjalldunn,

que nous appelons Skjœld ; Bjaf, que nous appelons Bjar; Jat, Gudolf, Fiarlef, que nous appelons Fridleif. Celui-ci eut un fils nommé Vodinn ; nous l'appelons Odin. C'était un homme remarquable par sa sagesse et son habileté. Sa femme portait le nom de Frigida ; nous lui donnons celui de Frigg.

10. Odin avait, ainsi que sa femme, le don de prédire l'avenir. Il vit que son nom serait vénéré pendant fort longtemps dans le Nord, et mis au-dessus de celui de tous les rois ; c'est pourquoi il eut envie de quitter la Turquie. Une grande multitude, composée d'hommes et de femmes de tout âge, le suivit en emportant beaucoup d'objets précieux. Dans tous les pays qu'ils traversaient, il n'était question que de leur magnificence ; on les prit donc pour des dieux et non pour des hommes. Ils marchèrent sans s'arrêter, jusqu'à leur arrivée dans une contrée septentrionale appelée aujourd'hui la Saxe. Odin y séjourna et prit possession de la plus grande partie de ce pays. Il y établit trois de ses fils pour le gouverner. L'un d'eux, Veggdegg. était un roi puissant ; il régna sur la Saxe orientale. Son fils fut Vitrgils, dont les fils furent Ritta, père de Hengest, et Sigarr, père de Svebdegg, que nous appelons Svipdag. Un autre fils d'Odin se nommait Beldegg ; nous lui donnons le nom de Balder. Il possédait le pays appelé maintenant la Westphalie. Ses fils furent Brand, Frjodigar, que nous appelons Frode, Freovit, Yvigg, Gevis, que nous appelons Gave. Le troisième

fils d'Odin se nommait Sigge ; le fils de Sigge fut Verer. Cette race régna dans le pays auquel on donne aujourd'hui le nom de Franconie. La maison de Vœl, qui a tant de branches illustres, en est sortie.

11. Odin continua ensuite sa marche vers le nord, et arriva dans un pays auquel il donna le nom de Reidgotaland. Après avoir pris possession de tout ce qui était à sa convenance, il y établit roi son fils Skjœld, dont le fils se nommait Fridleif. C'est de lui que descendent les rois de Danemark de la dynastie de Skjœld. Le Reidgotaland porte aujourd'hui le nom de Jutland.

Odin, en se dirigeant encore plus au nord, vint dans le pays appelé maintenant la Suède. Il était gouverné par Gylfe (1). Quand ce prince fut prévenu de l'arrivée des hommes d'Asie, connus sous le nom des Ases, il vint au-devant d'eux, et offrit à Odin autant de puissance qu'il en voudrait dans son royaume. Un bonheur constant avait accompagné les Ases durant tout leur voyage ; des récoltes abondantes et la paix avaient favorisé les pays où ils s'étaient arrêtés, on leur attribuait cette circonstance heureuse. On avait aussi remarqué qu'ils étaient supérieurs en beauté et en intelligence à tous les étrangers qui s'étaient présentés avant eux. Odin, ayant trouvé le site où il s'était arrêté fort beau, y bâtit sa capitale. Elle porte aujourd'hui le nom de Sigtuna (2). Conformément à la cou-

(1) C'est le premier roi de Suède dont l'histoire fasse mention. (*Tr.*)
(2) Ville de Suède, à cinq lieues nord de Stockholm. (*Tr.*)

tume de Troie, il établit douze chefs chargés de rendre la justice suivant les lois de cette ville, auxquelles ses compagnons étaient habitués.

En se dirigeant encore plus vers le nord, Odin atteignit la mer; elle l'arrêta. Le pays où il se trouvait se nomme maintenant la Norwége. Odin lui donna pour roi son fils Sæming. Les rois, les Jarls et autres Norwégiens illustres, prétendent tous descendre de lui, comme on le voit dans le discours de Haleygia. Mais Odin emmena avec lui son fils Yngvé, qui devint roi de Suède. Il est l'auteur de la dynastie à laquelle on a donné son nom. Les Ases prirent des femmes dans ce pays, et en donnèrent à leurs fils. Leur nombreuse postérité se répandit en Saxe, dans tout le Nord, et la langue des hommes d'Asie devint celle de ces diverses contrées. L'orthographe des noms de nos antiques familles permet de conclure qu'ils appartenaient à la langue introduite par les Ases en Norwége, en Suède, en Danemark et en Saxe.

LE VOYAGE DE GYLFE

---

1. Gylfe régnait sur le pays appelé maintenant la Suède. On raconte que, voulant donner à une femme voyageuse une récompense proportionnée aux jouissances qu'elle lui avait procurées, il lui permit de prendre dans son royaume tout le terrain que quatre bœufs pourraient labourer en vingt-quatre heures. Cette femme, nommée Géfion, était de la race des Ases. Elle prit donc dans Jœtenhem (1) quatre bœufs, qui étaient ses fils, avec un géant, et les attela à la charrue. Cette

---

(1) Plusieurs contrées ont été désignées sous ce nom; mais le Jœtenhem, ou pays des géants, dont il s'agit ici, était situé dans une région froide, au nord et à l'est d'Asgôrd. Le climat, la manière de vivre des habitants de Jœtenhem, et surtout leurs guerres continuelles avec les Ases, ont donné naissance à une mul-

charrue entra si profondément dans le sol, qu'il se détacha, et les bœufs l'entraînèrent dans la mer, en se dirigeant vers l'Occident ; ils s'arrêtèrent dans un détroit où Géfion fixa cette pièce de terre, qu'elle nomma Sélande. Un lac remplaça le terrain enlevé : c'est le Méler, dont les baies correspondent exactement avec les promontoires de la Sélande. Voici ce que dit à cette occasion le skald Brage l'ancien :

« Géfion, bien joyeuse, enleva au riche Gylfe le terrain qui devait agrandir le Dannemark. Les bœufs avaient tant de hâte, qu'un nuage de poussière marquait leur trace. Ils avaient entre eux quatre têtes et huit yeux. »

2. Le roi Gylfe, homme judicieux et sage, était fort surpris de voir comme toutes choses réussissaient aux Ases. Fallait-il l'attribuer à leur puissance, ou bien aux dieux qu'ils servaient ? Afin de résoudre cette question, Gylfe se mit en route pour Asgôrd ; il partit secrètement et sous la forme d'un vieillard, dans l'espoir qu'il ne serait pas reconnu. Mais les Ases avaient le don de deviner l'avenir, et ils étaient plus savants que Gylfe. Instruits de son voyage, ils firent les préparatifs nécessaires pour la vision suivante. Lorsque Gylfe entra dans la ville, il vit un palais tellement élevé,

titude de récits surprenants émanés des partisans d'Odin. Suivant eux, les habitants de Jœtenhem étaient des êtres difformes, des monstres cruels, des démons hideux, d'une force et d'une taille extraordinaires, des magiciens, des sorciers de la plus mauvaise nature, enfin les ennemis des dieux. Ils menaçaient l'armée entière des Ases des plus grands malheurs, et les dieux savaient que ces géants causeraient leur perte et détruiraient le monde.   (*Tr.*)

qu'on en distinguait à peine le faîte ; le toit était couvert de boucliers dorés. Le skald Thjodolf dit qu'il en est de même pour Walhall.

« Des hommes pensifs (ils avaient été tués à coups de pierres) portaient sur leur dos les toits des salles d'Odin. »

Gylfe vit dans le vestibule de ce palais un homme qui jouait avec de petits glaives, et si adroitement, que sept de ces glaives étaient constamment en l'air. Cet homme s'informa du nom du voyageur, et Gylfe répondit qu'il s'appelait Ganglere, qu'il venait de loin et demandait l'hospitalité pour la nuit ; de plus, il désirait savoir à qui appartenait ce palais. « Au roi, répliqua l'homme aux petits glaives ; je vais te conduire près de lui, afin que tu puisses lui demander toi-même son nom. » Ganglere suivit donc cet homme, et aussitôt les portes se fermèrent derrière lui. Il vit dans ce palais beaucoup d'hommes ; ces derniers étaient différemment occupés : les uns se livraient à divers exercices, les autres buvaient ou combattaient. Ganglere dirigeait ses regards de tous côtés ; mais la plupart des choses qu'il voyait lui paraissaient incroyables, et il s'écria :

« N'avance pas sans examiner les moindres coins, car tu ne sais dans lequel se tiennent tes ennemis. »

Ganglere vit trois trônes placés à différents degrés ; un homme était assis sur chacun de ces trônes. Il s'informa du nom de ces princes, et son introducteur lui répondit que l'homme assis sur le trône inférieur était le roi, et se nommait Har (1) ; le second s'appelait Jafnhar (2), et celui qui occupait le trône supérieur, Thridi (3). Har questionna Ganglere sur le motif de son voyage, et ajouta que les vivres lui seraient fournis avec autant d'abondance qu'à tous les habitants de son palais. Ganglere répondit qu'il désirait savoir avant tout s'il y avait dans ce lieu un homme très-savant. Har répliqua que sous ce rapport il aurait sujet d'être content, à moins qu'il ne fût plus habile qu'eux.

« Et maintenant, tiens-toi debout pour m'interroger. Celui qui répond doit être assis. »

3. Ganglere commença de la sorte : Quel est le plus grand et le plus âgé des dieux ? — Har répondit : Dans notre langue, on l'appelle Allfader (4) ; il avait douze noms dans l'antique Asgôrd. Allfader, Herjan, Nikar ou Hnikar, Nikuz ou Hnikud, Fiœlner, Oske, Ome, Biflide ou Bliflinde, Svidor, Svidrer, Vidar, Jalg ou Jalk. — Où est Dieu ? demanda Ganglere, quel est son pouvoir ? qu'a-t-il fait de grand ? — Har répondit : Il gouverne son empire, et vivra éternellement ; il est le maître de toutes choses tant grandes que petites. — Jafnhar ajouta : Il a créé le ciel, la terre, l'air, et tout ce qu'ils contiennent. — Thridi, prenant la parole, dit : Ce qu'il

---

(1) Le sublime. — (2) L'égal du sublime. — (3) Le troisième. (*Tr.*)
(4) C'est-à-dire le *Père de tout*. (*Tr.*)

a fait de plus important, c'est l'homme; l'esprit qu'il lui a donné ne meurt pas, même lorsque son corps est réduit en terreau, ou en cendres par le feu. Les justes vivront et habiteront avec lui dans Gimle ou Vingolf; les méchants, au contraire, seront livrés à Hel, puis envoyés à Niflhem, le neuvième monde inférieur. — Ganglere demanda : Avant de créer le ciel et la terre, que faisait Dieu? — Har répondit : Il était alors chez les Hrimthursars (1).

4. Ganglere demanda : Quelle est l'origine de l'univers, qu'y avait-il avant sa création? — Har répondit : Voici ce qu'on trouve à ce sujet dans la prédiction de Wola :

« Lorsque rien n'existait, ni le sable, ni la mer, ni les vagues fraîches, le matin appartenait au temps. Il n'y avait alors ni la terre ni le ciel, mais seulement l'abîme de Ginnung, et point d'herbe. »

Jafnhar dit : Niflhem fut créé bien longtemps avant la terre; au centre se trouve un puits appelé Hvergelmer. Les fleuves suivants en sortent : le Svoel, le Gunndra, le Fiœrm, le Fimbul, le Thul, la Sled et le Hred, la Sylg et l'Ylg, le Vig, le Leipter et le Gœll, qui est le plus rapproché des clôtures de l'habitation de Hel. — Thridi ajouta : Avant la création de Niflhem, il y avait déjà au Midi un monde appelé Muspelhem; il est resplendissant de clarté et si chaud, que les étrangers ne peuvent y demeurer. Surtur habite la limite de

---

(1) L'un des noms donnés aux géants. (Tr.)

Muspelhem, la garde lui en est confiée ; il tient un long glaive à la main. A la fin du monde, il marchera en avant, combattra les dieux, les vaincra tous, et détruira la terre par le feu. Voici ce que dit Wola :

« Surtur vient du Sud ; il porte une torche scintillante ; son glaive répand de l'éclat, même sur le soleil des dieux. Les montagnes de granit craquent, les géants chancellent, les hommes se rendent auprès de Hel, et le ciel s'écroule. »

5. Ganglere demanda encore : Que se passa-t-il avant la création de l'espèce humaine ? — Har répondit : Lorsque les fleuves, désignés sous le nom d'Élivôgor (1), se furent tellement éloignés de leur source que leur courant empoisonné en fut desséché comme des scories, ils se congelèrent. Cette glace s'arrêta, se durcit, et les tourbillons de neige produits par le venin, se répandant sur la glace, devinrent du givre. Les couches de givre s'accumulèrent les unes sur les autres dans l'abîme de Ginnung. — Jafnhar ajouta : Le bord septentrional de cet abîme se couvrit d'un immense amas de glace pesante et de givre ; l'ouragan et la tempête y régnaient ; mais le bord méridional de l'abîme de Ginnung fut dégelé par les étincelles qui s'échappaient de Muspelhem. — Thridi ajouta : Si l'air glacé exhalé par Niflhem rendait ses environs affreux, ceux de Muspelhem, au contraire, étaient lumineux et

---

(1) Quelques auteurs présument qu'il est question ici de la Dwina, de Petsora ou Oby. (Tr.)

chauds. L'abîme de Ginnung était aussi léger que l'air le plus pur. La chaleur, avançant toujours davantage, atteignit les glaces, les fondit, et forma des gouttes d'eau. La puissance de celui qui envoyait la chaleur leur donna la vie ; il en résulta une forme humaine qui fut nommée Ymer ; les Hrimthursars l'appellent OErgelmer ; c'est l'auteur de leur race, comme il est dit dans le chant de Voluspa :

« Toutes les devineresses descendent de Vidolf, tous les devins de Vilmeid, tous les magiciens de Swarthœfde, tous les géants d'Ymer. »

Et dans la strophe suivante, le géant Vafthrudner dit :

« Comment OErgelmur, le savant géant, le premier des fils de Jœtnar, a-t-il fait, quand des gouttes de poison, venues d'Elivôgor, ont créé, en s'accumulant, un Jœte ? » Nos races descendent de lui, c'est pourquoi nous sommes si rudes.

Ganglere demanda encore : Comment se fait-il que toutes les races descendent d'OErgelmer ? d'autres hommes furent-ils créés, ou bien crois-tu que celui dont tu parles était un dieu ? — Nullement, répondit Har, car il était méchant ; tous ses descendants, que nous nommons Hrimthursars, le furent également. Voici ce qu'on raconte à ce sujet : OErgelmer, s'étant endormi, tomba en sueur. Un homme et une femme poussèrent alors sous son bras gauche, et ses deux pieds engendrèrent un fils ; c'est l'auteur des différentes races des Hrimthursars; nous appelons Ymer le plus ancien de ces géants.

6. Ganglere demanda : Où se tenait Ymer, et de quoi vivait-il? — Har répondit : La glace étant fondue et l'eau écoulée, une vache appelée Odhumla s'approcha. Quatre rivières de lait coulaient de ses mamelles : ce fut la nourriture d'Ymer. — Ganglere demanda : De quoi vivait la vache? — Har répondit : Elle léchait les pierres salines couvertes de givre. Le premier jour qu'Odhumla lécha les pierres, il en sortit des cheveux ; la tête parut le second jour, et le troisième jour un homme tout entier; son nom fut Bure. Il était beau, grand et fort; il eut un fils appelé Bœrr : celui-ci se maria avec une femme nommée Betsla, qui était fille du géant Bœelthorn. Ils eurent trois fils : Odin, Vile et Vé. Nous croyons qu'Odin et ses frères gouvernent le ciel et la terre. Nous donnons le nom d'Odin au maître de l'univers, parce que ce nom est celui du plus grand homme que nous connaissions. Il faut que les hommes l'appellent ainsi.

7. Ganglere demanda : Comment ces trois frères s'accommodèrent-ils ensemble? lequel d'entre eux fut le plus puissant?— Har répondit : Les fils de Bœrr ayant tué le géant Ymer, le sang sortit de sa blessure avec une telle abondance, que les vainqueurs y noyèrent toute la race des Hrimthursars, à l'exception d'un seul : il s'échappa avec les gens de sa maison ; les géants le nomment Bergelmer. Il monta dans un bateau avec sa

femme, ce qui le sauva. Les nouvelles races des Hrimthursars descendent d'eux, comme on le voit dans le passage suivant :

« Bergelmer naquit plusieurs milliers d'années avant la création de la terre : mon plus ancien souvenir est la fuite en bateau de ce savant géant. »

8. Ganglere demanda : Puisque, suivant toi, les fils de Bœrr sont des dieux, dis-moi ce qu'ils firent. — Har répondit : C'est long à raconter. Ils portèrent d'abord le corps d'Ymer au milieu de l'abîme de Ginnung, et en firent la terre ; son sang devint la mer et les lacs ; la terre fut faite avec sa chair ; les montagnes furent faites avec ses os, les pierres avec ses dents et ceux de ses os qui avaient été brisés. — Jafnhar ajouta : l'Océan a été fait avec le sang de ses blessures ; la plupart des hommes pensent qu'on ne peut franchir cette limite. — Thridi ajouta : Les fils de Bœrr ayant pris le crâne d'Ymer, en firent le ciel, et l'élevèrent au-dessus de la terre sur quatre angles saillants, supportés chacun par un nain. Voici leurs noms : Œstre, Vestre, Nordre et Sœdre (1). Ils prirent ensuite les étincelles volantes qui s'échappaient de Muspelhem, et les placèrent dans le ciel immense, dessus et dessous, pour éclairer le ciel et la terre. Ils donnèrent aussi une place à tous les feux lancés par les éclairs ; les uns furent fixés au ciel, les autres restèrent mobiles sous la voûte céleste, et les

(1) Orient, Occident, Nord et Sud. (Tr.)

fils de Bœrr tracèrent la route que les astres devaient parcourir. Suivant les skalds antiques, ces astres servent à compter les jours et les années. On trouve dans Wola ce qui suit:

« Le soleil ne savait où se placer, la lune ignorait le pouvoir dont elle était douée, et les étoiles étaient incertaines sur la position qu'elles devaient occuper. »

Ganglere dit : Ce que vous m'apprenez est remarquable ; voilà bien de la besogne achevée et admirablement exécutée. Quelle forme a la terre ? — Har répondit : Elle est ronde, et le profond Océan l'environne. Les fils de Bœrr permirent aux géants d'habiter le rivage ; mais ils élevèrent un rempart autour de la terre pour la défendre contre les entreprises de ces géants ; ils se servirent pour cela des sourcils d'Ymer, et appelèrent ce rempart Midgôrd ; ils prirent aussi la cervelle d'Ymer, la jetèrent en l'air, et en firent des nuages. Il est dit:

« La terre fut créée avec la chair d'Ymer ; avec son sang on fit la mer, avec ses os les montagnes, avec ses cheveux les arbres, et le ciel avec son crâne. Les dieux propices construisirent Midgôrd avec ses sourcils, pour protéger les enfants des hommes. Les pesants nuages furent créés avec sa cervelle. »

9. Ganglere dit : Les fils de Bœrr ont fait de grandes choses en créant le ciel et la terre, en assignant une place aux corps célestes. Mais d'où viennent les hommes qui habitent la terre ? — Har répondit : Les fils de Bœrr allèrent sur le rivage de la mer ; ils y trouvèrent

deux arbres ; ils les prirent et en firent deux êtres humains. Odin leur donna l'âme et la vie, Vile la raison, et Vé le visage, la parole, l'ouïe et la vue. Ils leur donnèrent aussi des vêtements et des noms : l'homme fut appelé Ask et la femme Embla. C'est d'eux que descendent les enfants des hommes. Il leur fut permis de bâtir et d'habiter dans l'enceinte de Midgôrd. Les fils d'Odin élevèrent aussi une ville pour leur usage particulier au centre de la terre, et l'appelèrent Asgôrd ; nous lui donnons le nom de Troie ; c'est là que demeuraient les dieux. Beaucoup d'événements et de choses se passèrent sur la terre et dans le ciel. Il y a dans Asgôrd une place appelée Hlidskjalf ; lorsque Odin s'y assied, son regard embrasse tout l'univers, toutes les actions des hommes, et il comprend tout ce qu'il voit. Sa femme se nomme Frigg, fille de Fjœrgvin. Les Ases sont leurs enfants ; ils ont peuplé l'ancienne Asgôrd et les pays qui en dépendaient. Cette race est celle des dieux ; c'est pourquoi on donne à Odin le nom d'Allfader, ou père de tout. Il est en effet le père des dieux, des hommes et de tous les objets créés par sa puissance. La terre était sa fille et sa femme ; il eut d'elle son premier fils, Asa-Thor, qui était doué d'une vigueur et d'une force invincibles.

10. Nœrve ou Narfve, tel est le nom d'un géant qui habitait Jœtenhem. Il avait une fille appelée Natt ; conformément à son origine, elle était noire et sombre. Elle se maria d'abord avec un homme appelé Naglfare,

et eut un fils nommé Œd ; puis elle épousa Anar, dont elle eut une fille appelée Jord. A la fin, elle posséda Delling, de la race des Ases ; leur fils fut Dag ; il était lumineux et beau comme son père. Odin prit Natt et Dag son fils, leur donna deux chevaux, deux haquets, et les plaça au ciel pour faire le tour de la terre en vingt-quatre heures. Natt s'avança la première avec Hrimfaxe, son cheval ; il répand tous les matins l'écume de son mors sur la terre : c'est la rosée. Le cheval de Dag se nomme Skenfaxe ; l'air et la terre sont éclairés par sa crinière (1).

11. Ganglere demanda : Comment Odin dirige-t-il la course du soleil ? — Har répondit : Un homme appelé Mundelfœre avait deux enfants tellement beaux qu'il nomma son fils Lune et sa fille Soleil ; il maria cette dernière à un homme appelé Glen. Les dieux, irrités de tant d'orgueil, enlevèrent les enfants de Mundelfœre, les placèrent au ciel et chargèrent la jeune femme de conduire les chevaux du char du soleil ; ce dernier avait été fait avec les étincelles qui s'élevaient de Muspelhem ; il devait éclairer le ciel. Voici le nom des chevaux du soleil : Arvaker et Alsvider. Les dieux mirent sous leurs épaules deux soufflets destinés à les rafraîchir ; quelques skalds donnent le nom d'Isarnkol à ces soufflets. Lune fut chargée de conduire l'astre dont il avait pris le nom, et enleva de la terre, au moment où ils s'éloignaient de la fontaine de Byrger, deux enfants appelés

---

(1) *Natt*, la nuit ; *Dag*, le jour. *Jord*, la terre. (*Tr.*)

Bil et Hjuke ; ils portent sur leurs épaules un seau nommé Sæg, et une selle appelée Simul. Leur père est Vidfinn, et ils suivent toujours la lune, comme on peut le voir de la terre.

12. Ganglere dit : Le soleil court avec vitesse comme s'il avait peur ; il ne pourrait mettre plus de hâte s'il craignait pour son existence. — Har répondit : Cette célérité ne doit surprendre personne, car l'ennemi du soleil n'est pas loin ; le seul moyen de lui échapper, c'est de fuir promptement. — Ganglere demanda : Quelles sont les causes de cette inquiétude du soleil ? — Har répondit : Deux loups. Skœll, l'un d'eux, suit le soleil, qui appréhende très-fort d'être atteint ; l'autre loup le précède : il s'appelle Hate, fils de Hrodvitur ; son dessein est de prendre la lune ; il y réussira à la fin. — Ganglere demanda : Quelle est l'origine de ces loups ? — Har répondit : Une géante habite à l'orient de Midgord dans la forêt de Jernvid ; les géantes qui ont fixé leur demeure dans cette forêt sont désignées sous le nom de Jernvidjor. La vieille géante donna la vie à beaucoup de fils, tous géants avec forme de loup. Ceux dont je viens de parler descendent de cette race, dont le plus puissant se nomme, dit-on, Monegarm ; il se nourrit de la vie des mourants ; il avalera la lune, et aspergera en même temps le ciel et l'air de sang ; le soleil en perdra son éclat, et les vents mugiront de tous côtés. Voici ce qu'on trouve dans la prédiction de Wola :

« La vieille habite à l'orient, dans la forêt de fer; elle y donne la vie à des enfants qui sont loups. L'un d'eux avalera la lune en empruntant une forme magique. Il se nourrit de la vie des mourants et asperge la terre de sang rouge. L'éclat du soleil s'obscurcira, et l'année suivante tous les vents gémiront. Me comprenez-vous? »

13. Ganglere demanda : Quel chemin faut-il prendre pour aller de la terre au ciel? — Har répondit en souriant : Tu ne m'adresses pas cette fois une question raisonnable. N'as-tu pas ouï dire que les dieux ont fait un pont pour unir la terre au ciel? Ce pont se nomme Bœfrœst; tu l'as vu, et lui donnes peut-être le nom d'arc-en-ciel. Il est de trois couleurs; on a employé pour le construire plus d'art et de force que pour tout le reste; ce qui ne l'empêchera pas de crouler quand les fils de Muspelhem y passeront à cheval. Ils seront alors obligés de traverser de grands fleuves à la nage avec leurs chevaux; c'est de la sorte qu'ils arriveront au but. — Ganglere dit : Il me semble que les dieux n'ont pas construit ce pont avec loyauté, puisqu'il peut se rompre; ils avaient le pouvoir de le faire selon leur volonté. Har répondit : Les dieux ne méritent point de blâme à ce sujet; mais rien ne pourra subsister dans l'univers quand les fils de Muspelhem s'armeront en guerre.

14. Ganglere demanda : Que fit Odin lorsque Asgord fut bâtie? — Har répondit : Il commença par établir des magistrats chargés de diriger les destinées des hommes et de prendre soin de la ville. Leur installation

eut lieu dans un endroit appelé Idavallen, qui est au centre d'Asgôrd. La première chose qu'ils firent, ce fut d'élever un temple où il y avait des siéges pour douze d'entre eux et un trône pour Odin. C'est le plus grand et le plus magnifique édifice qui ait été construit sur la terre ; l'intérieur et l'extérieur sont couverts de plaques d'or : les hommes lui ont donné le nom de Gladshem. Les magistrats firent bâtir un autre temple où il y a des autels pour les déesses : il est fort beau ; on l'appelle Vingolf. Ils firent ensuite un âtre, et y fabriquèrent un marteau, des tenailles et une enclume, dont ils se servirent pour faire des outils nécessaires ; puis ils travaillèrent la pierre, le bois, les métaux et l'or en si grande abondance, que tous leurs ustensiles de ménage étaient de ce métal. C'est pourquoi cette époque est appelée l'âge d'or; mais l'arrivée des femmes de Jœtenhem le fit disparaître. Les dieux ayant pris place sur leurs trônes, entrèrent en délibération, et se rappelèrent que les nains s'agitaient dans le terreau des entrailles de la terre comme les vers dans la chair. Ils avaient été les premiers à subir une transformation et à prendre vie dans la chair d'Ymer ; ils étaient autrefois des vers. Les dieux décidèrent de leur donner la raison et la forme humaine ; mais les nains n'en résident pas moins dans la terre et les pierres. Mjœdsogner et Duren sont des nains. Voici ce que dit Wola :

« Les dieux augustes s'assirent sur leurs trônes et délibérèrent sur la création des nains avec les os et le sang bouillonnant du géant. Il en résulta beaucoup de formes humaines ; ce sont les nains qui habitent dans la terre, comme Duren le raconte. »

Voici les noms que Vœluspa leur donne : Nye, Nide, Nordre et Sœdre, Œstre et Vestre, Althjof, Dvalinn, Nar, Nainn, Niping, Dainn, Bifur, Bafur, Bœmbœr, Nore, Ore, Onar, Oinn, Mjœdvitner, Vig et Gandalf, Vindalf, Thorin, File et Kile, Fundinn, Vale, Thror, Throinn, Theck, Litr, Viter, Nyr, Nyrad, Reck, Radsvider. Ces nains habitent dans la terre, et les suivants dans les pierres : Drœporer, Delgthvare, Hœrr, Hugstare, Hledolf, Gloinn, Dore, Ore, Duf, Andvare, Hepte, File, Harr, Siar. Mais ces nains allèrent de Svaringshœg à Jernvallen dans Œrvang ; les Lovrs proviennent d'eux. Voici les noms de ces derniers : Skirver, Virver, Skafid, Ai, Alf, Inge, Eikinskjalde, Fal, Froste, Fider, Gennar.

15. Ganglere demanda : Quelle est la première et la plus sainte place suivant les dieux ? — Har répondit : C'est auprès du frêne Yggdrasel ; les dieux s'y assemblent tous les jours. — Ganglere demanda : Que dit-on au sujet de ce frêne ? — Jafnhar répliqua : Yggdrasel est le plus grand et le plus beau de tous les arbres ; ses rameaux s'étendent sur tout l'univers et s'élèvent au-dessus du ciel. Il est soutenu par trois racines qui se prolongent fort loin : l'une d'elles s'étend vers les Ases ; la seconde vers les Hrimthursars, jusqu'à l'endroit où était autrefois l'abîme de Ginnung ; la troisième atteint Niflhem, où Nidhœgg la ronge par

le bout près du puits Hvergelmer; mais en dessous de la racine qui touche aux Hrimthursars se trouve le puits de Mimer; la Raison et la Sagesse y sont cachées. Mimer est plein de science, parce qu'il boit de l'eau de ce puits dans la coupe Gjallar. Odin vint un jour en ce lieu, et demanda une gorgée de cette eau; il ne put l'obtenir qu'après avoir mis son œil en gage. Wola dit à ce sujet :

« Je sais, Odin, où tu as caché ton œil, c'est dans le puits limpide de Mimer. Mimer boit tous les matins l'hydromel dans le gage d'Odin. Me comprenez-vous? »

La troisième racine du frêne Yggdrasel atteint le ciel, elle abrite une fontaine d'une sainteté particulière; c'est la fontaine d'Urd; les dieux se réunissent près d'elle pour tenir leur cour de justice. Ils s'y rendent tous les jours à cheval, en passant par Bæfrœst, qu'on appelle aussi le pont des Ases. Voici les noms de leurs chevaux : Sleipner, c'est le meilleur de tous; il a huit pieds, et appartient à Odin; Glad est le second, Gyller le troisième, Gler le quatrième, Skeidbrimer le cinquième, Silfrintopp le sixième, Siner le septième, Gils le huitième, Falhofner le neuvième, Gulltopp le dixième, Lættfot le onzième. Le cheval de Balder a été brûlé avec lui. Thor se rend à l'assemblée à pied, et traverse à la nage les fleuves suivants :

« Thor passe tous les jours à la nage le Krœmt, l'Œrmt et les deux Kerlœger, pour se rendre à l'assemblée près du frêne Yggdrasel, car le pont des Ases est en feu et les saintes eaux se gonflent. »

16. Ganglere demanda : Est-ce véritablement du feu qui brûle sur ce pont? — Har répondit : La couleur rouge de l'arc-en-ciel est du feu. Les Hrimthursars et les géants des montagnes escaladeraient le ciel s'ils pouvaient passer par le pont des Ases quand ils le veulent. On trouve dans le ciel beaucoup d'endroits agréables que les dieux protégent. Il y a sous le frêne Yggdrasel, et près de la fontaine d'Urd, un très-bel édifice d'où l'on voit sortir trois vierges nommées Urd, Verdande et Skuld. Ces vierges disposent de la vie de tous les hommes ; ce sont les Nornes. Il y a plusieurs sortes de Nornes : celles qui assistent à la naissance des hommes pour leur donner la vie sont de race divine ; il y en a de la race des alfes et de la race des nains, comme il est dit dans ce passage :

« Toutes les Nornes n'ont pas, je crois, la même origine. Les unes sont de la famille des Ases, les autres de la race des alfes ; quelques-unes sont filles de Dvalinn. »

Ganglere dit : Si la destinée des hommes dépend des Nornes, il faut convenir qu'elles y apportent une grande variété ; les uns vivent dans l'abondance et les richesses, les autres sont heureux et célèbres ; il y en a qui vivent longtemps, d'autres peu de jours. — Har répondit : Les Nornes d'origine céleste donnent le bonheur ; quand les hommes tombent dans l'infortune, c'est aux méchantes Nornes qu'il faut l'attribuer.

17. Ganglere demanda : Connaît-on encore d'autres

particularités remarquables sur le frêne Yggdrasel?
— Har répondit : Oui, et en grand nombre. Un aigle vit dans son feuillage, il est fort instruit ; il a entre les yeux un épervier appelé Vœderfœlner. Un écureuil, nommé Ratatœsh, monte et descend le long d'Yggdrasel, et cherche à exciter la discorde entre l'aigle et Nidhœgg ; quatre cerfs tournent autour d'Yggdrasel et mangent les extrémités de ses branches ; ils se nomment Daim, Dvalen, Dunneyr et Durathor. Mais il y a tant de serpents dans Hvergelmer, près de Nidhœgg, qu'il est impossible de les compter. Il est dit ici :

« Le frêne Yggdrasel endure plus de souffrances qu'on ne peut le supposer. Le cerf mord ses branches, et Nidhœgg ronge ses racines. »

Et dans un autre endroit il est dit :

« Il y a plus de serpents sous le frêne Yggdrasel qu'un fou ignorant ne pourrait l'imaginer. Gœnn et Mœnn sont les fils de Grafvitner. Gróbak et Gróskin, Ofner et Svafner, rongeront éternellement, je crois, les rameaux d'Yggdrasel. »

Les Nornes qui demeurent près de la fontaine d'Urd y puisent, dit-on, de l'eau tous les matins, et ramassent de la terre glaise sur ses bords : elles arrosent avec ce mélange le frêne Yggdrasel, pour empêcher ses rameaux de se flétrir. L'eau de cette fontaine a tant de vertu, qu'elle blanchit à l'instant tout ce qu'on y jette. Il est dit :

« Je connais un frêne, arbre élevé et saint, Yggdrasel est son nom. On l'arrose avec de la terre glaise blanche; c'est ce qui produit la rosée dans les vallons. Son feuillage, toujours vert, ombrage la fontaine d'Urd. »

La rosée qui tombe de ce frêne sur la terre est appelée pluie de miel; c'est la nourriture des abeilles. Deux oiseaux sont nourris dans la fontaine d'Urd: ils se nomment cygnes; toute l'espèce de ce nom provient d'eux.

17. Ganglere dit : Tu m'as donné de précieux renseignements sur le ciel; mais quels sont, après la fontaine d'Urd, les autres endroits célèbres qu'on y trouve? — Har répondit : Ils sont nombreux. Je citerai d'abord Alfhem; c'est la demeure des alfes lumineux. Les alfes noirs habitent dans la terre. S'ils diffèrent des premiers par l'extérieur, ils en diffèrent bien davantage encore par leurs œuvres. Les alfes lumineux sont plus beaux que le soleil, les alfes ténébreux plus noirs que la poix. Un autre endroit du ciel se nomme Breidablick; c'est le plus magnifique de tous. Glitner est une habitation céleste dont les murailles et les colonnes sont d'or; le toit est couvert en argent. Il y a aussi, à l'extrémité du ciel, une montagne appelée Himingbjœrg; elle est à l'extrémité du ciel, à l'endroit où le pont de Bæfrœst se réunit au ciel. On y voit une grande habitation nommée Valaskjalf; elle appartient à Odin. Les dieux l'ont bâtie et couverte en argent épuré. Dans cet édifice, on trouve le trône Hlidskalf, d'où Odin

embrasse d'un regard tout l'univers. A l'extrémité méridionale du monde est un palais magnifique appelé Gimle et plus resplendissant que le soleil ; il survivra à la destruction du ciel et de la terre. Les justes l'habiteront pendant toute l'éternité. Wola dit :

« Je sais une salle plus belle que le soleil, plus précieuse que l'or ; on la trouve dans Gimle. Les hommes vertueux l'habiteront ; ils y seront éternellement heureux. »

Alors Ganglere demanda : Comment ce palais sera-t-il préservé quand les flammes de Surtur dévoreront le ciel et la terre ? — Har répondit : On raconte qu'au sud et au-dessus du ciel qui couvre nos têtes, il en est un autre appelé Andlông ; un troisième ciel se trouve au-dessus d'Andlông, on le nomme Vidblain : nous croyons que Gimle est situé dans ce dernier, et que les alfes lumineux habitent seuls ses environs.

18. Ganglere demanda : D'où vient le vent ? sa force est telle qu'elle soulève l'Océan et produit l'incendie ; cependant personne ne le voit ; c'est donc une création étrange ? — Har répondit : A l'extrémité septentrionale du ciel est assis un géant appelé Hræsvelg (l'avaleur de cadavres) ; il a la forme d'un aigle. Lorsqu'il vole, les vents sortent de dessous ses ailes, comme le dit la strophe suivante :

« Hræsvelg est le nom d'un géant qui est assis à l'extrémité du ciel sous la forme d'un aigle. Le battement de ses ailes produit, dit-on, le vent qui souffle sur tous les hommes. »

19. Ganglere demanda : Pourquoi l'été est-il chaud et l'hiver froid? — Har répondit : Un homme instruit ne devrait pas faire cette question, à laquelle chacun peut répondre. Mais puisque tu es seul assez ignorant pour la produire, je t'apprendrai ce que tout le monde doit savoir. Svasad est le père de l'été ; celui de l'hiver est appelé Vindlone ou Vindsval, il est fils de Vasad ; ses descendants furent cruels et froids de cœur, l'hiver a leur caractère.

20. Ganglere demanda : Quels sont, parmi les Ases, ceux que les hommes doivent adorer? — Har répondit: Les Ases divins sont au nombre de douze; les Asesses leur sont égales en sainteté et en puissance. — Thridi ajouta: Odin est le premier et le plus ancien des Ases ; il règne sur toutes choses, et les autres dieux le servent comme des enfants soignent leur père. Sa femme est Frigg ; elle connaît les secrets de l'avenir des hommes et ne les révèle à personne, comme Odin le dit lui-même dans cette strophe où il s'adresse à Loke, l'un des Ases:

« Tu es furieux et insensé, Loke; ne saurais-tu te contenir? Frigg connaît, je crois, toutes les destinées; mais elle en garde le secret. »

On donne à Odin le nom d'Allfader, père de tout, parce qu'il est le père des dieux, et celui de Valfader, père des prédestinés, parce que les guerriers qui succombent sur les champs de bataille sont ses élus. Ils ont des places à Walhall et à Vingolf, où ils portent le nom d'Einherjars. Odin s'appelle encore Hangagud, le père des pendus; Haptagud, le dieu des dieux; Farmagud, le dieu des fardeaux. Il se donna encore d'autres noms quand il vint chez le roi Geirrœd.

« Je m'appelle Grimer, Herjan, Hjelmbære et Gangrader, Thuder, Uder, Helblinde et Har, Sader, Svipall, Sanngætal, Herteit, Hnikar, Biløyg, Balevg, Bœlverk, Fjœlner, Grimner, Glapsvider, Sidhœtter, Sidskægg, Sigfader, Hnikad, Thecker, Thridi, Allfader, Atrider, Oske, Omē, Jafnhar, Biflinde, Gœndler, Harbard, Svidurr, Svidrer, Jalk, Kjalar, Vidurr, Thor, Ygger, Thunder, Vaker, Skilving, Vafvad, Hroptatyr, Gœter. »

Ganglere dit : Vous donnez beaucoup de noms à Odin; une instruction fort étendue serait nécessaire, je crois, pour connaître les événements auxquels ils doivent leur origine. — Har répondit : Il faudrait être, en effet, très-savant pour en donner une explication satisfaisante; mais on peut présumer aussi qu'ils sont le résultat des efforts que les divers peuples de la terre ont faits pour approprier le nom d'Odin à leur langage, afin que chacun pût le prier et l'invoquer dans son idiome particulier. On peut aussi chercher la signification de plusieurs de ces noms dans les voyages d'Odin, dont les antiques sagas nous ont conservé le souvenir. Tu ne saurais avoir la prétention d'être un savant, si tu ignores les exploits remarquables d'Odin.

21. Ganglere demanda : Quels sont les noms des autres Ases? Que font ces dieux, ou, pour mieux dire, qu'ont-ils fait de grand? — Har répondit : Thor est le

premier des Ases après Odin ; on l'appelle encore Asa-Thor et Ok-Thor ; c'est le plus fort des dieux et des hommes. Il règne dans le royaume de Thrudvang ; son palais se nomme Bilskirner ; il contient cinq cent quarante chambres ; c'est le plus vaste édifice élevé par la main des hommes. Il est dit dans le poëme de Grimner :

« Cinq cents chambres et quarante en sus se trouvent, je crois, dans Bilskirner. De toutes les maisons dont je connais les toits, celle de mon fils me paraît la plus grande. »

Thor a deux boucs, Tanngnjother et Tanngriser ; ils traînent son char, c'est pourquoi cet Ase est appelé Ok-Thor (1). Il possède aussi trois objets précieux : le marteau Mjœllner, connu des Hrimthursars et des géants de montagne, car il a brisé bien des têtes parmi eux ; puis le ceinturon de la force ; quand Thor le serre autour de ses reins, il double sa vigueur divine ; enfin des gantelets de fer, dont il ne peut se passer pour tenir le manche de son marteau. Mais il n'est pas un savant capable d'énumérer tous les exploits de Thor. Je pourrais t'en raconter un si grand nombre, qu'une journée ne suffirait pas pour te dire tout ce que je sais sur ce sujet.

22. Ganglere dit : Parle-moi des autres Ases. — Har continua : Le second fils d'Odin est Balder ; il y a beaucoup de bien à dire sur son compte ; c'est le meilleur des Ases, ils en font tous l'éloge. Le corps de

---

(1) C'est-à-dire qui va en voiture. (Tr.)

Balder est si beau, si lumineux, qu'il répand la lumière autour de lui. Il y a une plante que l'on compare aux sourcils de ce dieu ; c'est la plus blanche de toutes les fleurs ; juge par là de la beauté du corps et des cheveux de Balder. Il est le plus sage, le plus éloquent, le plus clément des Ases ; ses arrêts sont irrévocables. Il habite un endroit du ciel appelé Breidablick ; rien d'impur ne peut y entrer, comme il est dit ici :

« Balder a construit sa demeure à Breidablick ; cette contrée est celle où il y a, je crois, le moins de souillure. »

23. Le troisième des Ases se nomme Njœrd ; l'endroit qu'il habite dans le ciel est appelé Noatun. Il est le maître des vents, il apaise l'Océan et le feu ; on l'invoque sur mer et à la pêche. Njœrd est si riche, si puissant, qu'il peut donner de la fortune et le superflu à ceux qui lui en font la demande. Il a été élevé à Vanahem ; mais les Vannes le donnèrent en otage aux dieux, et reçurent en échange un homme appelé Hæner. Njœrd devint le médiateur de la réconciliation entre les dieux et les Vannes. Skade, sa femme, est fille du géant Thjasse ; elle voulait habiter avec son père, c'est-à-dire dans les montagnes de Thrymhem, et Njœrd sur le rivage de la mer. Ils convinrent donc de passer neuf nuits à Thrymhem et trois à Noatun. Mais lorsque Njœrd revint des montagnes, il chanta ce qui suit :

« Je me suis ennuyé dans les montagnes, où, cependant, je n'ai passé que peu de temps, seulement neuf nuits. Les hurlements des loups m'ont paru affreux, comparés au chant du cygne. »

Et Skade chanta de son côté :

« Les cris lamentables des oiseaux m'empêchaient de dormir sur le rivage de la mer. La mouette, qui vient de l'Océan, me réveillait tous les matins. »

Skade s'en fut alors dans les montagnes, et fit bâtir à Thrymhem. Elle court beaucoup en raquettes sur la neige, et tue des animaux avec son arc. On l'appelle la déesse des raquettes ; le skald dit :

« Thjasse, l'informe géant, habite Thrymhem ; Skade, la fiancée lumineuse de Njœrd, réside maintenant dans l'ancienne demeure de son père. »

24. Njœrd de Noatun eut ensuite deux enfants : son fils se nommait Frey, et sa fille Freya ; ils étaient beaux de visage et puissants. Frey est le plus brillant des Ases ; il dispose de la pluie, du soleil, des moissons ; c'est lui qu'il faut invoquer pour obtenir de bonnes récoltes et la paix ; il est aussi le maître des propriétés des hommes. Freya est la plus belle des Asesses ; elle possède dans le ciel le palais de Folkvang, et lorsqu'elle se rend à cheval sur un champ de bataille, une moitié des hommes tués lui appartient ; l'autre est à Odin, comme il est dit ici :

« Folkvang est le nom du palais où Freya dispose à son gré des sièges de sa salle. Une moitié des hommes tués lui appartient, le reste est à Odin. »

Sesrymner, la salle des festins de Freya, est vaste et belle : quand la déesse sort, on atelle deux chats à son char. Elle est favorable à ceux qui l'invoquent; elle aime les chants d'amour; les amants font bien de l'adorer.

25. Ganglere dit : Ces Ases me semblent fort importants à connaître. Il n'est pas étonnant que vous soyez si puissants, car vous savez le dieu qu'il faut invoquer dans chaque circonstance. Y a-t-il encore d'autres dieux ? — Har répondit : Tyr est le plus hardi et le plus courageux des Ases ; la victoire dépend de lui, aussi les guerriers ont-ils soin de l'invoquer. Quand un homme surpasse tous les autres en courage, on dit qu'il est vaillant comme Tyr. Cet Ase a tant de sagesse que l'on dit encore d'un homme remarquable sous ce rapport : Il est sage comme Tyr. Il a donné une preuve de sa hardiesse lorsque les 'Ases parvinrent, en employant la ruse, à attacher le loup Fenris avec une chaîne appelée Gleipner. Fenris refusa d'essayer cette chaîne tant que l'un des Ases n'aurait pas mis une main dans sa gueule. Tyr eut seul ce courage, et les Ases n'ayant pas voulu déchaîner Fenris, il coupa d'un coup de dent la main de Tyr, à la place appelée aujourd'hui, en mémoire de cet événement, le Joint-du-Loup. Tyr est donc manchot ; cependant les hommes ne le

considèrent pas comme un pacificateur parmi les hommes.

26. Brage est le nom d'un autre Ase, remarquable par sa sagesse, son éloquence et la facilité de son élocution ; c'est un maître en poésie. Sa femme se nomme Iduna ; elle conserve dans une boîte des pommes dont les dieux se nourrissent quand ils se sentent vieillir ; elles leur rendent la jeunesse ; il en sera de même jusqu'à Ragnarœcker. Ganglere dit : Il est essentiel pour les dieux qu'Iduna veille avec soin sur ce dépôt. — Har répliqua en souriant : Ils ont manqué se trouver fort mal de leur confiance dans Iduna. Je pourrais te raconter cette histoire ; mais il faut auparavant que je te dise le nom des autres dieux.

27. Il y en a un appelé Heimdall ; on le nomme aussi l'Ase blanc ; il est saint et puissant. Neuf vierges, qui étaient sœurs, le mirent au monde. On lui donne encore les noms de Hallinskide et de Gyllentanne, dents d'or, parce que ses dents étaient de ce métal. Son cheval s'appelle Guldtopp. Heimdall habite à Himmelsbjœrg, près de Bœfrœst ; il est la sentinelle des dieux. Assis sur la limite du ciel, il veille à ce que le pont ne soit pas envahi par les géants des montagnes. Il lui faut moins de sommeil qu'à un oiseau, et sa vue est aussi longue de nuit que de jour ; il voit les objets à une distance de cent milles (1), entend croître l'herbe sur la terre et la laine sur les brebis. Des sons plus forts

---

(1) Deux cent cinquante lieues. (Tr.)

ne lui échappent pas davantage. Il a une trompe appelée Gjallar; quand il en sonne, tous les mondes l'entendent. Le glaive de Heimdall se nomme Hüfvudet, comme il est dit ici.

« L'habitation de Heimdall porte, dit-on, le nom de Himmelsbjœrg. La sentinelle des dieux boit gaiement l'hydromel dans cette maison, où règne une douce chaleur. »

Heimdall dit ailleurs de lui-même :

« Je suis l'enfant de neuf mères; je suis le fils de neuf sœurs. »

28. L'un des Ases se nomme Hœder; il est aveugle, mais très-fort. Les dieux voudraient peut-être l'oublier; mais le souvenir de ses actions est trop profondément gravé dans leur mémoire et dans celle des hommes.

29. Un autre Ase se nomme Vidarr; c'est l'Ase silencieux. L'un de ses souliers est très-épais. Vidarr est le plus fort après Thor; il est très-utile aux dieux dans les aventures dangereuses.

30. Ale ou Vale, fils d'Odin et de Rind, est vaillant dans le combat et bon archer.

31. Uller est fils de Sif et beau-fils de Thor; il est si habile à tirer de l'arc et court si bien en raquette, que personne ne peut rivaliser avec lui. L'extérieur d'Uller est agréable, ses manières sont martiales : il est bon de l'invoquer dans les combats singuliers.

32. Forsete est fils de Balder et de Nanna, fille de Nep. Il possède dans le ciel une salle appelée Glitner. Ceux qui viennent le trouver dans leurs différends s'en retournent réconciliés. Les dieux et les hommes ne connaissent pas de meilleur tribunal.

« Glitner est le nom d'une salle soutenue par des piliers d'or et couverte en argent. Forsete y passe la plus grande partie de son temps à pacifier les querelles. »

33. Il y a encore un autre Ase, appelé par quelques skalds le *détracteur* des dieux. C'est l'auteur des perfidies, de tout ce qui déshonore les dieux et les hommes. On le nomme Loke ou Lopt : il est fils du géant Farbœte ; Lœfœ ou Nal est sa mere ; Bilejst et Helblinde sont ses frères. Loke est beau de corps, mais son caractère est méchant et fort léger. Il a entraîné les dieux dans plus d'une aventure dont il les a souvent tirés par son esprit inventif. Sa femme se nomme Sigyn, et le fils qu'il eut d'elle, Nare ou Narve.

34. Mais Loke avait encore trois autres enfants avec Angerboda, géante de Jœtenhem : le loup Fenris, Jordmungand le serpent de Midgôrd, et Hel. Les dieux ayant appris que ces trois enfants de Loke étaient élevés à Jœtenhem et leur seraient une cause de malheurs, puisqu'on ne pouvait en attendre rien de bon du côté maternel et encore moins du côté paternel, Odin ordonna aux Ases d'enlever ces enfants et de les amener devant lui. Lorsqu'ils y furent, Odin jeta le

serpent dans la mer profonde qui environne tous les continents. Le reptile grandit tellement, qu'il ceint, dans le fond des eaux, le globe de la terre, et peut en outre mordre sa queue. Odin précipita Hel dans Niflhem et lui donna puissance sur neuf mondes, afin qu'elle pût faire changer de demeure aux hommes qu'on lui envoie, c'est-à-dire qui meurent de maladie et de vieillesse. Elle y possède de grandes habitations entourées de murailles excessivement hautes. Sa principale salle se nomme Eljudener, son écuelle Hunger (la disette), son couteau Svælt (la faim), son esclave mâle Senfærdig (lent), son esclave femelle Sena (lente). Le seuil de la porte par laquelle on passe pour entrer chez Hel est appelé Fællande-Svek (piége perfide), son lit Tivnsot (la phthisie) ; les rideaux de ce lit sont nommés Fœrtærande-Sorg (chagrin dévorant). Une moitié du corps de Hel est bleue, l'autre a la carnation humaine; son aspect est effrayant et sinistre : elle est très-connue.

Le loup Fenris fut nourri chez les Ases ; Tyr eut seul le courage de lui porter à manger. Quand les dieux virent combien Fenris grandissait chaque jour, et toutes les prédictions s'accordant à dire qu'il était destiné à leur nuire, ils prirent la résolution de fabriquer une chaîne très-forte ; ils l'appelèrent Læding et la portèrent à Fenris pour l'essayer. Celui-ci, ne la trouvant pas redoutable, laissa faire les Ases comme ils le voulaient; mais aussitôt que Fenris s'étendit, la chaîne se rompit et il fut dégagé. Les Ases en firent une seconde, une fois plus forte que la première, et la nommèrent Drome ; ils la portèrent à Fenris pour l'essayer, et lui dirent qu'il deviendrait très-célèbre si cette chaîne ne pouvait lui résister. Fenris vit bien qu'elle était plus solide que la première, mais ses forces avaient également augmenté depuis l'épreuve de Læding. Il pensa aussi qu'on n'acquérait point de gloire sans courir des dangers, et se laissa enchaîner. Lorsque les Ases eurent fini, Fenris s'agita, frappa des pieds, et battit la chaîne contre terre, en sorte que les débris en furent lancés au loin. Après ce nouvel échec, les Ases commencèrent à craindre qu'il serait impossible d'enchaîner Fenris. Odin envoya alors un jeune homme appelé Skirner, et qui était messager de Frey, vers les nains de Svartalfhem; il y fit fabriquer une chaîne appelée Gleipner. Elle se composait de six substances différentes : du bruit des pas de chat, de barbe de femme, de racines de montagnes, de tendons d'ours, d'esprit de poisson et de salive d'oiseau. Quoique ces matières te soient inconnues, tu dois croire à leur existence comme au reste, tout en sachant que les femmes n'ont pas de barbe, que les pas de chat ne font point de bruit, que les montagnes n'ont point de racines. — Ganglere dit : Je comprends fort bien le sens des figures dont tu te sers. Mais explique-moi le travail de cette chaîne? — Har répondit : Je puis te satisfaire. Gleipner était unie, souple comme un lacet de soie, et néanmoins forte et solide.

Lorsqu'elle fut apportée aux Ases, ils remercièrent leur messager d'avoir si bien réussi dans sa commission; ensuite ils se rendirent sur le lac Amsvartner, vers un îlot appelé Lyngve, et invitèrent Fenris à les accompagner. Ils lui montrèrent le lacet de soie, en le priant de le casser, et ajoutèrent qu'il était peut-être plus fort qu'on ne pouvait le supposer par sa grosseur. Les Ases se passèrent de l'un à l'autre ce lacet, en essayant de le rompre, mais ce fut inutilement ; ils assurèrent que Fenris en viendrait à bout. Le loup répondit: A voir ce lacet, il n'y aura pas de gloire à le rompre; toutefois, s'il a été fabriqué avec ruse et artifice, jamais, malgré sa faiblesse apparente, il ne touchera mes jambes. — Les Ases dirent alors qu'il lui serait très-facile de venir à bout d'une chaîne aussi mince, puisque Lœding et Drome n'avaient pu lui résister; mais, ajoutèrent-ils, si tu ne peux rompre ce lacet, tu ne saurais être redoutable pour les dieux, et nous t'en débarrasserons. — Fenris répondit : Si vous serrez ce lien de manière à ce que je ne puisse m'en débarrasser moi-même, vous planerez tellement au-dessus de moi que votre secours m'arrivera tard. Je n'ai donc aucune envie de me laisser attacher avec ce lacet. Cependant, afin que vous ne m'accusiez pas de lâcheté, je propose à l'un de vous de mettre sa main en gage dans ma gueule, pour me donner la certitude que tout se passera loyalement. Les Ases se regardèrent, car cette condition leur paraissait dure, et personne ne présentait le gage demandé. Enfin Tyr avança la main droite et la mit dans la gueule de Fenris. Celui-ci commença à remuer les jambes pour rompre le lacet, mais plus il faisait d'efforts, plus Gleipner le serrait. Tous les Ases se mirent à rire, excepté Tyr, qui perdit la main. Quand les Ases virent Fenris bien attaché, ils prirent Gelgja, le bout de la chaîne, le passèrent à travers une dalle appelée Gjœll, et là fixèrent profondément en terre. Ils prirent ensuite une autre grande pierre nommée Thvite, avec laquelle ils enfoncèrent la dalle encore davantage. Le loup ouvrit une gueule épouvantable, se démena beaucoup et voulut mordre les Ases; mais ils lui traversèrent la gueule avec un glaive dont la poignée s'arrêta dans la mâchoire supérieure; c'est sa muselière. Fenris hurle d'une manière effroyable; l'écume qui sort de sa gueule devient un fleuve appelé Von. Il restera couché en cet endroit jusqu'à Ragnarœcker.

Ganglere dit : Les enfants de Loke sont méchants; mais pris séparément ils sont admirables. Puisque les Ases n'attendent que du mal de Fenris, pourquoi ne l'ont-ils pas tué? — Har répondit : Les dieux ont tant de respect pour leur sanctuaire et leurs saintes demeures, qu'ils ne veulent pas les souiller avec le sang de ce loup. Toutes les prédictions s'accordent cependant à dire que Fenris sera le meurtrier d'Odin.

35. Ganglere dit : Parle-moi des Asesses. — Har répondit : Frigg est la première d'entre elles; son pa-

lais se nomme Fensal ; il est très-beau. La seconde Asesse est Saga ; elle habite Sœkqvabœck. Ce palais est vaste. Eir, la troisième, est le meilleur médecin. La quatrième est Géfjon ; elle est vierge, et toutes les vierges lui appartiennent. La cinquième est Fulla, vierge aussi ; elle a les cheveux flottants, un ruban d'or lui ceint la tête ; elle porte la boîte de Frigg, a soin de sa chaussure et participe à ses conseils secrets. Freya est la seconde Asesse après Frigg pour la puissance ; elle est mariée à un homme appelé Od. Leur fille se nomme Hnoss ; elle est si belle, qu'on donne son nom à tout ce qui est beau et de quelque valeur. Od voyage au loin ; Freya pleure son absence, et ses larmes sont d'or rouge. Elle a beaucoup de noms suivant les peuples qu'elle a visités en allant à la recherche d'Od. Les voici : Mardœl, Hœrn, Gefn et Syr. Freya possède le collier Brising ; elle est aussi appelée Vanadis. La septième Asesse est Sjœfn ; elle a le pouvoir de disposer les cœurs à l'amour ; Lofn, la huitième, est si vertueuse, si bonne à invoquer, qu'Odin et Frigg lui permettent d'unir les hommes et les femmes malgré tous les obstacles. La neuvième est Var ; elle écoute les promesses, les serments que les hommes et les femmes se font, et punit les parjures. Var est sensée, questionneuse ; rien ne lui est caché. Syn, la dixième Asesse, garde la porte du palais, et la tient fermée à ceux qui ne doivent pas entrer ; elle est aussi chargée de veiller, près de l'assemblée des dieux, sur les cas qu'on veut nier. La onzième est Hlin; ses fonctions se bornent à veiller sur les individus que Frigg veut préserver des dangers. La douzième est Snotra; elle est prudente, ses manières sont agréables. La treizième est Gna; c'est la messagère de Frigg dans tous les mondes. Son cheval, nommé Hofvarpner, traverse les airs aussi bien que l'eau. Quelques Vannes l'ayant aperçue un jour chevauchant dans l'espace, l'un d'eux dit :

« Que voyons-nous voltiger? Que voyons-nous traverser les airs? »

Gna répondit :

« Je ne voltige pas; je traverse l'espace sur Hofvarpner, engendré par Hamskerper avec Gardrofva. »

Sol et Bil sont aussi comptés parmi les Asesses; il en a été question plus haut.

36. Il y a encore d'autres femmes à Walhall; elles sont chargées de verser à boire, de frotter les tables et les coupes. Voici leurs noms, comme on les trouve dans le poëme de Grimmer :

« Je veux que Hrist et Mist m'apportent la coupe; que Skeggjœld et Skœgul, Hild et Thrud, Hlœk et Herfiœtur, Gœll et Geirahœd, Randgrid, et Reginleif, servent la bière forte aux Einhœrjars. »

Elles sont appelées les Valkyries. Odin les envoie sur tous les champs de bataille; elles savent quels sont les guerriers qui succomberont, et disposent de la victoire. Gunn, Rota, et Skuld, la plus jeune des Nornes, sont toujours à cheval ; elles marquent les guerriers qui doivent périr, et dirigent le cours de la bataille. Jord, la mère de Thor, et Rind, la mère de Vale, font aussi partie des Asesses.

37. Gymer est le nom d'un homme qui avait pour femme Œrboda, de la race des géants de montagne, Gerd, leur fille, était la plus belle de toutes les femmes. Frey s'assit un jour sur le trône Hlidskjalf ; en regardant de tous côtés, il tourna les yeux vers le Nord, où il vit une belle et vaste maison. Une femme se dirigeait de ce côté, et lorsqu'elle leva les mains pour ouvrir la porte, il en jaillit une lueur si vive, que l'air, l'eau et le monde entier en furent illuminés. Frey, en punition de ce qu'il s'était assis sur le trône sacré, se retira le cœur plein d'amour. Rentré chez lui, il ne parlait à personne, ne dormait plus ; il avait renoncé à boire ; on n'osait lui adresser la parole. Alors Njœrd fit appeler Skirner, le page de Frey, et le pria d'aller trouver son maître, de lui demander ce qui avait excité sa colère au point de ne plus parler. Skirner promit de remplir le message, quoique ce fût contre son gré, tant il comptait sur une réponse désagréable de la part de Frey. Arrivé près de ce dernier, il lui demanda la cause de sa taciturnité, et d'où venait qu'il ne parlait à personne. Frey répondit qu'il avait vu une femme extrêmement belle, et mourrait bientôt s'il ne la possédait. « Va la demander en mariage pour moi,

dit-il; tu l'amèneras ici: que son père y consente ou non, et je te récompenserai. » Skirner se chargea du message, mais à la condition que Frey lui donnerait son glaive, arme excellente qui combattait seule et sans le secours de personne. Frey ne fit aucune difficulté pour accepter cette proposition, il donna son glaive à Skirner. Le page partit et remplit sa mission auprès de Gerd; il en reçut la promesse qu'après neuf nuits elle se rendrait à Barœ, pour y célébrer ses noces avec Frey. Lorsque Skirner dit à son maître le résultat de sa négociation, Frey chanta:

« Une nuit est longue, deux nuits sont longues, comment pourrais-je en passer trois dans l'attente? Souvent un mois m'a semblé plus court que la moitié d'une de ces nuits. »

Voilà pourquoi Frey était désarmé lors de son combat contre Belje, qu'il tua avec un bois de cerf. — Ganglere dit: Il est fort extraordinaire qu'un guerrier comme Frey ait pu consentir à se priver d'un aussi bon glaive, sans en avoir un autre d'égale valeur. Cette perte lui donna beaucoup de désavantage dans sa lutte avec Belje; je présume qu'il regretta alors sa générosité. — Har répondit: Ce malheur avait peu d'importance relativement à Belje, Frey aurait pu le tuer d'un coup de main; mais cette circonstance sera bien autrement fâcheuse pour lui, quand les fils de Muspelhem s'armeront en guerre.

38. Ganglere continua: Tu m'as dit que tous les

hommes morts sur le champ de bataille depuis la création du monde sont maintenant à Walhall avec Odin. Comment ce dieu trouve-t-il de quoi nourrir une foule qui doit être considérable ? — Har répondit : Elle est en effet très-nombreuse et s'accroîtra bien davantage encore ; cependant elle sera insuffisante quand le loup Fenris viendra. Quel que soit le nombre des Einhærjars, le porc Sæhrimner ne les laissera pas manquer de lard. On le fait cuire tous les jours ; et le soir il est de nouveau entier. Mais il est peu d'individus, je crois, assez instruits pour répondre à la question que tu viens de m'adresser. Le cuisinier de Walhall se nomme Andhrimner, et la marmite Eldhrimner, comme il est dit ici :

« Andhrimner met Sæhrimner dans Eidhrimner pour le faire cuire. Ce lard est délicieux ; peu de gens savent comment les Einhærjars sont nourris. »

Ganglere demanda : Odin a-t-il le même ordinaire que les Einhærjars ? — Har répondit : Ce qui est servi sur sa table, il le donne à deux loups appelés Gere et Freke. Odin n'éprouve aucun besoin ; le vin lui sert de nourriture et de boisson.

« L'auguste père des armées nourrit Gere et Freke de sa main ; le belliqueux Odin vivra éternellement avec du vin. »

Deux corbeaux, perchés sur ses épaules, lui racontent à l'oreille tout ce qu'ils ont vu et entendu. On les nomme Hugen et Munen; ils partent à la pointe du jour, parcourent la terre, et sont de retour pour le déjeuner. Odin sait ainsi tout ce qui se passe; on l'appelle aussi le dieu aux corbeaux.

« Hugen et Munen font chaque jour le tour du globe. Je crains que Hugen ne revienne pas; je crains encore davantage pour Munen. »

39. Ganglere demanda : Où trouve-t-on de quoi désaltérer les Einhœrjars? boivent-ils de l'eau? — Har répondit : Tu me fais maintenant une singulière question. Odin inviterait-il chez lui des rois, des jarls ou autres hommes illustres, pour leur donner seulement de l'eau à boire? La plupart de ceux qui viennent à Walhall trouveraient, je crois, que cette eau leur coûte cher; je parle des guerriers dont les blessures et la mort ont été douloureuses. Mais j'ai autre chose à te raconter à ce sujet. Il y a dans Walhall une chèvre appelée Hejdrun; elle mange les feuilles de Lerad, sapin célèbre; de ses mamelles coule l'hydromel nécessaire pour emplir une cuve très-grande et enivrer tous les Einhœrjars. — Ganglere dit : Cette chèvre est fort étonnante, et l'arbre dont elle mange les feuilles doit être précieux. — Har répliqua : Le cerf Ekthyrner est plus remarquable encore; il mange aussi les feuilles de Lerad, et il sort de son bois une rivière qui descend jusqu'à Hvergelmer; elle produit les fleuves suivants : Sid et Vid, Seken et Eken, Svœl, Gunndro, Fjœrm, Fimbulthul, Gipul, Gœpul, Gœmul, Geir-

vimul. Ces fleuves arrosent tout le pays des Ases ; on les nomme encore Thyn, Vin, Thœll, Boll, Grad, Gunnthrainn, Nyt, Nœt, Nœnn, Hrœnn, Vina, Vegsvinn, Thjodnuma.

40. Ganglere dit : Tu me racontes là des choses extraordinaires. Il faut que Walhall soit un édifice immense ; la foule doit en rendre l'entrée et la sortie fort difficiles. — Har répondit : Pourquoi ne demandes-tu pas combien il y a de portes à Walhall, et quelle est leur dimension ? Quand tu le sauras, tu conviendras qu'il serait singulier que chacun n'en sortît et n'y entrât pas commodément selon sa volonté. Il n'est pas plus difficile de trouver place à Walhall que d'y entrer. Il y a dans le chant de Grimner le passage suivant :

« Walhall possède, je crois, cinq cents portes et quarante encore. Huit cents Einhærjars peuvent sortir de front par chacune de ses portes, quand ils vont combattre le loup. »

41. Ganglere dit alors : Walhall est peuplée d'une multitude immense, et Odin doit avoir bien de l'habileté, pour gouverner tant de monde. Mais à quoi les Einhærjars passent-ils leur temps quand ils ne sont pas occupés à boire ? — Har répondit : Tous les jours, après avoir fait leur toilette, ils prennent leurs armes, se rendent dans la cour pour combattre et se vaincre mutuellement ; ce sont leurs jeux. Vers le moment du

déjeuner, ils rentrent à cheval dans Walhall, et se mettent à boire comme il est dit ici :

« Tous les Einhœrjars combattent chaque jour dans la cour d'Odin; puis ils reviennent s'asseoir à la table du festin et sont amis comme auparavant. »

Odin est en effet un grand général, il en a donné beaucoup de preuves. Voici ce qu'on trouve dans le poëme des Ases :

« Le frêne Yggdrasel est le plus excellent des arbres, Skidbladner le plus excellent des vaisseaux ; Odin est le plus excellent des Ases, Sleipner le plus excellent des chevaux, Bæfrœst le plus excellent des ponts, Brago le plus excellent des poëtes, Habrok le plus excellent des éperviers, et Garm le plus excellent des chiens. »

42. Ganglere demanda : A qui appartient le cheval Sleipner, et que raconte-t-on de lui ? — Har répondit : Tu ignores l'origine de Sleipner, et serais bien aise de la connaître. Dans le commencement du premier âge des dieux, quand ils eurent élevé Midgôrd et bâti Walhall, un architecte vint les trouver, et offrit de construire en trois ans un château tellement fort, qu'il serait impossible aux géants des montagnes et aux Hrimthursars de s'en emparer, lors même qu'ils auraient pénétré dans l'enceinte de Midgôrd. Mais il demanda pour récompense Freya, ainsi que le soleil et la lune. Les Ases s'assemblèrent pour délibérer sur cet objet, et dirent à l'architecte que ses demandes lui seraient accordées s'il bâtissait ce château dans l'espace

d'un hiver ; mais si le premier jour de l'été il restait quelque chose à faire à cet édifice, la convention serait nulle ; il ne devait pas non plus prendre d'aide. Quand l'architecte eut connaissance de ce résultat, il demanda la permission de se servir de son cheval Svadelfœre, et Loke l'ayant appuyé, elle lui fut accordée. Il commença dès le premier jour de l'hiver la construction du château, et toutes les nuits il apportait des pierres avec le concours de son cheval. Les Ases étaient surpris de voir les grandes montagnes que Svadelfœre traînait, et de ce que cet animal faisait deux fois autant d'ouvrage que son maître. La convention arrêtée entre les Ases et l'architecte avait été confirmée en présence de bons témoins et avec beaucoup de serments ; car le géant trouvait peu sûr pour lui d'habiter parmi les Ases sans une bonne garantie, Thor pouvant revenir d'un moment à l'autre de l'expédition qu'il faisait contre les démons en Orient. Vers la fin de l'hiver, le château était très-avancé, tellement élevé et si fort, que personne n'aurait pu l'attaquer. Trois jours avant l'été, l'architecte n'avait plus que la porte à faire. Les dieux s'assirent alors sur leurs trônes pour délibérer, et s'entredemandèrent qui avait donné le conseil de marier Freya en Jœtenhem, de détruire l'air en donnant le soleil et la lune aux géants. Tous s'accordèrent à dire que ce mauvais conseil avait été donné par Loke, source du mal. Ils le menacèrent donc d'une mort ignominieuse, s'il ne trouvait un expédient pour empêcher l'architecte de terminer son travail à l'époque fixée. Loke eut peur, et jura d'arranger les choses de manière à ce que l'architecte ne reçût point la récompense promise. Le même soir, le géant sortit pour aller chercher des pierres avec Svadelfœre, et une jument accourut de la forêt en hennissant. Aussitôt Svadelfœre devint rétif, cassa la bride et courut après la jument; mais celle-ci se sauva dans le bois, et l'architecte la suivit pour rattraper son cheval. Ils coururent ainsi toute la nuit et l'ouvrage s'en trouva négligé. Le jour suivant, on ne travailla pas comme de coutume, et l'architecte, voyant que le château ne serait pas terminé, fut pris de la rage des géants. Les Ases ayant acquis la certitude qu'ils avaient reçu chez eux un géant de montagne, n'eurent plus aucun égard aux serments qu'ils avaient faits. Ils appelèrent Thor, qui vint de suite, souleva Mjœllner, et acquitta la dette contractée pour la construction du château; le géant ne retourna point à Jœtenhem. Du premier coup, Thor lui brisa le crâne en petits morceaux et l'envoya à Niflhem; mais Loke avait été poursuivi si vivement par Svadelfœre, que peu de temps après il donna le jour à un poulain gris qui avait huit pieds: c'est le plus excellent des chevaux. Il est dit dans Wola:

« Alors toutes les puissances, les dieux augustes, allèrent s'asseoir sur leurs trônes, et se demandèrent qui avait infecté l'air, ou promis de donner la femme d'Od à un rejeton des géants.

« Tous les serments, toutes les promesses et les conventions furent rompus. Thor seul amena ce résultat, car il reste rarement tranquille quand, dans sa colère, pareilles choses viennent à ses oreilles. »

43. Ganglere demanda : Puisque Skidbladner est le plus excellent des navires, je voudrais savoir les particularités qui le concernent. Est-ce qu'on ne trouve pas de vaisseau aussi bon et aussi grand que lui ? Har répondit : Il n'en est aucun qu'on puisse lui comparer. Skidbladner a été construit avec un art infini ; mais Nagelfare, le navire de Muspell, est plus grand. Skidbladner est l'ouvrage de quelques nains fils d'Invalde, qui le donnèrent à Frey; ce vaisseau est si vaste, qu'il peut prendre à bord tous les Ases à la fois, avec armes et bagages. Aussitôt que sa voile est hissée, un vent favorable la gonfle, n'importe la côte vers laquelle on veut se diriger. Skidbladner se compose d'une multitude de morceaux réunis avec tant d'habileté, qu'on peut le plier comme un mouchoir, et le porter dans sa poche.

44. Ganglere continue : Skidbladner est un bon navire, bien des sortiléges ont été nécessaires pour sa construction. N'est-il jamais arrivé à Thor de trouver son maître en force, en puissance et en magie?— Har répondit : Peu d'hommes, je crois, seraient en état de traiter ce sujet ; cependant Thor a éprouvé de rudes traverses. S'il a rencontré un vainqueur, c'est un secret à garder ; tout le monde doit croire que personne ne l'égale en puissance.— Ganglere dit : J'ai donc fait

une question à laquelle vous ne pouvez satisfaire? — Jafnhar répliqua : Nous avons ouï raconter des choses qui nous ont paru incroyables. Celui qui pourrait te donner des renseignements précis à cet égard n'est pas loin. Il te dira la vérité; jamais il n'a menti. — Ganglere dit : Je vais donc attendre une réponse à ma question, et je vous déclarerai vaincus si je n'en reçois pas. — Thridi prit la parole : Je vois clairement que tu veux savoir, même les choses qui nous semblent peu honorables à raconter; mais le secret est une obligation pour toi comme pour nous. Ok-Thor roulait dans son char attelé de boucs, et celui des Ases auquel on a donné le nom de Loke était avec lui. Vers le soir, ils arrivèrent chez un paysan qui leur accorda l'hospitalité. Thor prit ses boucs, les tua, les fit dépouiller et mettre dans une marmite. Quand ils furent cuits, Thor se mit à souper avec ses compagnons, en invitant le paysan, sa femme et leurs enfants à prendre leur part de ce repas. Le fils du paysan se nommait Thjalfe, et sa fille Rœska. Thor plaça la peau des boucs auprès du feu, en ordonnant à ses convives de jeter les os sur ces peaux. Thjalfe tenait à la main l'os de la cuisse de l'un des boucs; il le cassa avec son couteau pour en tirer la moelle. Thor passa la nuit dans cet endroit; il se leva de bonne heure le lendemain, s'habilla, prit le marteau Mjœllner et le leva au-dessus de la peau des boucs : aussitôt ces animaux se redressèrent, mais l'un d'eux boitait d'une jambe de derrière. Thor s'en aperçut, et dit que le paysan ou quelques-uns des siens avaient manqué de soins à l'égard des os de ces boucs, puisque l'un d'eux avait la cuisse cassée. Je n'ai pas besoin de dire, car tout le monde le devinera, combien le paysan fut effrayé lorsqu'il vit les sourcils de Thor se froncer; il se consola un peu en pensant qu'il serait la seule victime de sa colère. Thor serra les mains si fortement autour du manche de son marteau, que les nœuds de ses doigts en blanchirent. Le paysan et tous les gens de sa maison se comportèrent comme on pouvait s'y attendre; ils crièrent tous horriblement, en demandant grâce, et offrirent en indemnité tout ce qu'ils possédaient. Mais lorsque Thor vit leur effroi, sa colère disparut; il se contenta de prendre, comme un gage de réconciliation, Thjalfe et Rœska, qui devinrent ses serviteurs; ils l'ont suivi partout depuis lors.

45. Thor laissa ses boucs en cet endroit, et commença son expédition contre Jœtenhem, à l'orient vers la mer. Après avoir traversé cette dernière à la nage, il prit terre avec Loke, Thjalfe et Rœska. Quand ils eurent marché un peu de temps, ils atteignirent une grande forêt, où ils errèrent toute la journée jusqu'à ce qu'il fît nuit. Thjalfe était un excellent marcheur et portait le sac aux vivres; mais on ne pouvait trouver de gîte. Lorsque l'obscurité fut complète, ils finirent par découvrir une maison très-spacieuse; à l'une de ses extrémités était une entrée aussi large que la maison. Les voyageurs s'y établirent pour la nuit. Mais à

minuit, ils s'aperçurent qu'un violent tremblement de terre ébranlait le sol et la maison. Alors Thor se leva et appela ses compagnons. Ils s'avancèrent en tâtonnant, et trouvèrent au milieu de la maison, à droite, un corps de bâtiment dans lequel ils entrèrent. Thor s'assit à la porte ; les autres étaient assis plus avant et avaient bien peur. Thor tenait le manche de son marteau pour se défendre. Ils entendirent beaucoup de bruit et de fracas. Lorsque le jour commença à poindre, Thor sortit, et vit un homme couché dans la forêt ; cet homme était grand : il dormait et ronflait très-fort. Le dieu comprit alors la cause du bruit qu'on avait entendu pendant la nuit, et serra autour de lui le ceinturon, qui doublait sa force divine. Au même instant, cet homme s'éveilla, et se leva de suite. On raconte que cette fois Thor fut surpris et n'osa point frapper avec son marteau. Il se contenta de demander à cet homme comment on l'appelait ; celui-ci prit le nom de Skrymer, et ajouta : « Je n'ai pas besoin de m'informer de ton nom, tu es Asa-Thor ; mais qu'as-tu fait de mon gant ? » Skrymer se baissa pour ramasser son gant, et Thor vit que c'était la maison où il avait passé la nuit ; le bâtiment extérieur était le pouce du gant. Skrymer demanda à Thor s'il voulait l'admettre dans sa compagnie ; ce dernier y consentit. Le géant ouvrit alors son bissac et se disposa à déjeuner ; Thor et ses compagnons firent de même. Skrymer proposa ensuite de mettre les provisions de voyage en commun, et le tout fut enfermé dans un sac qu'il prit sur le dos. Skrymer marchait le premier et faisait de grands pas; le soir, il chercha un gîte sous un immense chêne, et dit à Thor : « Je vais dormir, prenez le bissac et soupez; » après quoi Skrymer s'endormit et ronfla fortement. Thor ayant pris le bissac, voulut l'ouvrir, et, chose incroyable, il ne put en défaire un seul nœud, pas un des bouts de ruban ne voulut céder. Quand Thor vit qu'il lui était impossible d'ouvrir le bissac, la colère s'empara de lui, il saisit son marteau, fit un pas vers la place où Skrymer dormait, et le frappa à la tête. Le géant se réveilla, et demanda si une feuille d'arbre était tombée sur sa figure, si ses compagnons avaient soupé, et s'ils étaient prêts à se coucher. Thor répondit qu'ils allaient se livrer au repos. En effet, ils se placèrent sous un autre chêne, et je suis forcé d'avouer qu'ils ne s'endormirent pas sans crainte. Vers minuit, Thor entendit Skrymer ronfler avec une telle force, que la forêt en retentit. Alors il se leva, s'approcha de lui, leva promptement son marteau et le frappa au milieu du crâne; le marteau lui parut profondément enfoncé dans la tête de Skrymer, qui s'éveilla et dit: « Un gland serait-il tombé sur ma figure? Y a-t-il du nouveau, Thor? » Thor recula vivement et répondit qu'il venait de s'éveiller, qu'il était minuit et encore temps de dormir. Thor pensa que s'il pouvait donner un troisième coup, le géant ne reverrait jamais le jour; il attendit donc le moment où Skrymer serait de nouveau endormi. Un peu avant le jour, il reconnut que le géant dormait profondément; il se leva, marcha vers lui, et le frappa à la tempe avec tant de force que le marteau enfonça jusqu'au manche. Skrymer se leva, passa la main sur sa joue, et dit : « Des oiseaux se seraient-ils perchés dans ce chêne au-dessus de moi ? il m'a semblé que de la fiente était tombée des arbres; ou bien te serais-tu réveillé, Thor ? Il est temps de se lever et de s'habiller, quoique nous ne soyons pas fort éloignés du château d'Utgord. Vous avez dit entre vous que je ne vous paraissais point de petite taille; mais vous verrez des hommes bien autrement grands que moi, si vous arrivez à Utgord. Je veux vous donner de bons conseils à ce sujet. Ayez de l'humilité; car les courtisans de Lôke d'Utgord n'endureront pas l'orgueil de jouvenceaux de votre sorte. Si vous ne voulez point profiter de mes avis, retournez sur vos pas, c'est ce que vous aurez de mieux à faire. Mais si vous voulez continuer votre voyage, tirez à l'orient; je vais au nord, vers les montagnes que vous voyez. » Skrymer prit ensuite le bissac sur son dos et entra dans la forêt. On ignore si les Ases désirèrent de le revoir sain et sauf.

46. Thor continua de marcher avec ses compagnons jusqu'à midi. Ils découvrirent alors dans une grande plaine un château si élevé, qu'on en distinguait à peine le faîte, et s'avancèrent de ce côté; une grille fermée entourait le château. Thor s'approcha de cette grille, mais il ne put l'ouvrir; c'est pourquoi il fut

obligé, ainsi que ses compagnons, de se glisser entre les barreaux pour pénétrer dans le château. Ayant trouvé la porte ouverte, ils entrèrent et virent un grand nombre d'hommes, dont la plupart étaient d'une taille très-élevée, assis sur des bancs. Les voyageurs se présentèrent ensuite devant le roi Loke d'Utgord, et le saluèrent. A peine s'il daigna leur accorder un regard; il dit en souriant : « Quand les nouvelles viennent de loin, il est difficile de les avoir véridiques. Suis-je abusé par une vision en prenant cet enfant pour Oke Thor? Tu es peut-être plus grand que tu ne le parais. Compagnons, à quels exploits êtes-vous préparés? Pour être souffert parmi nous, il faut se distinguer dans un art ou une science quelconque. »

— Celui des compagnons de Thor qui était entré le dernier, c'est-à-dire Loke, répondit : « Je possède un talent dont je puis donner des preuves à l'instant. Pas un de vous ne mange aussi vite que moi. » Loke d'Utgord répliqua : « C'est, en effet, un talent ; nous allons le mettre à l'essai. » Il appela alors Loge, l'un des hommes assis sur le banc, et le chargea de rivaliser avec Loke. On plaça au centre de la salle une auge remplie de viande ; Loke s'assit à l'une des extrémités, et Loge à l'autre. Ils mangèrent tous deux à qui mieux, et se rencontrèrent au milieu de l'auge. Loke avait mangé toute la viande de son côté, mais Loge avait mangé la viande, les os et l'auge. Tous les spectateurs s'accordèrent à dire que Loke avait perdu la partie.

Alors Loke d'Utgord demanda : « Que sait faire ce jeune homme? » Thjalfe répondit : « J'essayerai de lutter à la course avec telle personne que vous désignerez. » Loke d'Utgord dit : « C'est bon ; tu dois être fort habile à la course pour oser entreprendre une pareille lutte. Nous allons te mettre à l'épreuve de suite. » Loke d'Utgord se leva et sortit ; la grande plaine était très-favorable pour la course. Loke d'Utgord appela un jeune homme nommé Huge, et lui dit de lutter avec Thjalfe. Les deux concurrents firent un premier tour ; mais Huge prit tellement d'avance, qu'arrivé au but, il se tourna vers Thjalfe. Loke d'Utgord dit : « Il faut allonger davantage, Thjalfe, si tu veux gagner la partie. Cependant je dirai à ta louange que nous n'avons encore vu personne ici plus agile que toi. » On désigna un autre but ; mais lorsque Huge y fut arrivé, Thjalfe était encore à une longue portée de flèche en arrière. Loke d'Utgord dit : « Vous courez bien tous les deux ; je doute pourtant que Thjalfe gagne la partie : c'est ce que nous montrera la troisième course. » On choisit un nouveau but ; mais lorsque Huge l'eut atteint, Thjalfe n'était pas à la moitié de la lice. Tous les spectateurs dirent unanimement que ces épreuves étaient suffisantes. Alors Loke d'Utgord demanda à Thor par quels exploits il se proposait de soutenir sa renommée et la célébrité de ses grands travaux. Thor répondit qu'il préférait lutter à qui boirait le mieux. Loke d'Utgord y consentit ; il rentra au château, appela son échanson et lui ordonna d'apporter la coupe dont les courtisans avaient coutume de se servir. L'échanson obéit à l'instant, et remit la coupe à Thor. Loke d'Utgord dit alors : « Vider cette coupe d'un trait, c'est ce que nous appelons bien boire. Quelques-uns la vident en deux coups, mais aucun de nous n'est assez mauvais buveur pour ne point la vider en trois. » Thor regarda la coupe et ne la trouva pas trop grande, quoique passablement longue de pied. Ayant soif, il l'approcha de sa bouche, et but beaucoup, pensant qu'il la viderait. A la fin, n'en pouvant plus, il ôta la coupe de ses lèvres, et ne fut pas médiocrement surpris en voyant qu'elle était presque aussi pleine qu'auparavant. Loke d'Utgord dit : « Tu as bien bu, mais pas trop cependant. Jamais je ne me serais figuré qu'Asa-Thor ne pourrait boire davantage. Je suis certain que tu videras cette coupe au second trait. » — Thor ne répondit pas ; il rapprocha la coupe de sa bouche avec l'intention de la vider, et but de toutes ses forces ; mais lorsqu'il la regarda, il lui parut que son contenu avait moins baissé que la première fois ; cependant on pouvait la porter maintenant sans craindre d'en rien répandre à terre. Loke d'Utgord dit : « Comment te trouves-tu, Thor? Ne te ménage pas à présent. Je crois que tu videras la coupe cette fois ; mais si tu n'es pas plus habile sous d'autres rapports, tu ne seras pas un grand homme parmi nous comme parmi les Ases. » Thor, en entendant ces paroles, saisit la coupe avec colère, l'approcha de sa bouche, et fit d'incroyables efforts pour la vider, sans pouvoir y parvenir; il la rendit et ne voulut pas boire davantage. Le contenu de la coupe avait cependant un peu baissé. Loke d'Utgôrd dit : « Nous voyons clairement que ta puissance est bien inférieure à ta renommée. Veux-tu tenter une autre épreuve? » — « J'y consens, répliqua Thor; mais la manière dont je viens de boire n'aurait point mérité le mépris chez les Ases. Quelle épreuve me proposez-vous? » Loke d'Utgôrd dit : « Quelques jeunes gens pensent qu'il serait digne de toi de chercher à enlever mon chat de terre. Je n'aurais pas osé faire cette proposition à Asa-Thor, si je n'avais pas reconnu combien son habileté est inférieure à sa renommée. » Dans ce moment, un chat gris, extraordinairement grand, accourut. Thor s'avança, le prit par-dessous le ventre et le souleva; mais à mesure qu'il levait la main, le chat arrondissait le dos, et le résultat de tous ses efforts fut de faire lever un peu l'une de ses pattes. Thor perdit donc encore cette partie. Loke d'Utgôrd reprit : « Cette épreuve s'est terminée comme je m'y attendais. Mon chat est très-grand, et Thor est petit en comparaison des hommes qui sont ici. » — Thor dit alors : « Malgré ce que vous appelez ma petitesse, j'invite l'un de vous à lutter avec moi; car je suis en colère maintenant. » — Loke d'Utgôrd répondit en se tournant vers le banc : « Toutes les personnes que je vois ici regarderaient

comme un badinage de lutter avec toi. » Puis il ajouta:
« Faisons appeler la vieille Ellé, ma nourrice ; Thor essayera ses forces contre cette femme, s'il le veut. Ellé a vaincu des hommes qui paraissaient plus vigoureux que lui. » — Une vieille femme entra dans la salle, et Loke d'Utgôrd lui dit de lutter avec Asa-Thor. Plus celui-ci faisait d'efforts, plus Ellé tenait ferme, et aussitôt qu'elle commença à donner des crocs-en-jambes, Thor chancela, et de rudes secousses s'ensuivirent ; il ne tarda point à tomber sur un genou. Loke d'Utgôrd s'avança en invitant les combattants à cesser leur lutte, et il ajouta que Thor renonçait sans doute à mesurer ses forces avec d'autres personnes de la cour. La nuit approchait : Loke d'Utgôrd désigna des gîtes pour Thor et ses compagnons ; ils y restèrent jusqu'au lendemain et furent bien traités.

47. Le matin suivant, dès que le jour parut, Thor et ses compagnons se levèrent ; ils s'habillèrent et se disposèrent à se retirer de suite. Loke d'Utgôrd survint alors, fit avancer une table bien garnie de vivres et de boissons. Au moment de se séparer de Thor, il lui demanda ce qu'il pensait de son voyage, et s'il reconnaissait qu'il avait trouvé quelqu'un plus fort que lui. — Thor répondit : « Je ne puis rien dire, sinon que mon expédition m'a valu beaucoup de honte. Vous allez me traiter en homme sans considération, ce qui me cause un grand dépit. » — Loke d'Utgôrd répondit : « Je te dirai la vérité, maintenant que tu es sorti de mon

château, où tu ne rentreras jamais si cela dépend de moi, et où tu ne serais jamais venu si j'avais su combien tu es fort et puissant. Tu as manqué de nous plonger dans un grand malheur. Toutes tes aventures de ces jours passés n'ont été que des visions produites par mon art. Le géant que tu as rencontré dans la forêt, c'était moi ; lorsque tu voulus dénouer la corde du bissac, c'était un cercle de fer auquel j'avais donné cette forme ; c'est pourquoi tu n'as pu l'ouvrir. Tu m'as frappé ensuite de trois coups de marteau ; le premier fut le plus faible ; cependant il m'aurait tué si j'avais été atteint. Tu as vu près de mon château un rocher dans lequel il y a trois trous carrés, dont l'un est extrêmement profond : ce sont les marques de ton marteau. Je rendis ce rocher invisible, et le plaçai entre moi et tes coups ; il en a été de même pour les épreuves que vous avez subies toi et tes compagnons. Voici comment la chose s'est passée pour Loke : Ayant très-faim, il mangea avec vivacité ; mais son adversaire était le feu, qui dévora l'auge et la viande. Huge, avec lequel Thjalfe a lutté, était ma pensée ; il était donc impossible de la vaincre à la course. Quand il te sembla que la coupe ne se vidait point, tu venais d'opérer un prodige dont je ne m'attendais pas à être témoin ; le fond de la coupe était dans la mer, ce dont tu ne t'aperçus pas. Quand tu t'approcheras de l'Océan, tu verras combien il a diminué ; tu as produit ainsi la marée. Je ne fus pas moins étonné quand tu soulevas mon chat, et, en vérité, nous fûmes tous fort effrayés lorsque l'une des pattes de cet animal abandonna le plancher ; ce n'était pas un chat que tu soulevais, mais le serpent de Midgörd, dont le corps entoure la terre. A peine s'il fut assez long pour tenir à la terre par sa tête et sa queue, et tu le soulevas à une telle hauteur, qu'il touchait presque au ciel. Tu opéras encore un grand prodige en luttant contre Ellé (la vieillesse) ; jamais elle n'a été, jamais elle ne sera vaincue par les personnes qui atteignent un âge avancé. Il faut nous séparer maintenant. Dans notre intérêt à tous deux, je te conseille de ne plus venir chez moi ; mais si tu voulais encore tenter cette aventure, je défendrais mon château par les artifices, et tu ne pourrais rien contre moi. » Lorsque Thor entendit ce discours, il saisit son marteau, le souleva ; mais au moment de frapper, il ne vit plus Loke d'Utgörd. Il retourna alors vers le château, bien décidé à le détruire, il était remplacé par de belles et vastes plaines. Thor retourna donc à Thrudvang, et se proposa, durant ce voyage, d'essayer s'il ne pourrait point mettre la main sur le serpent de Midgörd, ce qui arriva plus tard. Personne ne pourra te raconter plus véridiquement que je ne l'ai fait ce voyage de Thor.

48. Ganglere dit : Loke d'Utgörd doit être un homme très-puissant et fort occupé de visions et de magie ; les courtisans si puissants qu'il possède augmentent beaucoup la considération dont il jouit ; mais Thor ne

s'est-il jamais vengé de son aventure?—Har répondit : Les plus ignorants savent combien il s'est indemnisé des humiliations qu'il avait éprouvées. Il ne resta pas longtemps au logis, et partit avec tant de hâte, qu'il ne fut accompagné ni par ses boucs, ni par ses compagnons. Il enjamba Midgörd sous la forme d'un jeune homme, et arriva un soir chez le géant Hymer, où il passa la nuit. Hymer se leva à la pointe du jour, s'habilla et se disposa à ramer sur la mer avec l'intention de pêcher. Thor se leva également, s'habilla bien vite, et demanda au géant la permission de l'accompagner. Hymer répondit qu'un homme petit et jeune comme lui ne pouvait être d'aucune utilité, et ajouta : « Tu seras gelé, si je rame aussi loin et si mon absence se prolonge autant que de coutume. » Thor répliqua qu'il savait ramer sur mer, et n'était pas certain lequel de Hymer ou de lui manifesterait le premier l'envie de retourner à terre. Sa colère s'enflamma en même temps contre le géant, et peu s'en fallut qu'il ne lui fît à l'instant goûter son marteau ; mais il se contint, voulant mettre ses forces à l'épreuve d'une autre manière. Thor demanda ensuite à Hymer où était leur appât pour la pêche. Le géant lui dit d'en chercher. Thor alla donc vers un troupeau de bœufs qui appartenait à Hymer, choisit le plus beau, qui se nommait Himinbrioter, lui arracha la tête, et l'emporta vers le rivage. Hymer avait déjà poussé la barque dans l'eau. Thor y entra, s'assit sur le banc d'arrière, prit deux rames, et rama avec tant de force, que Hymer trouva qu'on faisait bonne route. Le géant ramait aussi sur l'avant, la barque avançait donc très-vite. Hymer annonça qu'ils étaient arrivés dans l'endroit où il avait l'habitude de pêcher ; mais Thor répondit qu'il avait envie de ramer beaucoup plus longtemps ; et ils firent encore un bout de chemin. Alors Hymer dit qu'ils s'étaient tellement avancés, qu'on ne pouvait s'arrêter en cet endroit à cause du serpent de Midgörd. Thor voulut ramer encore un peu de temps, ce qui déplut à Hymer. Thor leva enfin les rames, prépara une ligne très-forte et pourvue d'un hameçon analogue. Il y attacha la tête de bœuf, la jeta dans la mer ; elle alla au fond. Assurément le serpent de Midgörd ne fut pas moins attrapé cette fois que Thor ne l'avait été chez Loke de Utgörd. Il ouvrit la gueule pour saisir la tête de bœuf, et l'hameçon lui entra dans la mâchoire. Lorsque le serpent s'en aperçut, il tira si vivement, que les deux poings de Thor se heurtèrent contre le bord du bateau. Thor se mit alors en colère, prit sa force divine et appuya ses pieds si fortement contre la barque, que ses deux jambes passèrent à travers et s'arrêtèrent au fond de la mer ; il tira ensuite le serpent sur le bord. C'était un spectacle effrayant de voir les yeux de Thor s'agrandir en regardant le serpent, et celui-ci lancer son venin. On dit que le géant Hymer changea de couleur et pâlit d'effroi, lorsqu'il vit le serpent et l'eau pénétrer dans le bateau ; mais au moment où Thor prit son marteau et le leva pour frapper, Hymer saisit son couteau et coupa la ligne. Le serpent plongea donc de nouveau dans la mer. Thor lança, il est vrai, son marteau après lui, et l'on raconte qu'il l'atteignit à la tête; mais il est probable que le serpent vit encore. Thor, après avoir donné un coup de poing au géant, qui tomba à la renverse par-dessus le bord et les jambes en l'air, revint à gué vers le continent.

49. Ganglere demanda : Y a-t-il encore d'autres choses remarquables à raconter au sujet des Ases? Thor a fait un magnifique exploit durant ce voyage. — Har répondit : Je pourrais assurément te dire beaucoup de choses bien plus importantes pour les Ases. Voici le commencement de ces relations : Balder le Bon avait des rêves pénibles; ils lui annonçaient que sa vie était en danger; lorsqu'il les raconta aux Ases, ceux-ci délibérèrent entre eux, et résolurent de demander en faveur de Balder des garanties contre tout danger. Frigg fit prêter serment au feu, à l'eau, au fer, à toutes espèces de métaux, aux pierres, à la terre, aux arbres, aux maladies, aux animaux, aux oiseaux, à tous les poissons et aux serpents, de ne faire aucun mal à Balder. Ces précautions ayant été prises à la connaissance de tous, les Ases imaginèrent, pour s'amuser, de placer Balder au milieu de l'assemblée, de tirer des flèches contre lui, de le frapper, de lui lancer des pierres; mais rien ne lui faisait mal, ce qui fut trouvé fort honorable pour lui. Quand Loke,

fils de Lœfœ, vit ceci, il en éprouva du chagrin, et se rendit auprès de Frigg, à Fensal, sous la forme d'une femme. Frigg demanda à cette femme si elle savait à quoi les Ases s'occupaient dans leur assemblée. « Tous attaquent Balder, dit cette femme, mais rien ne lui fait mal. » Alors Frigg répliqua : « Ni les armes ni les plantes ne peuvent lui nuire, car j'ai fait prêter serment à toutes choses. » La femme demanda : « Toutes les choses créées ont-elles juré d'épargner Balder? » Frigg répondit : « A l'orient de Walhall est une bouture appelée Mistelten ; elle m'a paru trop jeune pour lui faire prêter serment. » La femme se retira, mais Loke déracina Mistelten, et se rendit à l'assemblée. Hœder se tenait à l'extrémité du cercle, parce qu'il était aveugle. Loke lui dit : « Pourquoi n'exerces-tu pas ton adresse contre Balder ? » Hœder répondit : « Je n'y vois pas, et n'ai point d'armes. » Loke reprit : « Tu devrais cependant contribuer comme les autres à la gloire de Balder ; je vais t'indiquer où il est, puis tu lanceras ce bâton contre lui. » Hœder prit Mistelten, et le lança dans la direction indiquée par Loke ; Balder fut traversé, et tomba à terre sans vie. Ce malheur est le plus grand qui soit arrivé aux dieux et aux hommes. Lorsque Balder tomba, les Ases restèrent muets et perdirent toute contenance ; de sorte qu'ils ne songèrent point à relever le corps. Ils se regardaient les uns les autres, tous respiraient la vengeance contre l'auteur de cette infortune ; mais il n'était permis à personne de se livrer à ce sentiment, à cause de la sainteté du lieu. Lorsque les Ases revinrent à eux-mêmes, leurs sanglots éclatèrent avec tant de violence, qu'ils ne purent exprimer autrement leur douleur. Odin fut bien plus affecté qu'eux encore de ce malheur, car il appréciait parfaitement tout le dommage que les Ases éprouveraient de la mort de Balder. Quand les dieux furent un peu remis de leur émotion, Frigg demanda lequel des Ases voudrait acquérir sa bienveillance en se rendant à cheval dans le monde inférieur, pour chercher Balder et offrir à Hel une rançon, afin qu'elle lui permît de revenir à Asgord? Hermod le Courageux, fils d'Odin, se chargea de cette commision. On fit avancer Sleipner, le cheval d'Allfader; Hermod y monta et s'éloigna rapidement.

Les Ases prirent le corps de Balder et le portèrent sur le rivage de la mer; le navire de ce dieu se nommait Ringhorne : c'était le plus grand de tous les vaisseaux. Les dieux essayèrent de le pousser à la mer pour brûler le corps dessus; mais Ringhorne ne voulait pas bouger de sa place. On envoya donc un messager à Joetenhem, pour chercher la géante Hyrrocken; elle vint montée sur un loup, et avait des vipères pour brides. Lorsqu'elle descendit de sa monture, Odin chargea quatre preux du Nord de garder ce loup; mais ils ne purent en venir à bout qu'en le couchant à terre. Hyrrocken s'approcha du navire; un seul effort lui suffit pour le lancer à la mer, et cela avec une telle vigueur, que les roulettes placées dessous firent feu, et toute la terre trembla. A cette vue, la colère s'empara de Thor ; il saisit son marteau, et brisa la tête de Hyrrocken avant que les dieux eussent eu le temps d'intercéder en sa faveur. On porta ensuite le corps de Balder sur le vaisseau. Quand sa femme, Nanna, fille de Nep, vit ces apprêts, elle en éprouva tant de douleur, que son cœur se brisa. Son corps fut placé sur le bûcher à côté de celui de Balder. Thor, debout près du bûcher, le bénit avec son marteau ; et un nain appelé Lit gambadant devant lui, il le lança d'un coup de pied dans le bûcher, de sorte que ce nain fut aussi brûlé. Toutes sortes d'individus assistèrent aux funérailles de Balder. On y vit Odin et ses corbeaux, Frigg et les Valkyries. Frey était dans un char auquel on avait attelé le porc appelé Gyllenborste ou Slidrugtanne. Heimdall montait Gulltopp, et Freya était dans son char attelé de chats. Des Hrimthursars, des géants de montagnes, et une foule d'autres personnes se pressèrent autour du bûcher. Odin y jeta l'anneau Drœpner ; depuis lors, toutes les neuvièmes nuits huit anneaux du même poids tombent de Drœpner. Le cheval de Balder et tout son équipement furent aussi placés sur le bûcher.

Voici ce qu'on raconte du voyage de Hermod. Il chevaucha durant neuf nuits et neuf jours dans des vallées sombres et profondes, et ne vit la lumière qu'en arrivant auprès d'une rivière appelée Gjall et en passant sur le pont Gjállar, qui est pavé d'or luisant. Modgunn, la vierge chargée de la garde de ce pont, demanda à Hermod quel était son nom, sa naissance, et ajouta que le jour précédent, cinq bandes d'hommes morts avaient passé sur Gjallar : « Mais tu fais, ajouta-t-elle, autant de bruit à toi seul qu'eux tous ensemble ; tu n'as point la couleur des morts, comment se fait-il que tu suives la même route ? » Hermod répliqua : « Je me rends chez Hel pour chercher Balder ; ne l'aurais-tu point vu dans ces environs ? » Modgunn lui dit que Balder avait passé à cheval sur Gjallar ; mais que la route conduisant chez Hel était plus basse et plus au nord. Hermod continua d'avancer, et atteignit enfin la clôture du domaine de Hel. Alors il descendit de cheval, serra davantage la sangle, se remit en selle et donna de l'éperon à sa monture. Sleipner s'élança avec tant de vigueur, qu'il passa de beaucoup par-dessus la clôture. Hermod chevaucha ensuite vers le palais, descendit de cheval, et vit son frère Balder assis à la première place ; Hermod passa la nuit dans ce lieu. Le lendemain matin, il demanda à Hel la permission d'emmener Balder, et lui peignit la douleur qui régnait parmi les Ases. Hel répondit : « Nous allons voir maintenant si Balder est aussi aimé qu'on le prétend. Si toutes choses, tant vivantes que mortes, le pleurent, il lui sera permis de retourner chez les Ases ; mais si quelqu'un s'excuse et refuse de pleurer, il restera avec moi. » Hermod se leva pour partir ; Balder l'accompagna hors du palais, et envoya comme souvenir à Odin l'anneau Drœpner. Nanna y joignit pour Frigg quelques bijoux, et un anneau d'or pour Fulla. Hermod retourna à Asgôrd, où il raconta tout ce qu'il avait vu et entendu.

Les Ases envoyèrent des messagers partout, en invitant chacun à pleurer, afin de racheter Balder de la puissance de Hel. Les hommes, les animaux, la terre, les pierres, les arbres, pleurèrent Balder; les métaux firent de même : tu as dû les voir pleurer quand ils passent du froid au chaud. Les messagers, après avoir rempli leur commission, retournaient chez eux, lorsqu'ils rencontrèrent dans une grotte une géante appelée Thœck; ils la prièrent de pleurer pour tirer Balder du pouvoir de Hel, mais la géante répondit :

« Thœck pleure la mort de Balder avec des yeux secs. Cet Ase ne m'a causé de joie ni durant sa vie, ni par sa mort; que Hel garde sa proie! »

Il est facile de deviner que Thœck était Loke, fils de Lœfœ, qui a occasionné tant de maux aux Ases.

50. Ganglere dit : Cette action de Loke est très-mauvaise; il cause d'abord la mort de Balder, puis il empêche sa délivrance. N'a-t-il pas été puni de ce méfait? — Har répondit : Sans doute, et il l'a payé d'une manière qui ne s'effacera de longtemps de sa mémoire. Quand Loke vit les dieux fort irrités contre lui, il s'enfuit et se cacha dans une crevasse de rocher, où il

bâtit une maison avec quatre portes, afin de voir de tous côtés ce qui se passait. Souvent, pendant le jour, il prenait la forme d'un saumon, et se cachait dans la chute d'eau de Frananger, où il cherchait à deviner la ruse que les Ases pourraient employer pour le prendre dans cet endroit. Une fois, étant dans sa maison, il prit du lin et du fil, en fabriqua un filet comme on a appris depuis à les faire; le feu brûlait devant lui. Loke vit dans ce moment que les Ases n'étaient pas loin : Odin avait découvert de Hlidskjalf l'endroit où il se tenait caché. Loke se leva de suite et courut vers la chute d'eau, après avoir eu la précaution de jeter le filet dans le feu. Quand les Ases arrivèrent auprès de la maison, Qvaser, le plus sage des dieux, entra le premier; en voyant le filet, il comprit que ce devait être un instrument de pêche, et le fit remarquer aux Ases. Ils prirent donc du lin, du fil et en firent un filet d'après celui qu'ils virent sur le feu. Leur besogne achevée, ils allèrent vers la rivière, et jetèrent le filet dans la chute d'eau. Thor le tenait par un bout, et le reste des Ases le tenaient par l'autre; ils tirèrent tous à la fois. Loke s'échappa en glissant entre deux pierres, le filet passa donc par-dessus lui; cependant les Ases remarquèrent qu'il y avait là quelque chose de vivant. Ils allèrent une seconde fois vers la chute d'eau, jetèrent le filet, et y attachèrent un objet si pesant, que rien ne pouvait s'échapper par-dessous. Loke se retira devant le filet, et voyant que l'embou-

chure de la rivière était proche, il rentra dans la chute
d'eau en sautant par-dessus le filet; les Ases surent
donc de quel côté Loke avait dirigé sa course. Ils re-
montèrent une seconde fois vers la cascade, se partagèrent en deux bandes (Thor marchait dans le fleuve),
et s'avancèrent ainsi du côté de la mer. Loke ne vit
plus que deux moyens d'échapper à ce danger : soit en
se jetant dans la mer au risque d'y périr, soit en
essayant de sauter une seconde fois par-dessus le
filet. Il se décida pour ce dernier moyen; mais Thor
tendit la main pour le saisir, le prit, et comme ce saumon glissait entre ses doigts, il ne put le bien tenir
que par la queue; c'est pourquoi cette espèce de poisson a la queue pointue. Loke fut donc pris sans aucune
condition. Les Ases le menèrent dans une grotte, où
ils dressèrent trois dalles dans lesquelles ils firent
trois trous. Ensuite ils prirent les fils de Loke, Vale
et Nare ou Narve; donnèrent à Vale la forme d'un loup,
après quoi il déchira son frère Narve, dont les intestins servirent aux Ases pour attacher Loke au-dessus
des trois dalles. L'une d'elles était sous ses épaules,
la seconde sous ses reins, et la troisième sous ses
genoux; les liens se sont transformés en fer. Skade
suspendit au-dessus un serpent venimeux, dont le venin
tombe goutte à goutte sur le visage de Loke; Sigyn,
sa femme, est assise auprès de lui, et tient un bassin
sous le serpent. Quand le bassin est plein, elle le vide;
le venin tombe dans l'intervalle sur la figure de Loke,

ce qui l'agite tellement que la terre entière tremble ; c'est ce que les hommes appellent un tremblement de terre. Loke restera attaché jusqu'à Ragnarœcker.

51. Alors Ganglere demanda : Que raconte-t-on sur Ragnarœcker ? je n'en ai pas entendu parler auparavant. — Hàr répondit : On rapporte à ce sujet beaucoup de choses fort importantes. Il y aura d'abord un hiver, appelé hiver de Fimbul ; la neige tombera dans toutes les directions, une gelée très-rigoureuse et des vents piquants feront disparaître la chaleur du soleil. Cet hiver se composera de trois hivers pareils, qui se succéderont sans été ; mais auparavant il y aura trois hivers durant lesquels le monde entier sera livré à la guerre, et le sang répandu avec une extrême abondance. Les frères se tueront par avarice, et il n'y aura pas même de ménagement entre les pères et leurs enfants. Wola dit :

« Les frères combattront l'un contre l'autre et se tueront ; les neveux et les nièces oublieront les liens du sang. Les temps seront durs. Il y aura un âge de hache, un âge de glaive. Les boucliers seront fendus. Il y aura un âge de tempête, un âge de meurtre, avant que le monde finisse. »

« Alors, pour le malheur des hommes, le loup qui poursuit le soleil l'avalera ; le second loup saisira la lune et causera aussi beaucoup de dommage. Les étoiles tomberont du ciel, la terre tremblera, les arbres seront déracinés, les montagnes crouleront, toutes les chaînes, tous les liens seront rompus, et le loup Fenris sera en liberté. L'Océan sortira de ses limites, car le serpent de Midgôrd sera pris de la rage des géants, et tentera de se jeter sur le continent. Le vaisseau Nagelfare sera débarrassé de ses entraves. Il est construit avec les ongles des hommes morts, ce qu'il est bon de savoir; car si un homme meurt sans avoir les ongles coupés, il hâte la construction de ce navire : les dieux et les hommes doivent désirer qu'il ne soit pas achevé de sitôt. Mais dans ce désastre, Nagelfare sera à flot; c'est le géant Hymer qui le gouverne. Le loup s'avancera la gueule béante; sa mâchoire supérieure touchera au ciel et sa mâchoire inférieure à la terre; si l'espace ne lui manquait pas, il ouvrirait la gueule encore davantage. Le feu lui sortira par les yeux et les narines. Le serpent de Midgôrd lancera tant de venin qu'il en infectera l'air et l'Océan; il sera fort redoutable, et se tiendra à côté de Fenris. Pendant ce fracas, le ciel se fendra, et les fils de Muspell en sortiront à cheval, conduits par Surtur, qui est précédé et suivi par un feu dévorant. Son glaive est admirable et brillant comme le soleil. Quand les fils de Muspell passeront sur Bœfrœst, ce pont croulera; puis ils avanceront dans la plaine de Vigrid, où se rendront aussi le serpent de Midgôrd et le loup Fenris. Loke s'y trouvera également, ainsi que Hrymer et tous les Hrimthursars; toute la suite de Hel sera avec Loke. Les fils de Muspell ont un ordre de bataille qui leur est particulier. La plaine de Vigrid a cent milles (1) d'étendue sur chaque face.

Quand ceci arrivera, Heimdall se lèvera et donnera de la trompe de toute sa force; les dieux se réveilleront et tiendront conseil. Odin sera à cheval auprès du puits de la sagesse pour demander un bon avis à Mimer. Le frêne Yggdrasel tremblera, tout sera dans l'effroi au ciel et sur la terre. Les Ases et les Einhœrjars s'armeront et s'avanceront dans la plaine; à leur tête chevauchera Odin avec un casque d'or, sa jolie cotte de mailles, et Gugner son javelot : c'est ainsi qu'il marchera contre Fenris. Thor combattra auprès d'Odin sans pouvoir le secourir, car le serpent de Midgôrd lui donnera de la besogne. Frey luttera contre Surtur, et il y aura là un rude combat qui se terminera par la mort de Frey, événement qu'il aurait évité s'il n'eût point donné son bon glaive à Skirner. Garm, le chien attaché au banc de rocher de Gnipa, brisera aussi sa chaîne; il occasionnera le plus grand malheur; en combattant avec Tyr, ils se tueront mutuellement. Thor aura la gloire de vaincre le serpent de Midgôrd; mais à peine se sera-t-il éloigné de neuf pas, qu'il tombera mort, empoisonné par le venin que le serpent aura lancé contre lui. Fenris avalera Odin; Vidarr se précipitera alors contre ce loup, et placera un pied sur sa mâchoire inférieure. Ce pied est chaussé

(1) C'est-à-dire deux cent cinquante lieues, le mille suédois valant deux lieues et demie. (Tr.)

d'un soulier fabriqué avec toutes les lanières de cuir rognées de la pointe et du talon des souliers, et réunies de toute antiquité. C'est pourquoi ceux qui veulent venir en aide aux Asés ne doivent pas manquer de jeter ces lanières. D'une main, Vidarr saisira la mâchoire supérieure de Fenris et lui déchirera la gueule. Loke combattra contre Heimdall, ils se tueront tous deux. Surtur lancera ensuite du feu sur la terre et brûlera le monde. Voici ce que dit Wola :

« Heimdall souffle avec force dans sa trompe, qu'il tient très-haute. Odin parle avec Mimer ; le saint frêne Yggdrasel tremble ; cet arbre antique est brisé, et le géant (Loke) est lâché.

« Qu'arrive-t-il aux Asés ? qu'arrive-t-il aux Alfes ? Tout Jœtenhem craque, les Asés sont en délibération. Les Nains, ces sages habitants des montagnes, reprennent haleine aux portes de pierre. Me comprenez-vous ?

« Hrymer arrive de l'Orient, son bouclier est devant lui. Le Jormungand est saisi de la rage des géants ; le serpent bat les flots, et les aigles crient. Nidfœl déchire les cadavres ; Nagelfare reprend sa liberté.

« Ce vaisseau vient de l'Orient ; les fils de Muspell viendront par mer ; Lofie dirige leur navire. Tous les enfants de la folie sont à bord ; le frère de Bilejst est avec eux.

« Surtur vient du Sud avec des torches flamboyantes ; son glaive est éclatant comme le soleil des dieux. Les montagnes de granit craquent, les géants chancellent, les hommes prennent la route qui conduit vers Hel ; le ciel se fend.

« Hlyn éprouvera un nouveau chagrin lorsque Odin partira pour combattre le loup, et le lumineux vainqueur de Belje pour se mesurer avec Surtur. C'est là que l'époux de Frigg succombera.

« Le fils d'Odin va combattre le loup. Vidarr enfonce avec la main » en travers de la route, son glaive dans le cœur du fils du géant, cette bête féroce, et son père est vengé.

« C'est avec peine que l'admirable fils de Lodyn échappe au reptile pervers. Quand le serpent de Midgord combat avec rage, tous les hommes disparaissent de la terre.

« Le soleil s'obscurcira, la terre s'enfoncera dans la mer, les brillantes étoiles tomberont du ciel. La vapeur fermentera et s'élancera du feu flamboyant : la flamme attaquera le ciel lui-même. »

On trouve encore dans le passage suivant :

« Vigrid est la plaine où se rencontreront Surtur et les dieux cléments. Elle a cent milles sur chaque face. C'est là que sera livrée la bataille. »

52. Ganglere demanda : Qu'arrivera-t-il quand le ciel et la terre seront brûlés, quand tous les dieux, les Einhærjars et les hommes auront cessé de vivre ? Et cependant vous m'avez dit que les hommes vivront éternellement quelque part. — Har répondit : Il y a beaucoup de bonnes et de mauvaises habitations ; Gimle est la meilleure. Ceux qui aiment à boire un bon coup trouveront facilement à se satisfaire dans une salle appelée Briner ; elle est aussi dans le ciel. Il y a encore une bonne demeure nommée Sindre ; elle est bâtie en or rouge sur les montagnes de Nida. Les hommes bons et loyaux habiteront le ciel. Sur le rivage des morts est une vaste et affreuse habitation dont les portes sont tournées vers le nord. Mal joints comme un séchoir, ses murs sont composés de dos de serpents tressés, dont toutes les têtes pendent dans l'intérieur de la

maison et y lancent leur venin, de sorte que le plancher en est innondé. Les parjures et les assassins baignent dans ce venin, comme il est dit ici :

« Je sais qu'il existe sur le rivage des morts, et bien loin du soleil, un palais dont les portes sont tournées vers le nord ; des gouttes de venin tombent par les lucarnes. Le palais est construit avec des dos de serpents tressés ensemble. Les parjures et les assassins s'y promènent en luttant contre de pesants courants de venin. »

Mais c'est dans Hvergelmer qu'on est le plus mal.

« Nidhœgg y suce le corps des morts. »

53. Ganglere demanda : Quelques dieux survivront-ils à ce désastre ? Y aura-t-il encore une terre et un ciel ? — Har répondit : Il sortira de la mer une terre verte et belle, sur laquelle les céréales croîtront sans avoir été semées. Vidarr et Vale existent encore ; ils n'ont été blessés ni par la mer ni par les flammes de Surtur, et ils habitent la plaine d'Ida, où était autrefois Asgord. Les fils de Thor, Magne et Mode, les y rejoindront en apportant Mjœllner ; Balder et Hœder reviendront aussi de chez Hel. Ces dieux seront assis l'un près de l'autre ; ils s'entretiendront ensemble de ce qui leur est arrivé, des événements d'autrefois, du serpent de Midgord et du loup Fenris. Ils retrouveront dans l'herbe les tablettes d'or possédées par les Ases, comme il est dit ici :

« Vidarr et Vale habiteront la maison des dieux quand les flammes de Surtur seront éteintes. Mode et Magne posséderont Mjœllner quand Vingner (Thor) aura cessé de combattre. »

Mais deux hommes, appelés Lif et Lif-Thraser, se soustrairont aux flammes de Surtur, dans le bois de Hoddmimer ; ils se nourriront de la rosée du matin. De ces hommes descendra une famille si nombreuse, qu'elle peuplera le monde entier, comme il est dit dans ce passage :

« Lif et Lif-Thraser se cacheront dans les bois de Hoddmimer. Ils se rassasieront tous les jours avec la rosée du matin. Toutes les races descendront d'eux. »

Ce qui te surprendra sans doute, c'est d'apprendre que le soleil donnera le jour à une fille aussi belle que lui ; elle le remplacera comme on le dit ici :

« Le soleil, avant d'être avalé par le loup, donnera le jour à une fille. Quand les dieux seront morts, elle parcourra la carrière de sa mère (1). »

Je ne pense pas que tu puisses m'adresser d'autres questions ; c'est tout ce qu'on m'a raconté sur les destinées de l'univers. Sois content de ceci.

54. Là-dessus, Ganglere entendit un grand bruit de tous côtés. Il se retourna, et se trouva entièrement seul ; il ne vit qu'une plaine unie, mais point de palais ni de château. Alors Ganglere se retira ; il revint dans son royaume, où il raconta les choses qu'il avait vues et entendues. Ces récits passèrent ensuite de bouche en bouche.

(1) Le soleil est féminin en suédois. (*Tr.*)

ENTRETIEN

DE

BRAGE AVEC ÆGER

---

55. Un homme appelé Æger ou Hler habitait l'île de Lessoë ; il avait beaucoup de sagesse. Æger se mit en route pour Asgôrd ; et, les Ases étant prévenus de son voyage, il fut bien reçu ; mais ils préparèrent plusieurs visions pour son arrivée. Lorsque le soir, moment où l'on se réunissait pour boire, fut venu, Odin fit apporter dans la salle des glaives si brillants qu'il n'était pas besoin d'une autre lumière. Les Ases suivants se placèrent chacun sur leur siége, pour assister

au festin. Ils étaient onze : Thor, Njœrd, Frey, Tyr, Heimdall, Brage, Vidar, Vale, Uller, Hæner, Forsete. Voici le nom des Asesses qui étaient avec eux : Frigg, Freya, Géflon, Iduna, Gerde, Sigun, Fulla et Nanna. Æger trouva ce qu'il voyait à son gré ; les murailles étaient couvertes de boucliers au lieu de tapisserie, et l'on n'épargnait point l'hydromel. Le voisin d'Æger était Brage ; ils causaient ensemble, et Brage raconta divers exploits antiques des Ases.

56. Il commença ainsi : Trois Ases, Odin, Loke et Hæner firent un voyage, et traversèrent des montagnes, des déserts où ils ne trouvaient rien à manger. Ils arrivèrent enfin dans une vallée où paissaient des bœufs, en prirent un et le firent cuire. Lorsque ce bœuf leur parut assez cuit, ils l'ôtèrent du feu, mais ils s'étaient trompés. Un instant après, ils l'ôtèrent de nouveau du feu ; le bœuf n'était pas encore à point. Alors ils entendirent une voix qui venait de l'arbre sous lequel ils se trouvaient ; elle disait : « J'empêche ce bœuf de cuire. » Les voyageurs levèrent la tête, et aperçurent un aigle extrêmement grand. L'aigle ajouta : « Si vous consentez à me donner une part de ce bœuf, il cuira. » Les Ases accordèrent cette demande ; l'aigle descendit de l'arbre, se plaça auprès du feu, arracha les deux cuisses et les deux épaules du bœuf. Loke se mit en colère à cette vue ; il saisit une longue perche, la souleva et frappa l'aigle de toute sa force. Celui-ci, effrayé, s'envola ; la perche se fixa

d'un bout dans le corps de l'aigle, et de l'autre dans les mains de Loke ; le vol de l'aigle s'éleva tellement, que les pieds de Loke traînaient sur les pierres et sur les souches, il lui semblait que ses bras allaient se détacher de ses épaules. Loke criait et suppliait l'aigle de l'épargner ; mais celui-ci répondait qu'il ne le lâcherait point sans avoir reçu le serment qu'il lui livrerait Iduna et ses pommes. Loke le promit, et revint trouver ses compagnons ; c'est tout ce qu'on raconte sur ce voyage. Au temps convenu, Loke engagea Iduna à sortir d'Asgôrd pour se rendre dans une forêt, sous prétexte qu'il avait trouvé des pommes qui lui plairaient infiniment ; il la pria d'emporter les siennes, afin de pouvoir les comparer. Le géant Thjasse arriva sous la forme d'un aigle, prit Iduna et s'envola avec elle. Les Ases souffrirent beaucoup de l'absence de cette Asesse ; ils grisonnaient et vieillissaient. A la fin, ils se réunirent en conseil, s'interrogèrent mutuellement, pour savoir lequel d'entre eux avait eu le dernier des nouvelles d'Iduna. On se rappela l'avoir vue sortir d'Asgôrd avec Loke. Celui-ci fut donc arrêté, conduit dans l'assemblée des Ases, menacé de mort et de rudes traitements s'il ne ramenait pas Iduna. Loke eut peur, et promit de chercher Iduna dans Jœtenhem si Fréya consentait à lui prêter sa forme de faucon. L'ayant obtenu, il s'envola au nord vers Jœtenhem, et arriva chez Thjasse au moment où ce géant ramait sur mer. Iduna était seule à la maison ; Loke la transforma en noix, la prit dans ses griffes et s'envola promptement. Thjasse ne trouvant plus Iduna chez lui, prit sa forme d'aigle et vola après Loke. Quand les Ases virent le faucon qui arrivait à tire-d'aile avec sa noix, et l'aigle qui le poursuivait, ils apportèrent sur les murs d'Asgôrd des charges de copeaux. Le faucon s'abattit sur les murs de la ville ; les Ases mirent aussitôt le feu aux copeaux, et l'aigle, ne pouvant arrêter son élan, eut les ailes brûlées et ne put aller plus loin. Les Ases, étant prêts, tuèrent le géant dans l'enceinte d'Asgôrd. Cet événement a beaucoup de célébrité. Mais Skade, fille de Thjasse, prit le casque, la cotte de mailles, en un mot une armure complète, et se rendit à Asgôrd pour venger la mort de son père. Les Ases lui offrirent la réconciliation et l'indemnité du sang ; il fut convenu qu'elle choisirait un mari parmi eux, mais en ne lui voyant que les pieds. Alors Skade aperçut de fort jolis pieds d'homme et s'écria : « C'est celui-ci que je prends ! Balder est sans défaut. » Mais l'homme choisi était Njœrd de Noatun. Une autre condition de cette paix, c'est que les Ases tenteraient ce que Skade croyait impossible, c'est-à-dire de le faire rire ; Loke en vint à bout. La réconciliation fut donc conclue. On raconte qu'Odin, afin de donner à Skade une plus grande indemnité encore, prit les yeux de Thjasse, les jeta au ciel et en forma deux étoiles. — Æger dit : Thjasse me paraît un homme vigoureux ; quelle est son origine ? — Brage répondit : Œlvalde était son père; ce géant avait de grandes richesses. A sa mort, ses fils partagèrent la succession en mesurant l'or de la manière suivante : chacun d'eux en eut autant qu'il en pouvait tenir dans sa bouche. Les fils d'OElvalde se nommaient Thjasse, Ide et Gang.

57. Æger demanda : Quelle est l'origine de l'art poétique ?—Brage répondit : La voici. Les dieux faisaient la guerre à un peuple appelé les Vanes ; ils convinrent d'une entrevue pour la paix, qui fut conclue de la manière suivante : Les parties se rendirent près d'un cuvier ; elles crachèrent dans ce cuvier, et, au moment de se séparer, les Ases, ne voulant point laisser détruire ce signe de paix, en firent un homme appelée Qvaser. Il est tellement instruit qu'il a réponse à tout. Qvaser voyagea au loin dans tous les pays pour instruire les hommes. Il revint un jour pour assister à un festin chez les nains Fjalar et Galar. Ceux-ci lui demandèrent un entretien particulier, le tuèrent, laissèrent couler son sang dans deux cuviers et dans une marmite appelée Odrærer ; les cuviers se nommaient Son et Bodn. Fjalar et Galar mêlèrent du miel avec le sang de Qvaser, ce qui produisit un hydromel si parfait, que quiconque en boit devient poëte et fort savant. Ils dirent aux Ases que Qvaser s'était noyé dans la science, personne n'étant assez habile pour l'épuiser par des questions.

Fjalar et Galar invitèrent chez eux un géant nommé Gilling, et sa femme ; lorsque Gilling fut arrivé, les nains l'engagèrent à ramer sur la mer. Quand on se trouva un peu éloigné du rivage, Fjalar et Galar ramèrent vers des écueils cachés sous l'eau, et culbutèrent la barque. Gilling, ne sachant pas nager, se noya; mais les nains retournèrent le bateau, et revinrent à terre, où ils racontèrent à la femme de Gilling le malheur arrivé à son mari. Elle en éprouva une grande douleur et se mit à sangloter bien haut. Fjalar lui demanda si son chagrin ne serait pas adouci par la vue de l'endroit où son mari avait péri; à quoi elle répondit affirmativement. Le nain dit alors à son frère Galar de se placer au-dessus de la porte, et de jeter une meule sur la tête de cette femme quand elle sortirait, car il ne pouvait supporter ses cris. Galar obéit. Suttung, le fils du géant Gilling, ayant appris la mort de ses parents, partit et s'empara des deux nains, qu'il déposa sur un récif dans la mer. Les deux nains supplièrent Suttung d'épargner leur vie, et offrirent comme composition leur merveilleux hydromel, ce qui fut accepté. Suttung emporta donc cet hydromel chez lui, et le cacha dans un endroit appelé Nitberg, dont il confia la garde à sa fille Gunnlœd. Voilà pourquoi la poésie est désignée maintenant par les expressions suivantes : Sang de Qvaser, boisson des nains, liqueur d'Odrærer, de Bodn ou de Son, navire des nains (puisque cet hydromel les sauva des récifs où ils étaient exposés), hydromel de Suttung, ou liqueur de Nitberg.

58. Æger dit : Tous ces noms me semblent obscurs. Mais comment les Ases s'emparèrent-ils de l'hydromel de Suttung? — Brage répondit : Voici ce que l'on raconte à ce sujet. Odin se mit en route et arriva dans un endroit où neuf esclaves fauchaient de l'herbe; il leur proposa d'aiguiser leurs faux. Les esclaves y consentirent, et Odin tira de sa ceinture une pierre à aiguiser, avec laquelle il donna le fil aux neuf faux. Les esclaves, trouvant, en effet, le travail beaucoup plus facile, demandèrent à acheter cette pierre. Odin répondit que pour l'avoir, il fallait en donner un bon prix ; les esclaves offrirent de l'acheter. Alors Odin jeta la pierre en l'air, et, tous voulant la saisir, ils en vinrent à se battre avec tant d'archarnement qu'ils s'entre-tuèrent avec leurs faux. Odin chercha un gîte chez le géant Bœge, frère de Suttung. Bœge se lamenta sur sa position ; ses neuf esclaves venaient de périr, et il ne savait où trouver maintenant des ouvriers. Odin prit le nom de Bœlverk et offrit de se charger du travail des hommes tués, à condition que Bœge lui procurerait une gorgée de l'hydromel de Suttung. Bœge répondit que la chose n'était pas en son pouvoir, son frère voulant jouir seul de cette boisson; mais il promit d'accompagner Bœlverk et d'essayer s'il ne serait point possible de lui en procurer. Durant tout l'été, Bœlverk fit la besogne de neuf hommes, et lorsque vint l'hiver, il demanda sa

récompense. Le géant et lui se rendirent donc chez Suttung, et Bœge dit à son frère la promesse qu'il avait faite à Bœlverk ; Suttung refusa positivement de donner une seule goutte de son hydromel. Bœlverk proposa alors de tenter une ruse pour parvenir à ce breuvage précieux, et Bœge y consentit. Bœlverk prit une tarière appelée Rate, et pria le géant de percer la montagne, si l'outil était assez fort pour cela. Bœge se mit à travailler et dit ensuite que l'ouvrage était terminé ; mais Bœlverk souffla dans le trou, et lorsque la poussière tomba, il s'aperçut que Bœge voulait le tromper. Le géant recommença donc à travailler, et Bœlverk ayant soufflé, la poussière tomba de l'autre côté ; il se transforma alors en serpent et entra dans la montagne. Le géant voulut le tuer avec la tarière, mais il ne l'atteignit pas.

Bœlverk se rendit près de Gunnlœd, et coucha avec elle pendant trois nuits. Elle lui permit alors de boire trois gorgées d'hydromel. Du premier trait Bœlverk vida Odrærer, du second Bodn, et du troisième Son ; de sorte qu'il possédait maintenant le précieux hydromel. Puis il se transforma en aigle et s'envola avec la plus grande rapidité. Lorsque Suttung aperçut cet aigle qui s'enfuyait, il vola après lui. Les Ases, voyant venir Odin, mirent un cuvier dans la cour, et il y versa l'hydromel. Mais, Suttung le poursuivant de très-près, Odin laissa tomber un peu d'hydromel dont personne ne se soucia : c'est ce que nous appelons la part des mauvais poëtes. Odin donna l'hydromel de Suttung aux Ases et à tous les bons poëtes : c'est pourquoi la poésie est appelée la capture d'Odin, la boisson ou le don d'Odin, et la boisson des Ases.

Je dirai maintenant aux jeunes poëtes qui désirent connaître la langue poétique et comprendre ce qui leur paraîtra obscur dans les poëmes, qu'ils doivent se servir de ce livre pour leur instruction et leur amusement. Il ne faut pas nier ces récits, au point d'en faire disparaître les antiques figures poétiques employées par les skalds les plus célèbres; mais des chrétiens n'y ajouteront foi que suivant le sens indiqué dans l'avant-propos. Les Turks et les Asiatiques qu'on appela les Ases falsifièrent la narration des événements de la guerre de Troie, afin de se faire passer pour des dieux.

Priam était un grand roi de l'armée turque, et ses fils étaient les plus vaillants guerriers de son armée. Dans le palais de Priam existait une salle appelée Briner, ou salle à boire. La longue narration faite par les Ases sur Ragnarœcker a rapport au siége de Troie. On a raconté comment Ok-Thor s'est servi d'une tête de bœuf pour amorcer le serpent de Midgôrd, qu'il amena sur le bord du navire; mais le serpent conserva la vie en plongeant dans la mer. C'est l'histoire d'Hector qui tua le guerrier Volukron en présence du vaillant Achille, qu'il voulut attirer en lui montrant la tête du vaincu. L'orgueil d'Achille l'ayant fait donner dans le piége, il ne trouva d'autre moyen de sortir d'embarras, que de fuir, quoique blessé, les coups meurtriers d'Hector. Ce héros se battait, dit-on, avec une extrême valeur, et sa colère fut si grande lorsqu'il vit fuir Achille, qu'elle tomba sur Roddrus. Suivant les Ases, c'est Ok-Thor tuant le géant Hymer à la place du serpent de Midgôrd. A Ragnarœcker, le serpent assaillit Thor inopinément, lança son venin sur lui, et devint son meurtrier. Mais les Ases ne voulurent pas convenir que Thor était mort ainsi, et avait trouvé plus fort que lui; ils prétendirent donc que le serpent de Midgôrd avait été tué également. Voici le fond sur lequel ils brodèrent. Achille, ayant tué Hector, fut tué au même endroit par Élénus et Alexandre; les Ases donnent à Élénus le nom d'Ala. Ils disent qu'il vengea son frère et survécut aux dieux, au feu qui avait dévoré Asgôrd et toutes ses dépendances. Mais ils comparèrent Pyrrhus au loup Fenris; celui-ci tua Odin, et Pyrrhus pouvait bien être appelé un loup, puisqu'il n'épargna pas les saints asiles et tua le roi dans le temple, devant l'autel de Thor. Ce que les Ases appellent les flammes de Surtur, c'est l'embrasement de Troie. Mod et Magne, les fils d'Ok-Thor, vinrent demander des terres à Ale à Vidarr : c'est Énée qui s'échappe de Troie et fait ensuite beaucoup de grandes choses. Il est dit aussi que les fils d'Hector vinrent en Phrygie, qu'ils prirent possession de ce royaume et en chassèrent Élénus.

L'EDDA

DE SÆMUND-LE-SAGE

POEMES COMPOSÉS PAR LES PLUS ANCIENS SKALDS

NOTICE

SUR

L'EDDA DE SÆMUND-LE-SAGE

———

Les poëmes dont se compose l'Edda de Sæmund-le-Sage peuvent rivaliser, sous le rapport de l'antiquité et du mérite poétique, avec toutes les productions du même genre que les anciens nous ont laissées. Transmis de père en fils par la tradition, ils furent enfin recueillis, vers les dernières années du XI° siècle, par Sæmund, Islandais, auquel une vaste érudition, acquise pendant ses voyages à l'étranger, avait fait donner par ses compatriotes le surnom de sage ou savant. Sæmund était prêtre et poëte; malgré cette dernière qualité, il résista courageusement à la tentation de remplir les lacunes que le temps avait faites aux poésies dont la réunion l'occupait. On lui attribue l'introduction des caractères romains en Islande. Les poëmes réunis par les soins de Sæmund furent désignés sous le nom d'Edda, c'est-à-dire *aïeule maternelle*, parce qu'ils sont considérés comme la souche des traditions et des souvenirs mythologiques de la Scandinavie. Quelques antiquaires parlent, il est vrai, d'une collection plus ancienne, dont celle de Sæmund ne serait qu'un faible reste; ils appuient cette opinion sur les poëmes fréquemment cités dans les Sagas et même dans les Eddas, et dont nous ne possédons rien. Il est probable aussi que la collection de Sæmund n'est point parvenue complète jusqu'à nous.

Tous les poëmes qui composent l'Edda de Sæmund ne sont pas d'une égale antiquité. On regarde celui de la Prédiction de Wola-la-Savante comme le plus ancien; il est sans contredit le plus beau reste de la poésie antique de la Scandinavie. Ce poëme, ainsi que le Havamal ou chants solennels d'Odin, ceux de Vafthrudner, de Grimner, du Corbeau d'Odin, et de Vegtam, sont les sources les plus pures de la mythologie scandinave. Plusieurs passages portent des traces évidentes de l'Orient leur patrie, de cet Orient vers lequel les descendants d'Odin tournaient leurs regards avec tant de regret, et où ils allaient, comme le disent les Sagas, chercher Odin-le-Vieux. Les poëmes intitulés : le Voyage de Skirner, le Chant d'Allvis, la Recherche du Marteau, le Chant de Hymer, décèlent une origine plus septentrionale que les précédents, mais ils n'appartiennent pas à la même époque que les Sagas sur les merveilleux exploits de Thor. Le chant de Harbard passe pour une allégorie altérée par la tradition ; il porte, comme le poëme diffamatoire de Loke, le cachet du mauvais goût de son époque ; on peut les considérer tous deux comme étant les chants apocryphes de l'Edda, et, sous le rapport mythologique, ils n'ont aucune autorité. Le Chant de Fjœlsvinn est un fragment d'un poëme sur l'amour de Svipdag pour Menglœd, et le Chant du Corbeau d'Odin est une belle allégorie qui sert d'introduction au poëme de Vegtam. Dans le Chant du Soleil, un père s'adresse à son fils qui habite encore la terre ; c'est l'interprète fidèle de l'époque de la transition du paganisme au christianisme. Appuyé sur la réalité pleine de rudesse du Nord, l'antiquité y domine encore, il est vrai, mais l'amour chrétien s'y montre dans ses rapports avec la terre. Il n'est plus question de Walhall, des Ases, des Einhærjars et de leurs jeux guerriers ; mais les anges et les âmes saintes entourent le Père de tout, et celui-ci n'ouvre plus les demeures célestes aux exploits de la violence, mais aux œuvres pacifiques.

La seconde partie de l'Edda de Sæmund-le-Sage se

compose de poëmes sur des sujets historiques et en même temps mythologiques; ils représentent l'époque qui sépare les Sagas sur les dieux, des siècles héroïques. Il est présumable qu'un temps assez long s'est écoulé entre ces deux périodes, car les images de la première ne se représentent presque plus dans la seconde, et l'on y cherche vainement les formes plus décidées des mythes du Nord. Les poëmes de cette partie de l'Edda se rapprochent d'une manière frappante de ceux que les bardes calédoniens nous ont laissés ; les dieux n'y sont plus acteurs, Odin apparaît seul dans les événements importants comme conseiller. Ils ont encore ce trait de ressemblance avec les chants populaires, que le nom des auteurs a péri avant leurs œuvres.

R. Du Puget.

PREMIÈRE PARTIE

I

PRÉDICTION

DE WOLA-LA-SAVANTE

---

1. Écoutez-moi, enfants de Heimdall, intelligences saintes, supérieures et inférieures! Veux-tu que je raconte les prodiges opérés par le père des prédestinés? J'ai appris de bonne heure l'antique chant sur les hommes.

2. Je me rappelle les géants nés avec l'aube des jours, ces géants qui m'enseignèrent autrefois la sagesse. Je

me souviens de neuf mondes (1), de neuf ciels; j'ai vu briller la matière première bien avant dans le terreau.

3. Le matin appartenait au temps, lorsque Ymer se mit à bâtir; il n'y avait alors point de sable, point de mer, ni de vagues fraîches. La terre n'existait pas, ni le ciel élevé; il n'y avait point de gazon, mais seulement l'abîme de Ginnung.

4. Jusqu'au moment où la voûte céleste fut soulevée par les fils de Bœr, ces créateurs magnifiques de Midgôrd, le soleil n'envoyait ses rayons que sur des montagnes glacées; mais depuis lors, des plantes vertes ont poussé sur le sol.

5. Le soleil, cet ami de la lune, tendit avec vivacité sa main droite au sud, sur les chevaux du ciel. Il ne savait pas où étaient ses maisons, les étoiles ne savaient où se fixer, la lune ignorait le pouvoir dont elle était douée.

6. Alors toutes les puissances, les dieux saints, se dirigèrent vers leurs trônes pour entrer en délibération. Ils donnèrent des noms à la Nuit et à ses fils. Le Matin, Midi et le Soir furent chargés de compter les années.

7. Il y avait alors des Ases dans l'enceinte du rempart d'Ida; Hœrg (2) et la maison des dieux y dres-

---

(1) Trois fois trois ou le nombre neuf ont joui d'une grande faveur chez les Scandinaves. Les mêmes nombres, appliqués aux mondes, aux habitations, au temps, sont également en usage dans la mythologie indienne. (*Tr.*)

(2) On donnait ce nom à l'endroit le plus saint, où à une idole placée dans la salle des sacrifices, et que l'on aspergeait de sang. (*Tr.*)

saient leur faites élevés; des ateliers furent établis, on martela l'or; les Ases exerçaient leurs forces, essayaient de tout, forgeaient des tenailles et confectionnaient des outils.

8. Ils jouaient gaiement sur le rempart, et l'or ne manqua pas jusqu'à l'arrivée de trois puissantes vierges de Jœtenhem.

9. Alors toutes les puissances, les dieux saints, se dirigèrent vers leurs trônes pour entrer en délibération, et savoir qui tirerait du sein et des membres noirs de Brimer (1) la race des nains.

10. C'est là que Motsogner devint le premier de tous les nains, et Durin le second; les dieux tirèrent de la terre beaucoup de nains à forme humaine; Durin les compta.

11. Nye et Nide, Nordre, Sœdre, Œstre et Vestre, Althjofer, Dvalinn, Nar et Nain, Nippinger, Dain, Vegger, Gandalfer, Vindalfer, Thorin.

12. Bivor, Bavaur, Bombur, Nore, Anar, Onar, Ai, Mjotvidner, Thrar et Thrain, Thror, Vitur, Litur, Nyr et Nyrader; ensuite les puissants Regin et Radsvider; mon énumération est exacte.

13. Fili, Kili, Fundin, Nali, Hepti, Vili, Hanar et Svior, Billing Brune, Bild et Bure, Frar, Fornboge, Fræger et Lone, Aurvang, Vare, Eikinskialde.

14. Il est temps de faire descendre de Lofar la bande

---

(1) L'un des noms d'Ymer. (Tr.)

des Nains de Dvalinn, ces enfants des hommes : originaires de la terre, des montagnes, des marais, ils cherchent à atteindre les champs de Joro.

15. C'étaient Draupner et Dolgthraser, Har, Haugspore, Hlevanger, Glœ, Skirvir, Virvir, Skafider, Ai, Alf et Yngve, Eiter et Oin.

16. Fjalar et Froste, Finner et Ginnar, Heri, Hogstare, Hliodolfer, Moin. L'énumération de tous les nains descendus de Lofar serait longue comme le temps.

---

17. Enfin, trois Ases puissants, qui s'aimaient, arrivèrent sur le rivage. Ils trouvèrent à terre Ask et Embla sans vie, sans forme et sans intelligence.

18. Ils n'avaient point d'âme, de pensée, ni de sang ; ils étaient dépourvus de voix, de couleur et de beauté. L'âme leur fut donnée par Odin, la pensée par Loder ; Hæner leur donna le sang, la vie et la beauté.

---

19. Je sais qu'il existe un frêne appelé Yggdrasel, dont la couronne est humectée par les eaux de la fontaine limpide ; de son feuillage descend la rosée qui tombe dans les vallées ; ce frêne, éternellement vert, ombrage la fontaine d'Urd.

20. Des vierges fort savantes approchent ; elles sor-

tent, au nombre de trois, de la salle construite sous la couronne d'Yggdrasel. L'une d'elles se nomme Urd, la seconde Verdandi; elles créèrent Skuld, la troisième, avec leur baguette, qu'elles sculptèrent.

21. Elles font des lois, décident de la vie, et racontent au monde les arrêts du destin.

Elle (1) était assise seule en dehors, lorsque vint le vieillard, l'auteur des Ases, et elle lut dans son œil.

22. Que me demandes-tu? pourquoi me tenter? Je sais déjà, Odin, où tu as caché ton œil dans le puits de Mimer. Mimer boit l'hydromel tous les matins, dans le gage du père des prédestinés. Me comprenez-vous, oui ou non?

23. Le père des armées fit choix pour elle de bagues et de chaines d'or . . . . des sons magiques et des chants puissants. Elle regarda bien avant dans tous les mondes.

24. Elle vit arriver de loin les Valkyries, qui chevauchaient vers Gothiod. Skuld, suivie de Skœgul, de Gumner, de Heldur, de Gœndul et de Geir-Skœgul, portait le bouclier. (Maintenant j'ai dit les noms des vierges du dieu de la guerre, des Valkyries prêtes à chevaucher vers le champ de bataille.)

(1) Wola, dont il a été question jusqu'ici à la première personne, est souvent indiquée à la troisième dans la suite de ce poëme. (Tr.)

25. Dans tous les lieux où elle recevait l'hospitalité, on la nommait Heidi et Wola-la-Savante. Elle ravissait les loups et aurait ravi Seid (1) lui-même; elle fut toujours un sujet d'inquiétude pour les méchantes femmes.

26. Elle se souvient du premier combat livré dans le monde, lorsque Gullveig fut placée sur la pointe de l'épée, et brûlée dans les salles de Har. On brûla souvent trois fois celle qui était née trois fois, et cependant elle vit encore.

27. Alors toutes les puissances, les dieux saints, se dirigèrent vers leurs trônes pour entrer en délibération, afin de savoir si les Ases seraient punis de leur violence, ou bien si les dieux se réconcilieraient avec eux.

28. La muraille de la citadelle des Ases est rompue : les Vanes foulent aux pieds des champs qui pressentent les combats. Mais Odin se lève précipitamment, et s'élance entre les deux armées. Telle fut la première bataille sur la terre.

29. Alors toutes les puissances, les dieux saints, se dirigèrent vers leurs trônes pour entrer en délibération, afin de savoir qui avait mêlé du feu dans l'air, et accordé à la race de Jœtun la vierge d'Od.

30. Mais Thor éprouvait de la pesanteur dans l'esprit; il reste rarement tranquille, lorsqu'il entend dire

---

(1) Personnification d'une espèce de magie en usage chez les Vanes. (Tr.)

des choses semblables. Les serments, les promesses furent rompus, et tous les liens qui engagent dénoués.

---

31. Elle connaît la trompe de Heimdall qui est cachée sous l'arbre saint. Elle voit sortir les eaux, avec l'impétuosité d'un torrent écumeux, du gage d'Odin. Me comprenez-vous, oui ou non ?

---

32. La vieille était assise à l'orient dans la forêt de fer ; elle y donna le jour aux enfants du loup. L'un d'eux sera puissant, il dévorera la lune en empruntant la forme d'un démon.

33. Il se rassasie de la vie des lâches ; il asperge de sang les trônes des dieux. Les rayons du soleil s'obscurcissent ; après l'été, toutes les espèces de vent sont nuisibles. Me comprenez-vous, oui ou non ?

34. Le berger des sorciers (1), ce joyeux prince, était assis sur la colline et jouait de la harpe ; auprès de lui, dans la forêt aux arbres élevés, chantait le joli coq rouge appelé Fjalar.

35. Auprès des Ases chantait l'oiseau à crête d'or, qui réveille les héros dans les salles du Père des batailles. Mais un autre coq, d'un noir ferrugineux,

---

(1) Probablement Odin, et une allusion à la visite qu'il fit à la colline sépulcrale de Wola, où il chanta pour évoquer l'ombre de cette célèbre sorcière. (Tr.)

chantait au fond de la terre dans les salles de la Mort.

---

36. J'ai vu les destins cachés de Balder, ce dieu sanglant fils d'Odin. Mistelten, joli et fluet, d'une taille élancée et plus haute que le rempart, était là.

37. Cette bouture, qui paraissait si délicate, servit d'instrument au coup sinistre et douloureux frappé par Hœder. Il était né de bonne heure ce frère de Balder, qui, vieux d'une nuit, tua le fils d'Odin.

38. Le père des dieux ne lava point ses mains, ne peigna point ses cheveux qu'il n'eût porté sur le bûcher le meurtrier de Balder (1); Frigg pleura à Fensal. Sentinelles de Walhall, me comprenez-vous, oui ou non?

39. Elle vit enchaîné, dans les bosquets des fontaines, le corps sans vie du méchant Loke; Sigyn, assise auprès de son époux, n'est pas gaie. Me comprenez-vous, oui ou non?

40. Les dieux durcirent alors les liens qui avaient été cordés avec les intestins de Valé. La savante Wola sait beaucoup de choses. Je vois dans l'éloignement les ténèbres se répandre sur les puissances, et leur dernier combat.

41. Garmer (2), attaché au banc de rocher de Gnipa, hurle; les chaînes se brisent, et le loup s'enfuit.

---

(1) Mistelten. (Tr.)
(2) Le chien de Niflhem. (Tr.)

42. Une rivière tombée de l'orient dans des vallées remplies de venin, charrie du fumier et des tourbes ; Slid est son nom.

43. Au nord, sur les montagnes de Nida, on voit la magnifique salle d'or de la race de Sindra. Mais dans Okolni (1) se trouve la salle à boire de Jœtun, appelée Briner.

44. Elle vit sur le rivage des morts, et loin du soleil, une forteresse dont les portes étaient tournées vers le nord ; des gouttes de venin y pénétraient par les lucarnes ; cette forteresse était construite avec des dos de serpents tressés.

45. Elle y vit marcher, dans des fleuves pesants, les parjures, les assassins et ceux qui séduisent les femmes d'autrui. Nidhœgg y suçait les cadavres, et le loup les déchirait. Me comprenez-vous, oui ou non?

46. Le frère deviendra le meurtrier de son frère ; les cousins briseront les liens du sang. Il fera mauvais, bien mauvais dans le monde ; il y aura avant la destruction de l'univers un âge de hache, un âge de glaive, où les boucliers seront brisés, un âge de tempête, un âge de meurtre, et pas un homme n'épargnera son semblable.

47. Les fils de Mimer se livrent à divers jeux, mais le feu prendra à la terre au son de Gjallar, cette trompe antique. Heimdall en donne avec force, elle retentit

---

(1) Ce mot signifie un pays où le froid ne peut s'établir. (Tr.)

dans les airs, et Odin s'entretient avec la tête de Mimer.

48. Le frêne Yggdrasel frémit. Cet arbre antique murmurera quand Jœtun sera déchaîné. Tout tremblera sur les routes qui conduisent vers Hel, jusqu'au moment où le fils de Surtur aura avalé Odin.

49. Garmer, attaché au banc de rocher de Gnipa, hurle ; les chaînes se brisent, et le loup s'enfuit.

50. Hrymer dirige son char vers l'orient ; il porte son bouclier devant lui. Jormundgand (1) est pris de la rage des géants, et se roule ; la vague mugit ; l'aigle crie et déchire les cadavres ; Nagelfare est démaré.

51. La proue va à l'orient, les gens de Muspel arrivent par la mer, et Loke tient le gouvernail : les enfants de la Folie accompagnent tous le loup. Le frère de Bileist (2) fait partie de l'expédition.

52. Surtur vient du sud avec des flammes qui vacillent au gré des vents ; et le glaive, ce soleil du dieu des armées, darde ses rayons. Les montagnes de granit craquent, les géantes errent à l'aventure, les hommes prennent la route qui conduit chez Hel, et le ciel se fend.

53. Que deviennent les Ases ? que deviennent les Alfes ? Le vaste Jœtenhem tremble. Les Ases sont au conseil ; près des portes en pierre soupirent les Nains,

---

(1) Le serpent de Midgôrd. (Tr.)
(2) Loke. (Tr.)

ces sages des montagnes. Me comprenez-vous, oui ou non ?

54. Lorsque Odin ira combattre le loup, arrivera la seconde douleur de Hlina (1) ; mais le vainqueur lumineux de Bele se mesurera contre Surtur ; le héros chéri de Frigg succombera.

55. Vidar, le vigoureux fils du père des victoires, s'avance pour combattre la bête des forêts ; sa main plonge facilement le glaive dans le cœur de l'enfant de Hvedrung (2), et son père est vengé.

56. Alors approche l'admirable fils de Hlodyn (3) ; le fils d'Odin va combattre le loup ; il tue courageusement le serpent de Midgôrd, et tous les guerriers quittent la terre.

57. Le fils de Fjœrgyn (4) fait neuf pas avec peine pour s'éloigner du serpent malfaisant.

58. Le soleil commence à s'obscurcir, la terre s'enfonce dans l'Océan, les brillantes étoiles disparaissent à la clarté du feu, la fumée s'élève en tourbillons, et le flamme joue avec le ciel lui-même.

---

(1) Hlina était une bonne Norne ; dans les combats elle protégeait les amis de Frigg, c'est pourquoi les skalds appelaient les batailles les douleurs de Hlina. (*Tr.*)
(2) Fenris. (*Tr.*)
(3) Thor. Hlodyn est l'un des noms poétiques de la terre. (*Tr.*)
(4) Thor. Fjœrgyn, autre nom poétique de la terre. (*Tr.*)

59. Elle vit sortir une seconde fois de l'Océan une terre éternellement verte ; elle vit tomber des cascades ; les aigles, qui guettent le poisson du haut de la montagne, planaient au-dessus des eaux.

60. Les Ases s'assemblent dans l'enceinte du rempart d'Ida ; ils parlent de la poussière puissante laissée par le passé, des preuves de force données dans ce temps, et des runes immémoriales de Fimbul-Tyr.

61. Alors les Ases retrouveront dans l'herbe les merveilleuses tablettes d'or possédées autrefois par le général des dieux, le descendant de Fjœlnir (1).

62. La terre portera des moissons non semées, la misère disparaîtra. Balder reviendra et bâtira avec Hœder la salle des prédestinés de Hropt (2), ce saint palais des dieux. Me comprenez-vous, oui ou non ?

63. Hœner choisira la part qu'il voudra ; les enfants des deux frères bâtiront le vaste Vindhem. Me comprenez-vous, oui ou non ?

64. Elle voit un palais plus beau que le soleil et couvert d'or, sur Gimle-la-Haute ; les races bonnes y seront heureuses éternellement.

65. Alors viendront au grand jugement le Riche et le Fort qui le domine. Celui qui dispose de tout terminera les procès, les querelles, et désignera les récompenses méritées.

---

(1) Odin. — (2) Odin. *(Tr.)*

66. Le sombre dragon arrivera les ailes déployées, et le brillant serpent descendra des monts de Nida. Nidhœgg soulèvera sa proie sur ses ailes, et traversera l'espace. — Maintenant elle disparaît.

II

LES POÈMES D'ODIN

I.

LE CHANT SOLENNEL ANTIQUE.

1. Examine soigneusement tous les coins avant d'entrer; car tu ignores en quel endroit de la salle ton ennemi est caché.

2. Honneur à celui qui donne! — Un convive entre, où sera-t-il assis? Celui qui cherche son pain à la porte des autres doit se hâter.

3. Celui qui entre les genoux gelés a besoin de feu;

la nourriture et des vêtements sont nécessaires à celui qui a traversé les montagnes.

4. Quiconque cherche un gîte a besoin d'eau, d'un essuie-main et de l'hospitalité; montre-lui de la bienveillance, adresse-lui la parole, et réponds à ses discours.

5. La raison est nécessaire à celui qui voyage au loin; tout est bon au logis. Celui qui ne comprend rien devient un objet de risée quand il est assis parmi les savants.

6. Ne parle guère aux esprits pensifs; mais saisis le moment favorable, quand l'homme silencieux, et dont l'âme est élevée, entre au logis. L'homme circonspect commet peu de fautes.

7. La raison est nécessaire à celui qui voyage au loin; son ami le plus sûr, c'est beaucoup de raison.

8. Un hôte prudent ne parle guère en arrivant au gîte; avec ses oreilles il écoute, avec ses yeux il observe; ainsi se conduit un sage.

9. Heureux celui qui mérite l'approbation et les éloges. Tout ce que l'homme possède dans le cœur d'autrui est périssable.

10. Heureux celui qui trouve en lui-même la raison et les louanges. On a souvent puisé de mauvais conseils dans le cœur des autres.

11. Le meilleur fardeau dont tu puisses te charger en route, c'est beaucoup de prudence; elle est plus

précieuse que l'or en pays inconnu, et te prêtera secours dans le besoin.

12. Le meilleur fardeau dont tu puisses te charger en route, c'est beaucoup de prudence. La plus mauvaise provision de voyage, c'est beaucoup d'ivresse.

13. La bière forte n'est pas aussi salutaire que le prétendent les enfants des hommes. Plus on boit, moins on se connaît.

14. Le héron de l'oubli se repose sur l'ivresse; il enlève à l'homme l'usage de son intelligence. Je fus enchaîné avec les plumes de cet oiseau dans la demeure de Gunlœd.

15. Je m'enivrai complétement chez Fjalar-le-Sage. La meilleure ivresse est celle qui permet à l'homme de retrouver sa raison.

16. Un fils de roi doit être appliqué, silencieux et hardi dans la bataille ; que tout homme soit généreux et gai jusqu'à l'arrivée de la mort.

17. Un ignorant croit qu'il vivra éternellement en évitant les combats; mais la vieillesse ne le laissera point en paix.

18. Le sot bâille quand il est en visite; il parle avec ignorance ou s'assoupit ; tout lui semble bien, pourvu qu'il mange.

19. Celui-là seulement qui a beaucoup voyagé et voyage encore connaît les différents caractères des hommes, s'il est doué de sagesse.

20. Prends la coupe et vide-la en entier ; dis ce qui

est nécessaire ou tais-toi ; personne ne t'accusera de malhonnêteté si tu te retires de bonne heure pour dormir.

21. Le gourmand, s'il ne s'éprouve pas lui-même, se jette dans les bras de la mort. Souvent l'avidité rend le sot ridicule lorsqu'il se trouve parmi les sages.

22. Les bestiaux connaissent le moment où il faut rentrer à l'étable, et ils quittent le pâturage ; mais un homme sans raison ne connaît point de bornes pour son estomac.

23. Un homme misérable et un méchant esprit rient de tout ; ils ignorent ce qu'ils devraient savoir : c'est-à-dire qu'ils ne sont pas eux-mêmes exempts de défauts.

24. Un homme sans prudence veille toutes les nuits et médite sur beaucoup de choses ; quand le matin arrive, il est fatigué et son chagrin lui reste.

25. Un homme sans raison croit voir des amis dans tous ceux qui lui sourient ; mais il n'en trouvera guère pour appuyer sa cause devant le tribunal.

26. Un homme sans raison croit voir des amis dans tous ceux qui lui sourient ; sa conviction ne change pas, lors même qu'on se moque de lui, lorsqu'il est assis parmi les sages.

27. Un homme sans raison croit tout savoir tant qu'il n'est pas dans l'embarras ; mais il ne sait que répondre quand on le met à l'épreuve.

28. Lorsque l'homme sans raison est en compa-

gnie, il fait mieux de se taire ; on ne remarque son ignorance qu'après l'avoir entendu beaucoup parler.

29. Celui qui sait interroger et répondre paraît sage ; fils des hommes, excusez les défauts d'autrui.

30. Celui qui parle toujours dit bien des mots sans suite : si une langue bavarde n'est pas contenue, elle se nuit à elle-même.

31. Que personne, même un étranger, ne soit ton jouet ; il est beaucoup de gens qui, après avoir trouvé du repos et des vêtements secs, te paraîtront des savants.

32. Celui qui a vaincu, en paroles, le convive berné, semble sage : l'homme bavard ignore s'il ne parle point à table avec un ennemi.

33. Il est des hommes qui se chérissent avec tendresse, et se rencontrent seulement sur l'Océan. Si un convive en trouble un autre, il en résultera toujours des querelles.

34. Prends tes repas de bonne heure, si tu n'es pas invité hors de chez toi ; celui qui lésine passe pour avide, et apprend peu de choses.

35. La route qui conduit chez un ami perfide doit te paraître longue, quand même cet ami serait dans ton voisinage. Mais tous les chemins paraissent courts, lorsqu'il s'agit de rejoindre un ami fidèle, quel que soit l'éloignement de sa demeure.

36. Ne demande pas souvent l'hospitalité dans la même ville. Ce qui était agréable devient ennuyeux si

l'on reste trop longtemps assis sur les bancs d'autrui.

37. Un nid, quoique petit, doit plaire quand on est maître chez soi. Tu ne posséderais que deux chèvres et une salle couverte en chaume, qu'elle serait préférable à la mendicité.

38. Un nid, quoique petit, doit plaire quand on est maître chez soi. Le cœur saigne à celui qui mendie tous ses repas.

39. L'homme qui va dans la plaine doit emporter ses armes ; le moment où le javelot sera nécessaire est incertain.

40. Je n'ai point vu d'homme, quelles que fussent sa générosité et son hospitalité, refuser tous les cadeaux et toutes les récompenses.

41. Celui qui possède des richesses ne doit pas endurer le besoin ; souvent on épargne pour l'ennui ce qui était destiné à la jouissance : beaucoup de choses vont contrairement à notre attente.

42. Réjouis tes amis, en leur donnant les armes et les habits qui te paraîtront les meilleurs. Les dons réciproques font durer l'amitié longtemps, quand ils sont offerts par le cœur.

43. Il faut être l'ami de son ami et rendre cadeau pour cadeau. Sois joyeux avec l'ami fidèle, et dissimulé envers l'ami perfide.

44. Il faut être l'ami de son ami et de l'ami de ce dernier ; mais on ne doit pas être l'ami de l'ami de son ennemi.

45. Si tu possèdes un ami, pense bien de lui, et si tu veux en retirer avantage, confonds ton esprit avec le sien ; faites échange de présents, et va souvent le trouver.

46. Si tu as un ami dont tu penses mal, et dont tu veuilles cependant tirer avantage, parle-lui agréablement et rends la dissimulation pour la ruse.

47. Encore un mot sur celui dont tu te méfies, et sur lequel tu ne peux compter : dis-lui avec douceur plus de bien que tu n'en penses ; rends-lui la pareille.

48. J'ai été jeune autrefois, et me suis égaré en voyageant seul. Je me croyais riche quand je rencontrais un autre voyageur : un homme est la joie de l'homme.

49. Les hommes généreux et doux sont les plus heureux ; mais le fou est irrésolu, et l'avare regrette le cadeau qu'il fait.

50. Sur la montagne, je donnai de mes habits à deux hommes des bois ; ils parurent des héros quand ils furent couverts. L'homme nu est craintif.

51. L'arbre qui est auprès de la maison se dessèche s'il n'est protégé par l'écorce et les feuilles. Il en est de même pour l'homme sans ami ; comment fera-t-il pour vivre longtemps ?

52. La paix entre ennemis brûle comme du feu pendant cinq jours ; il s'éteint le sixième, et l'amitié s'envenime.

53. Il ne faut pas donner beaucoup ; on s'attire sou-

vent des louanges : avec un demi-pain et un plat sur la table de pierre, je me suis fait un camarade.

54. Les grains de sable sont petits ; les gouttes d'eau et les pensées des hommes sont petites ; nous ne devenons pas tous également sages : chaque siècle ne produit qu'un homme.

55. Chacun doit avoir un bon jugement, mais pas trop de sagesse ; la vie a plus de charme pour les hommes qui savent beaucoup de choses et les savent bien.

56. Chacun doit avoir un bon jugement, mais pas trop de sagesse ; car le cœur d'un homme instruit n'est pas toujours gai, si cet homme sait tout.

57. Chacun doit avoir un bon jugement, mais pas trop de sagesse. Ne sondez pas l'avenir, et votre esprit en sera plus libre.

58. Le feu à côté du feu brûle jusqu'à ce que tout soit consumé ; le feu allume l'incendie. Un homme se fait connaître par ses discours, et l'insensé par son orgueil.

59. Celui qui en veut à la vie et au bien d'autrui se lève matin. Le loup au repos saisit rarement une proie, et l'homme endormi la victoire.

60. Celui qui a peu de travailleurs doit se lever de bonne heure et aller voir ses travaux. Celui qui dort le matin néglige beaucoup de choses : de la surveil-

lance du père de famille dépend la moitié de sa fortune.

61. L'esprit de l'homme ressemble à des copeaux secs et à des écorces de bouleaux conservés ; il pourrait, avec des jours et des années, atteindre l'essence de l'arbre.

62. Celui qui se rend à cheval aux assemblées, s'il n'est point paré, doit au moins être propre et habillé avec soin. Que personne ne rougisse de ses souliers, de ses habits, de son cheval, quand même ils seraient mauvais.

63. Questionne l'homme instruit et qui veut passer pour tel, parle-lui. Donne ta confiance à une personne, mais non à deux : le monde entier sait ce qui est connu de trois individus.

64. Quand l'aigle atteint le rivage, il regarde l'océan avec étonnement ; il en est de même pour l'homme qui se trouve au milieu d'un grand nombre d'individus parmi lesquels il n'a pas un ami.

65. Tout homme sage et prudent doit faire usage de sa puissance avec discrétion. Lorsqu'il se trouvera parmi les braves, il s'apercevra qu'on n'est pas fort aux yeux de tous.

66. Que chacun soit raisonnable, prudent et circonspect dans l'intimité ; souvent on expie chèrement les paroles confiées à autrui.

67. Je suis arrivé beaucoup trop tôt en bien des endroits, et trop tard en d'autres ; tantôt la bière était

épuisée, tantôt elle n'était point préparée. Le convive qui déplaît arrive rarement dans un instant opportun.

68. Ici chacun m'aurait invité si j'eusse manqué de vivres ; mais il faut laisser deux morceaux chez l'ami fidèle où on en a surpris un.

69. Le feu et la lumière du soleil sont ce qu'il y a de mieux chez les enfants de la terre, pour l'homme qui jouit de son bien et vit sans vices.

70. Personne n'est complétement misérable quoique malheureux ; l'un a du bonheur par ses fils, un autre par ses parents, ou par ses biens, ou par ses bonnes œuvres.

71. Il vaut mieux vivre que mourir dans son lit ; celui qui vit pourra faire l'acquisition d'une vache. J'ai vu le feu flamber dans la salle du riche ; mais près de la porte, en dehors, se tenait la mort.

72. Le boiteux peut monter à cheval, le sourd peut combattre vaillamment, le manchot peut mener les troupeaux au pâturage. Il vaut mieux être aveugle que brûlé ; la mort n'est utile à personne.

73. Quand un homme meurt, il est bon pour lui d'avoir un fils, même né tardivement. Les pierres commémoratives se trouvent rarement sur le bord du chemin, si un fils ne les a point élevées à la mémoire de son père.

74. Deux Einhærjars ont la tête pesante quand la mort est près de leur lit. Celui qui a des vivres pour la route se réjouit de la nuit quand la fatigue le gagne.

75. Les meurtres sur le navire.... Nuit d'automne inconstante ; le vent change souvent durant cinq jours, et encore plus pendant un mois.

76. Il sait peu de choses celui qui ne sait rien ; beaucoup de gens sont trompés. Un homme est riche, un autre est pauvre, sans que ce soient des indices de sagesse.

77. Tes parents, tes bestiaux, mourront ; tu mourras toi-même ; mais la mémoire de ceux qui ont acquis une bonne renommée ne périra jamais.

78. Tes parents, tes bestiaux, mourront, tu mourras toi-même ; mais je sais une chose impérissable ; c'est le jugement porté sur un homme après sa mort.

79. J'ai vu les granges pleines des enfants de la richesse, maintenant ils portent le bâton de l'espérance (1) ; la fortune est fugitive, c'est une amie volage.

80. L'homme ignorant, quand il acquiert des richesses, ou la faveur des femmes, sent accroître son arrogance, mais jamais sa raison ; il s'avance avec orgueil.

81. On s'en aperçoit, lorsque tu lui adresses des questions sur les runes universellement connues, composées par les dieux, et que les grands poëtes ont gravées. Il vaut mieux alors se taire.

82. Ne vante la journée que le soir, la femme que

---

(1) Le bâton de la mendicité. (Tr.)

lorsqu'elle aura été brûlée, le glaive qu'après l'avoir éprouvé, la vierge qu'après son mariage, la glace qu'après avoir passé dessus, la bière qu'après l'avoir bue.

83. Il faut un vent favorable pour abattre du bois et voguer sur la mer. Il faut de l'obscurité pour causer avec la jeune fille, car les yeux du jour sont nombreux. Sur le navire on doit chercher à avancer. Il faut se servir du bouclier pour se défendre, du glaive pour frapper : on embrasse la jeune fille.

84. Il faut boire la bière près du brasier, glisser sur la glace, acheter un cheval maigre et un glaive rouillé, nourrir le cheval à la maison et le chien à la campagne.

85. Ne te fie pas aux paroles des jeunes filles et à ce que disent les femmes, car leur cœur est monté sur des roues : la ruse a été déposée dans leur sein.

86. Un arc cassant, une flamme pétillante, un loup la gueule béante, une corneille qui crie, le porc qui grogne, l'arbre sans racines, la vague qui se gonfle, et la marmite qui bout ;

87. Le dard qui vole, le flot creusé, la glace d'une nuit, le serpent roulé sur lui-même, les paroles dites par la fiancée dans le lit nuptial, le glaive brisé, les gentillesses de l'ours et les fils du roi ;

88. Un veau malade, un esclave indépendant, la diseuse de bonne aventure qui parle à souhait, l'ennemi récemment battu sur le champ de bataille, un ciel clair,

un seigneur souriant, l'aboiement d'un chien, et la douleur de la pécheresse;

89. Des champs ensemencés de bonne heure : toutes ces choses ne méritent aucune confiance. Ne sois pas trop prompt à croire ton fils. Le temps dispose des champs et l'esprit de ton fils; l'un et l'autre sont mobiles.

90. Que personne ne s'avise d'avoir confiance dans le meurtrier de son frère, quoiqu'il en fasse la rencontre sur la grande route; qu'il ne se croie point en sûreté dans une maison à demi brûlée avec un cheval trop vif, car un cheval devient inutile s'il se casse la jambe.

91. La paix avec les femmes est une pensée fugitive, comme une course sur la glace peu épaisse avec un cheval entier âgé de deux hivers et mal dressé; cette paix ressemble encore à la navigation d'un vaisseau sans agrès pendant la tempête, à une halte de la chasse aux rennes dans la montagne de neige qui dégèle.

92. Je trace un tableau fidèle, car je connais les uns et les autres; l'amour des hommes est une déception pour les femmes. Quand nos paroles sont le mieux arrangées, c'est alors que nous y attachons moins de sens; l'esprit le plus fin y serait trompé.

93. Celui qui désire l'amour d'une jeune fille doit parler avec grâce, lui offrir des richesses et admirer le corps de la vierge blonde : la persévérance réussit.

94. Ne blâmez jamais l'amour d'autrui; les couleurs de la volupté plaisent souvent au sage, mais elles n'enchaînent pas l'insensé.

95. Que personne ne blâme ce défaut attribué à plusieurs. Le puissant amour transforme souvent, parmi les enfants des hommes, les sages en fous.

96. La pensée connaît seule ce qui peut nourrir le cœur ou l'esprit. La plus mauvaise de toutes les maladies pour le sage, c'est de ne se contenter de rien.

97. Je l'ai éprouvé lorsque j'étais assis dans les roseaux en attendant ma bien-aimée : cette bonne fille était ma vie, mon âme, et cependant je ne la possède plus.

98. J'ai trouvé la vierge de Billing, qui était blanche comme la neige, dormant dans son lit. J'aurais renoncé à toute la magnificence des princes pour vivre avec elle.

99. « Odin, si tu veux te fiancer avec une jeune fille, viens à la maison vers le soir. Tout serait perdu si d'autres que nous connaissaient ces relations. »

100. Je m'en retournai promptement, et me sentais plus heureux que je ne l'étais en réalité; je croyais avoir obtenu son approbation et son amour.

101. Je vins ensuite, lorsque tous les hommes propres à porter les armes étaient déjà éveillés, les lumières éclatantes et le feu allumé : c'est ainsi qu'elle avait voulu recevoir ma visite.

102. Et le premier jour où je revins ensuite, tous

les gens de la maison étaient endormis ; alors je trouvai un chien de cette bonne fille attaché au lit.

103. Il est peu d'individus assez forts pour qu'on ne fasse point chanceler leurs sens ; mainte bonne fille, quand elle est bien connue, devient perfide envers son amant.

104. Je m'en aperçus après avoir exposé au danger la jeune fille adroite ; elle me railla de toutes les manières, et je ne l'eus pas.

105. Chez lui, l'homme sage doit être gai, hospitalier, mémoratif et causeur, s'il veut passer pour instruit ; il doit parler souvent de ce qui est bien.

106. On appelle Fimbulfambi celui qui a peu de choses à dire ; c'est la manière de l'ignorant. Je suis allé chez le vieux géant, me voici de retour : j'y ai reçu peu de choses en mendiant, mais j'ai fait mon profit d'un grand nombre de paroles dites dans les salles de Suttung.

107. De son trône d'or, Gunnlœd me donna une rasade de son précieux hydromel. Je la récompensai mal ensuite de sa fidélité et de son douloureux amour.

108. Je trouvai un endroit accessible à la tarière, et lui fis ronger le roc : au-dessus et en dessous de moi passaient les routes des géants ; je hasardai ainsi ma vie.

109. La poésie, chèrement acquise, m'a donné bien des jouissances : tout réussit au sage, car

Odrærer est remonté maintenant sur la vieille et sainte terre.

110. Je ne serais peut-être pas encore sorti de la demeure des géants, sans l'amour de Gunnlœd, elle que j'ai repoussée du bras.

111. Le jour suivant, les Hrimthursars se rendirent à l'assemblée des dieux dans les salles élevées, pour savoir si Bœlverk était parmi eux, ou si Suttung l'avait tué.

112. Odin, je m'en souviens, avait prêté serment sur son anneau ; qui peut maintenant compter sur lui ? Suttung a été trahi, l'hydromel est volé, et Gunnlœd pleure.

II

LE CHANT DE LODFAFNER.

1. Il est temps de donner le discours prononcé près de la fontaine d'Urd ; j'étais là, assis et silencieux ; je voyais ce que faisaient les Ases, et réfléchissais en les écoutant.

2. Il fut question de runes pendant le jour ; il en fut question encore pendant la nuit. Près du palais des dieux et dans leurs salles, j'entendis parler de la sorte :

3. Voici nos conseils, Lodfafner ; fais attention à ces avis, ils te seront utiles si tu les comprends.

Ne sois pas dehors la nuit, si ce n'est pour espionner ou chercher un endroit nécessaire.

4. Voici nos conseils, Lodfafner, etc.

Fuis le danger de t'endormir dans les bras de la femme magicienne, afin qu'elle ne te presse pas contre son sein.

5. Elle te fera mépriser l'assemblée du peuple et les paroles du prince ; tu refuseras de manger et de te trouver dans la société des hommes, et tu iras dormir tristement.

6. Voici nos conseils, Lodfafner, etc.

N'entraîne jamais la femme d'un autre à devenir ton amie.

7. Voici nos conseils, Lodfafner, etc.

Si tu as envie de voyager sur les montagnes ou dans les baies, prends bien garde à ta vie.

8. Voici nos conseils, Lodfafner, etc.

Ne fais jamais connaître ton malheur à un méchant, car il ne récompensera point la droiture de ton cœur.

9. J'ai vu un homme perdre la tête par suite des paroles d'une femme méchante ; une langue frivole le priva de la vie, qu'il aurait pu donner pour une cause juste.

10. Voici nos conseils, Lodfafner, etc.

Si tu possèdes un ami dans lequel tu as confiance, va le voir souvent, car les broussailles et les hautes herbes croissent sur la route que personne ne foule.

11. Voici nos conseils, Lodfafner, etc.

Choisis pour ta société des hommes bons, et apprends des chants qui te consoleront en cette vie.

12. Voici nos conseils, Lodfafner, etc.

Ne précède jamais ton ami dans la rupture perfide de l'amitié; le chagrin ronge le cœur quand on n'a personne à qui dire ses pensées.

13. Voici nos conseils, Lodfafner, etc.

Ne dispute jamais avec un sot, car il ne te tiendra pas compte de ta bonté; mais un homme instruit accroîtra ta faveur et tes honneurs.

14. L'amitié est conclue quand on peut communiquer à un autre chacune de ses pensées; tout est préférable à la perfidie. Celui qui te donne toujours raison n'est pas ton ami.

15. Voici nos conseils, Lodfafner, etc.

N'échange pas trois mots de dispute avec l'homme mauvais. Le bon temporise souvent, tandis que le méchant tue.

16. Voici nos conseils, Lodfafner, etc.

Il te sera difficile, dans cette circonstance, de te taire, car on supposera que tu es un lâche : laisse courir ton esprit le second jour, et venge-toi de ce mensonge devant toute la multitude.

17. Voici nos conseils, Lodfafner, etc.

Ne te fais pas cordonnier ni fabricant de lances, si ce n'est point ton état; car le soulier sera mal confectionné, la lance sera courbée, et l'on te jugera défavorablement.

18. Voici nos conseils, Lodfafner, etc.

Quand tu reconnaîtras qu'une chose est mauvaise, dis-le. Ne donne pas de paix à ton ennemi.

19. Voici nos conseils, Lodfafner, etc.

Ne te réjouis jamais du mal, et fais en sorte que l'on dise du bien de toi.

20. Voici nos conseils, Lodfafner, etc.

Ne te borne pas à regarder un combat......

21. Voici nos conseils, Lodfafner, etc.

Si tu veux avoir une bonne femme, un joyeux entretien, et en retirer de la satisfaction, fais de belles promesses et tiens-les. Personne ne s'ennuie d'être bien.

22. Voici nos conseils, Lodfafner, etc.

Sois prudent, mais sans excès; sois-le surtout en buvant et auprès de la femme d'un autre. Il faut encore de la prudence en une troisième chose, afin que les voleurs ne te fascinent point.

23. Voici nos conseils, Lodfafner, etc.

Ne bafoue jamais l'étranger qui arrive, car les personnes assises dans la salle ne connaissent pas toujours la qualité des nouveaux hôtes. Le meilleur homme a ses défauts; pas un n'est assez sot pour n'être bon à rien.

24. Voici nos conseils, Lodfafner, etc.

Ne ris jamais d'un orateur à cheveux gris. Ce que disent les vieillards est souvent bon; de sages paroles sortent fréquemment d'une bouche ridée, et de celle des malheureux qui mendient à toutes les portes et habitent parmi les rangs inférieurs.

25. Voici nos conseils, Lodfafner, etc.

Il ne faut pas réprimander l'étranger, ni le mettre à la porte. Sois bon envers les pauvres. L'arbre qu'il faut émouvoir pour qu'il s'ouvre à tous est fort. Donne une pièce de monnaie, et le peuple te louera.

26. Voici nos conseils, Lodfafner, etc.

Affermis-toi dans le lieu où tu te disposes à boire la bière forte, car le coup de trop fait toucher la terre, le feu accueille la maladie...... les sortiléges atteignent les épis........ Il faut confier sa vengeance à la lune.

III.

LE DISCOURS RUNIQUE.

1. Je sais que je fus suspendu durant neuf nuits entières à un arbre que le vent faisait murmurer. Un javelot m'avait blessé. Donné à Odin, je fus consacré à cet arbre, dont personne ne connaît les racines.

2. Je ne fus point nourri avec du pain ni avec de l'hydromel. Je me baissais pour ramasser des runes, et je les apprenais en pleurant : ensuite je tombai à terre.

3. Bœlthorn, le savant père de Betsla, m'a appris neuf poëmes antiques, et l'on m'a donné une rasade du précieux hydromel mélangé dans Odreyer.

4. Je commençai alors à devenir savant; et j'étais admiré pour mon instruction : je grandissais et prospérais. Je cherchai des mots dans le mot originaire des mots; je cherchai du travail pour moi dans le travail du travail.

5. Tu trouveras des runes et des bâtons runiques, de grands, de puissants bâtons runiques, créés par les saintes puissances, taillés par Fimbulthul, et gravés par le général des dieux.

6. Odin y a tracé des runes pour les Ases, Dvalinn pour les Alfes, Dain pour les Nains, Alsvider pour les géants. J'en ai gravé moi-même plusieurs.

7. Sais-tu comment on doit s'y prendre pour graver, pour interpréter les runes, pour les tracer? Sais-tu comment on doit supporter les épreuves? comment on doit prier ou offrir le sacrifice? Sais-tu comment il faut s'y prendre pour faire des expéditions et dévaster les pays?

8. Il vaut mieux ne point prier que d'offrir un trop grand nombre de sacrifices; le don attend toujours une récompense. Mieux vaut ne pas faire d'expédition que de commettre trop de dévastations. Telles sont les runes qu'Odin a gravées pour les hommes en général............ C'est là qu'il se leva lors de son retour.

9. Je sais un chant ignoré de la femme du prince

et de tous les fils des hommes ; il est intitulé *Secours*, et pourra te prêter assistance dans tes procès, dans tes chagrins et toutes les calamités.

10. J'en sais un second ; il est utile aux hommes qui veulent devenir médecins.

11. J'en sais un troisième, dont j'ai grand besoin pour enchaîner mon ennemi, pour émousser le tranchant de son glaive, pour détruire l'effet de ses armes et de ses ruses.

12. J'en sais un quatrième. Si mes membres sont chargés de chaînes, en le chantant je pourrai marcher : il fera tomber les fers de mes pieds et les liens de mes mains.

13. J'en sais un cinquième. Si une flèche met l'armée en danger, je l'arrêterai, malgré la rapidité de son vol, pourvu que je l'aperçoive.

14. J'en sais un sixième. Si un homme me blesse sur les racines dépouillées d'un arbre, si un autre veut m'attirer des maux en chantant, le mal les rongera plutôt que moi.

15. J'en sais un septième. Si je vois une haute salle brûler au-dessus des habitants de la maison, je la sauverai en arrêtant l'incendie ; je sais ce chant magique.

16. J'en sais un huitième ; il est bon pour tout le monde de l'apprendre. En tel lieu que croisse la haine entre les fils des rois, je puis l'étouffer subitement.

17. J'en sais un neuvième. Si la nécessité m'y con-

traint, je puis sauver mon navire ; j'apaise le vent sur les vagues, et je calme l'océan.

18. J'en sais un dixième. Si je vois les démons jouer dans les airs, je puis faire en sorte qu'ils se troublent en leur propre corps et en leur esprit.

19. J'en sais un onzième. Si je conduis à la bataille des amis éprouvés depuis longtemps, je chante sous le bouclier, et la victoire les suit ; ils vont au combat et en reviennent sains et saufs ; ils reviennent de même partout.

20. J'en sais un douzième. Si je vois un homme suspendu et mort en haut de l'arbre, je grave des runes, et cet homme vient causer avec moi.

21. J'en sais un treizième. Si je verse de l'eau sur un jeune homme pour l'empêcher de succomber dans la bataille, il ne s'évanouira pas devant le glaive.

22. J'en sais un quatorzième. Si je suis obligé de faire devant les hommes assemblés le dénombrement des dieux, je puis distinguer les Ases des Alfes ; un ignorant ne saurait point le faire.

23. J'en sais un quinzième. Thjodrœrer le nain le chanta devant les portes de Delling ; il donna de la force aux Ases, le succès aux Alfes, et la sagesse à Odin.

24. J'en sais un seizième. Si je veux obtenir joie et faveur de la pudique vierge, je puis tourner vers moi l'esprit de la jeune fille aux bras blancs, et je change entièrement son âme.

25. J'en sais un dix-septième, et l'aimable fille restera longtemps avec moi. Ces chants-là, Lodfafner, tu les ignoreras pendant des années; mais ce il serait bon et utile pour toi de les connaître, de les apprendre.

26. J'en sais un dix-huitième; je ne l'enseignerai jamais à la jeune fille, à la femme de l'homme; ce qu'on est seul à savoir a toujours plus de prix, à moins que je ne le dise à celle qui me serre dans ses bras ou à ma sœur.

27. Maintenant le poëme solennel a été chanté dans la salle haute et autour de la salle. Ce poëme est utile aux fils des hommes et nuisible aux fils des géants. Vive celui qui le chante! Vive celui qui le sait! Vive celui qui le comprend! Vive celui qui l'entend!

III

LE
POÈME DE VAFTHRUDNER

ODIN.

1. Frigga, donne-moi un avis. J'ai le désir de voyager et d'aller trouver Vafthrudner. J'ai une envie extrême de causer de la sagesse antique avec ce géant si savant.

FRIGG.

2. Je conseille au père des armées de rester dans

son palais divin; car je ne me souviens d'aucun géant dont la force puisse être comparée à celle de Vafthrudner.

ODIN.

3. J'ai beaucoup voyagé, j'ai essayé d'un grand nombre de choses, j'ai mis bien des intelligences à l'épreuve, maintenant je désire connaître les usages établis dans les salles de Vafthrudner.

FRIGG.

4. Honneur à ton départ, honneur à ton retour! Honneur à toi quand les Asesses te salueront de nouveau! Sois puissant en esprit, notre père et celui de l'univers, lorsque tu vas échanger des paroles avec le géant.

5. Odin partit donc pour mettre à l'épreuve l'habileté du savant Vafthrudner, et arriva dans la salle qui avait appartenu au père d'Ymer.

ODIN.

6. Honneur à toi, Vafthrudner! Me voici dans ta salle, où je viens te voir en personne. Je désire savoir d'abord si tu es en effet le plus savant des géants.

VAFTHRUDNER.

7. Quel est cet homme qui vient dans ma salle pour

m'adresser la parole? Tu ne sortiras jamais d'ici, à moins que tu ne sois plus savant que moi.

ODIN.

8. Je me nomme Gôngrôder. J'arrive de voyage et suis altéré; une invitation hospitalière de séjourner chez toi me ferait plaisir, car j'ai fait une longue course, géant.

VAFTHRUDNER.

9. Pourquoi Gôngrôder me parle-t-il debout? Assieds-toi dans la salle; nous lutterons ensuite à qui est le plus instruit de nous deux.

GÔNGRÔDER.

10. Quand l'homme pauvre vient chez les riches, il ne doit dire que les paroles nécessaires ou se taire; beaucoup parler nuit au voyageur récemment arrivé chez l'homme dont le côté est froid.

VAFTHRUDNER.

11. Dis-moi, Gôngrôder (puisque tu veux tenter la fortune debout), comment nomme-t-on le cheval qui amène, tous les matins, le jour qui luit sur les enfants des hommes?

GÔNGRÔDER.

12. Skinfaxe est le nom du cheval qui amène, tous

les matins, le jour sur les enfants des hommes. C'est, dit-on, le meilleur de tous les chevaux, et sa crinière sera éternellement lumineuse.

VAFTHRUDNER.

13. Dis-moi, Gôngrôder (puisque tu veux tenter la fortune debout), comment on nomme le cheval qui tire la nuit de l'Orient et l'étend sur les dieux propices?

GÔNGRÔDER.

14. Hrimfaxe est le nom du cheval qui tire la nuit de l'Orient et l'étend sur les dieux propices; tous les matins l'écume tombe de son mors et se transforme en rosée dans les vallons.

VAFTHRUDNER.

15. Dis-moi, Gôngrôder (puisque tu veux tenter la fortune debout), quel nom on donne à la rivière qui sépare le pays des fils des géants de celui des fils des dieux?

GÔNGRÔDER.

16. Ilfing est le nom de la rivière qui sépare le pays des fils des géants de celui des fils des dieux; rien ne suspendra son cours tant que dureront les jours du monde, et jamais elle ne sera gelée.

VAFTHRUDNER.

17. Dis-moi, Gôngrôder (puisque tu veux tenter la

fortune debout), quel nom donne-t-on à la plaine où les dieux cléments et Surtur se rencontreront pour le dernier combat?

GÔNGRÔDER.

18. Vigrid est le nom de la plaine où les dieux cléments et Surtur se rencontreront pour combattre; cette plaine a été faite à leur intention; il y a cent haltes de chaque côté.

VAFTHRUDNER.

19. Tu es savant, ô étranger! Viens sur les bancs du géant et parlons ensemble assis. Par notre tête, étranger, nous nous livrerons, dans la salle, des combats d'esprit.

GÔNGRÔDER.

20. Dis-moi, Vafthrudner, savant géant, si tu le sais et si ton esprit a quelque valeur, d'où viennent la terre et le ciel élevé?

VAFTHRUDNER.

21. La terre fut créée avec le corps d'Ymer; les montagnes se formèrent de ses os. On fit le ciel avec le crâne, couvert de frimas, de ce géant; mais l'Océan a été fait avec son sang.

GÔNGRÔDER.

22. Dis-moi, Vafthrudner, si tu le sais et si ton es-

prit a quelque valeur, d'où proviennent la lune, qui passe sur le monde, et le soleil ?

VAFTHRUDNER.

23. Mundilfœre est le père de la lune, il l'est également du soleil ; ils sont obligés de parcourir avec rapidité le ciel en un jour, afin de compter les années des fils des hommes.

GÔNGRÔDER.

24. Dis-moi, Vafthrudner, si tu le sais et si ton esprit a quelque valeur, d'où proviennent la lumière qui passe tous les jours sur le monde, et la nuit avec ses ténèbres ?

VAFTHRUDNER.

25. Le père du jour est Delling ; mais la nuit a été portée par Nœrve. Les dieux propices créèrent les différentes phases de la lune afin de compter les années des hommes.

GÔNGRÔDER.

26. Dis-moi, Vafthrudner, etc., d'où proviennent l'hiver et l'été ?

VAFTHRUDNER.

27. Vindsval est le père de l'hiver, et Svasad celui de l'été ; ils marcheront continuellement jusqu'au jour où les puissances célestes seront dissoutes.

GÔNGRÔDER.

28. Dis-moi, Vafthrudner, etc., lequel des Ases ou des géants existait au commencement du temps?

VAFTHRUDNER.

29. Durant une suite d'hivers avant la formation de la terre, naquit Bergelmer; Thrudgelmer était son père, mais Œrgelmer fut l'auteur de leur race.

GÔNGRÔDER.

30. Dis-moi, Vafthrudner, etc., quelle est l'origine d'Œrgelmer, le premier géant?

VAFTHRUDNER.

31. Les gouttes de venin lancées par les ondes d'Elivôger grandirent et devinrent un géant; mais les étincelles s'élancèrent de la demeure du sud et donnèrent la vie aux frimas.

GÔNGRÔDER.

32. Dis-moi, Vafthrudner, etc., comment le puissant Œrgelmer eut des enfants, puisqu'il n'avait pas encore goûté le plaisir que donne la possession d'une femme?

VAFTHRUDNER.

33. On dit qu'en dessous de l'épaule d'Œrgelmer

poussèrent en même temps un fils et une fille ; l'un de ses pieds procréa avec l'autre un fils indépendant.

GÔNGRÔDER.

34. Dis-moi, Vafthrudner, etc., quel est ton plus ancien souvenir ou la première chose que tu as apprise ? Tu es bien savant, ô géant !

VAFTHRUDNER.

35. Durant une suite d'hivers avant la formation de la terre, naquit Bergelmer ; voilà ce que j'ai appris en premier. Cet habile géant fut sauvé dans une barque.

GÔNGRÔDER.

36. Dis-moi, Vafthrudner, etc., d'où vient le vent qui passe sur la vague ? pas un homme ne l'a vu.

VAFTHRUDNER.

37. Le géant qui est assis à l'extrémité du ciel, sous la forme d'un aigle, se nomme Hrœsvelger ; ses ailes, dit-on, envoient le vent dans toutes les parties de l'univers.

GÔNGRÔDER.

38. Dis-moi, Vafthrudner, etc., quelle est l'origine des dieux ; d'où vient Njœrd ? On lui a consacré beau-

coup de temples et de saints lieux, et cependant il n'a point été élevé parmi les Ases.

VAFTHRUDNER.

39. De sages puissances le créèrent dans Vanahem, et le donnèrent aux dieux comme otage ; mais lorsque viendra le soir de l'univers, il retournera chez les Vanes, ce peuple savant.

GÔNGRÔDER.

40. Dis-moi, Vafthrudner, etc., quelle est l'origine des dieux ? que feront les Einhærjars dans les salles du père des armées, jusqu'au moment où les puissances seront dissoutes ?

VAFTHRUDNER.

41. Tous les Einhærjars combattent chaque jour dans les cours d'Odin ; ils font ensuite des élections, et reviennent à cheval du combat. Ils boivent la bière forte avec les Ases, mangent Sæhrimmer, et sont assis ensemble en bonne intelligence.

GÔNGRÔDER.

42. Dis-moi, Vafthrudner, etc., quelle est l'origine des dieux. Parle en toute vérité sur les runes des géants et sur celles des dieux, puisque tu es censé savoir toutes choses.

VAFTHRUDNER.

43. Je puis dire la vérité sur les runes des géants et sur celles des dieux, car j'ai parcouru tous les mondes. Je suis allé dans dix mondes en dessous de Niflhem ; là meurent les hommes qui sortent de l'habitation de Hel.

GÔNGRÔDER.

44. J'ai beaucoup voyagé, beaucoup appris, j'ai mis à l'épreuve bien des intelligences. Quels hommes auront survécu, quand l'hiver de Fimbul, chanté par les skalds, sera fini ?

VAFTHRUDNER.

45. Ce sont Lif et Lifthraser ; mais ils se cacheront dans les montagnes sauvages de Hoddmimer, et s'y nourriront de la rosée. La nouvelle race naîtra d'eux.

GÔNGRÔDER.

46. J'ai beaucoup voyagé, beaucoup appris, j'ai mis à l'épreuve bien des intelligences. D'où viendra le nouveau soleil dans le ciel uni, lorsque le loup aura avalé celui que nous voyons ?

VAFTHRUDNER.

47. Le soleil, avant d'être anéanti par le loup, don-

nera le jour à une fille ; quand les dieux disparaîtront, elle suivra la même route que sa mère.

GÔNGRÔDER.

48. J'ai beaucoup voyagé, beaucoup appris, j'ai mis à l'épreuve bien des intelligences. Quelles sont les vierges qui passent sur l'océan des races humaines, avec des cœurs si sages ?

VAFTHRUDNER.

49. Il y a trois bandes de vierges de Mœgthraser. Elles planent au-dessus des mondes, et sont bienveillantes pour les habitants de la terre, quoique élevées parmi les géants.

GÔNGRÔDER.

50. J'ai beaucoup voyagé, beaucoup appris, j'ai mis à l'épreuve bien des intelligences. Quels sont les Ases qui dirigeront le royaume des dieux, quand la flamme de Surtur s'éteindra ?

VAFTHRUDNER.

51. Vidarr et Vale construiront le nouveau sanctuaire lorsque la flamme de Surtur s'éteindra : Mode et Magne posséderont Mjœllner, et mettront fin au combat.

GÔNGRÔDER.

52. J'ai beaucoup voyagé, beaucoup appris, j'ai mis à l'épreuve bien des intelligences. Comment finira Odin lorsque les puissances seront dissoutes ?

VAFTHRUDNER.

53. Le loup doit avaler le Père du monde. Vidarr vengera son père, et fendra les joues glacées, lorsqu'il ira combattre le loup.

GÔNGRÔDER.

54. J'ai beaucoup voyagé, beaucoup appris, j'ai mis à l'épreuve bien des intelligences. Qu'a dit Odin à l'oreille de son fils, lorsque celui-ci est monté sur le bûcher ?

VAFTHRUDNER.

55. Personne ne sait ce que tu as dit, dans le commencement des temps, à ton fils. Mes lèvres réprouvées ont parlé de la plus haute antiquité, de l'origine des dieux. Maintenant que ma science a été mise à l'épreuve par Odin, tu seras éternellement le plus savant des savants.

IV

LE POÈME DE GRIMNER.

Le roi Hrœdunger avait deux fils : l'un se nommait Agnar et le second Gejrœd. Agnar était âgé de dix hivers, et Gejrœd de huit. Ils se mirent tous deux dans un bateau pour pêcher de petits poissons, et le vent les poussa en mer. Le soir ils se dirigèrent vers le rivage, débarquèrent et trouvèrent un paysan chez lequel ils passèrent l'hiver. La vieille femme éleva Agnar ; mais son mari se chargea de l'instruction de Gejrœd.

Au printemps, le paysan leur donna un navire, et

les ayant accompagnés sur le rivage ainsi que sa femme, il dit quelques mots à part à Gejrœd. Les navigateurs eurent le vent pour eux, et atteignirent le royaume de leur père. Gejrœd était à l'avant; il sauta à terre et poussa le navire au large, en disant: « Va maintenant où les petits te prendront. » Le vaisseau avança en mer; mais Gejrœd monta à la ville, où il fut bien reçu. Son père étant mort, Gejrœd fut proclamé roi, et devint un homme très-célèbre.

Odin et Frigg étaient assis sur Hlidskjalf, et leurs regards parcouraient le monde. Odin dit: « Vois-tu ton fils adoptif, Agnar, qui a des enfants avec la géante dans la caverne? Mon fils adoptif Gejrœd, au contraire, est roi et possède un royaume. » Frigg répondit : « C'est un avare, il affame ses convives, quand il en trouve le nombre trop grand. » Odin dit que Frigg proférait le plus grand des mensonges, et ils firent un pari à ce sujet. Frigg envoya Fulla sa messagère à Gejrœd, et l'invita à se méfier d'un homme très-versé dans la magie, qui était arrivé dans son royaume; pas un chien ne serait assez enragé pour courir sur lui, on pourrait le reconnaître à ce signe. Dire que Gejrœd n'était point hospitalier, c'était articuler une calomnie; cependant, il fit saisir l'homme que les chiens ne voulurent point attaquer; il était vêtu d'un manteau bleu, dit s'appeler Grimner, et ne donna point d'autres renseignements sur lui, malgré toutes les questions qu'on lui adressa. Le roi le fit mettre à la torture pour le faire parler, et le laissa pendant huit nuits entre deux feux.

Le roi Gejrœd avait un fils âgé de dix hivers et nommé Agnar d'après son oncle. Cet enfant alla trouver Grimner, lui tendit une coupe remplie de bière, et dit que le roi avait tort de tourmenter un innocent. Grimner but, et le feu s'était déjà avancé au point de brûler son manteau. Grimner chanta.

1. Tu as chaud, ô Hripud ! séparons-nous, flammes, vous êtes trop brillantes ; mes cheveux roussissent, quoique je les porte en l'air, et le manteau brûle autour de moi.

2. J'ai été assis pendant huit nuits entre ces feux ; personne ne m'a offert de nourriture, excepté Agnar, le fils de Gejrœd ; il régnera seul sur la Gothie.

3. Sois heureux, Agnar, car les héros t'invitent à être leur capitaine : jamais une rasade n'aura été mieux payée jusqu'à ce jour.

4. Elle est sainte la contrée que je vois près du pays des Alfes et des Ases. Mais Thor habitera Thrudem jusqu'au moment où les puissances seront anéanties.

5. Ydalan est le nom de l'endroit où la salle d'Uller a été bâtie. Alfhem a été donné par les dieux à Frey dès l'origine des temps : c'était le cadeau pour sa première dent.

6. La troisième demeure céleste est celle que les dieux cléments ont couverte en argent : Valaskjalf,

ainsi se nomme la salle que Vale s'est choisie au commencement des temps.

7. Sœqvabæck est la quatrième demeure céleste; les vagues rafraîchissantes peuvent passer par-dessus; Odin y boit tous les jours avec Saga, dans des vases d'or.

8. Gladshem est la cinquième demeure céleste; Walhall, resplendissant d'or, y tient une vaste place; Odin y fait tous les jours un choix parmi les hommes tués sur les champs de bataille.

9. Ils ont grande impatience de se rendre chez Odin pour voir sa salle; le plafond en est cannelé avec des bois de lances; le toit est couvert de boucliers; des cottes de mailles sont étendues sur ses bancs.

10. Ils ont grande impatience de se rendre chez Odin pour voir sa salle. Un loup est enchaîné devant la porte de l'ouest, et un aigle plane au-dessus.

11. Thrymhem est la sixième demeure céleste. Thjasse, ce géant si fort, l'habitait; maintenant elle est occupée par sa fille Skade, la lumineuse fiancée des dieux.

12. Breidablick est la septième demeure céleste. Balder l'a fait construire dans le pays où se trouvent le moins de runes nuisibles.

13. Himmingborg est la huitième demeure céleste; Heimdall y fait le service dans le sanctuaire; le joyeux gardien des dieux boit le bon hydromel dans sa paisible maison.

14. Folkvang est la neuvième demeure céleste; Freya dispose des siéges de cette salle. Tous les jours elle prend la moitié des hommes qui succombent dans les champs de bataille; l'autre moitié appartient à Odin.

15. Glittner est la dixième demeure céleste; ses fondations sont en or, sa toiture est en argent. Forsete l'habite presque toujours, et y pacifie les querelles.

16. Noatun est la onzième demeure céleste; Njœrd y a fait bâtir une salle. Le général de Manhem, le dieu innocent, y possède un temple en bois fort élevé.

17. L'herbe, les forêts et les broussailles ont une végétation vigoureuse dans le pays de Vidarr; ce dieu en descendra monté sur un cheval très-fort, pour venger son père.

18. Andhrimner met Sœhrimner, ce bon lard, dans la marmite Eldhrimner. Il est peu de gens qui savent ce que mangent les Einhærjars.

19. Geré et Freke sont nourris par le vaillant et magnifique dieu des armées; mais Odin ne se nourrit que de vin.

20. Hugen et Munen parcourent tous les jours la terre; je crains que Hugen ne revienne pas, mais je regretterais encore davantage Munen.

21. Le fleuve de Thund mugit; les poissons joyeux folâtrent dans le fleuve de Thjodvitner; le courant en

est trop profond pour que les morts du champ de bataille puissent le passer à gué.

22. Valgrind, la barrière sainte du rempart élevé devant les portes sacrées, est vieille; mais il est peu de gens qui sachent comment on la ferme avec la serrure.

23. Walhall a cinq cents portes, et quarante environ en sus; huit cents Einhœrjars sortent à la fois par chacune de ces postes quand ils vont combattre le loup.

24. Dans Bilskirn, qui est voûté, se trouvent cinq cents chambres, et environ quarante en sus. De toutes les maisons en bois, celle de mon fils est la plus grande.

25. Heidrun est le nom de la chèvre qui se promène dans les cours d'Odin; elle mange les feuilles de Lerad, et remplit le vaisseau qui contient l'hydromel; il ne sera jamais à sec.

26. Eikthyrner est le nom du cerf qui se promène dans les cours d'Odin; il mange les feuilles de Lerad, et de son bois l'eau tombe goutte à goutte dans Hvergelmer; de ce puits proviennent toutes les eaux. Voici le nom des fleuves qui serpentent autour de la demeure des dieux :

27. Sid et Vid, Sæken et Eiken, Svœl et Güunthro, Fjœrm et Fimbulthul, Rin et Rennande, Gipul et Gœpul, Gœmul et Geirvimul, Thyn et Vin, Thœll et Hœll, Grôd et Gunthorin.

28. Il en est un qui se nomme Vina, et un autre Vegvinn. Thjodnuma est le troisième, Nyt et Nœt, Nœn et Hrœn, Slid et Hrid, Sylger et Ylger, Vid et Vôn, Vœnd et Strœnd, Gjœll et Leipter, tombent près des hommes, et ensuite dans la demeure de la mort.

29. Thor est obligé de passer à gué, chaque jour, le Kœrmt, l'Œrmt et les deux Kerlœgar, lorsqu'il se rend à l'assemblée sous le frêne Yggdrasel, car le pont des Ases est en feu, et l'eau sainte bouillonne.

30. Glader et Gyller, Gler et Skeidhimer, Silfrintapp et Siner, Gisl et Falhofner, Gulltopp et Lœttfeti, ainsi se nomment les chevaux montés tous les jours par les dieux, quand ils se rendent à l'assemblée sous le frêne Yggdrasel.

31. Les trois racines de cet arbre ont chacune une direction différente. Hel est abritée par l'une d'elle, les Hrimthursars habitent sous la seconde, et les hommes sous la troisième.

32. Ratatœsk est le nom d'un écureuil qui monte et descend le long d'Yggdrasel pour transmettre à Nidhœgg les ordres de l'aigle.

33. Quatre cerfs sortent d'une rivière appelée Hœfing ; ils pâturent le cou arrondi. Dain, Dvalin, Duneyr et Durathor, tels sont leurs noms.

34. Il y a plus de serpents sous le frêne Yggdrasel qu'un ignorant n'en pourrait compter. Goin et Moin, enfants de Grafvitner, Gróback, Grofœll, Ofner et Svaf-

ner, rongeront éternellement les rameaux d'Yggdrasel.

35. Cet arbre endure plus de souffrances que les hommes ne peuvent se l'imaginer ; le cerf mord sa tête, son côté pourrit, et Nidœgg ronge ses racines.

36. Je veux que Hrist et Mist m'apportent la coupe. Skeggœld, Skœgul, Hild et Thrud, Hœck et Herfjœter, Gœll et Geirœlul, Randgrid, Radgrid et Reginleif, servent la bière forte aux Einhærjars.

37. Arvaker et Alsvider, les bons chevaux, traînent le soleil ; mais sous leurs épaules les Ases, ces dieux cléments, ont caché les soufflets rafraîchissants.

38. Svalin est le nom du bouclier placé devant le soleil, ce dieu resplendissant. Les montagnes et les mers brûleraient, je le sais, si Svalin tombait.

39. Skœll, tel est le nom du loup qui suit le soleil lumineux jusqu'à l'Océan dont les bras étreignent la terre. Un autre loup, appelé Hate, est fils de Hrotvitner ; il précède la lumineuse fiancée du ciel (1).

40. On forma la terre avec le corps d'Ymer, l'Océan avec son sang, les montagnes avec ses os, les forêts avec ses cheveux, et le ciel avec son crâne.

41. Mais avec les sourcils les dieux cléments créèrent Midgord pour protéger les hommes ; avec sa cervelle ils firent les pesants nuages.

42. Le premier qui saisira le feu avec la main sera

---

(1) Le soleil. Nous avons déjà fait remarquer que, chez les Scandinaves, cet astre est féminin. (Tr.)

sûr de la faveur d'Uller et de tous les dieux ; les demeures des Ases seront ouvertes quand les marmites en auront été enlevées.

43. Dans le commencement des temps, les fils d'Ivalde construisirent Skidbladner, le meilleur de tous les navires, et le donnèrent au fils lumineux de Njœrd.

44. Le frêne Yggdrasel est le meilleur de tous les arbres, Skidbladner le meilleur de tous les navires. Odin est le meilleur des Ases, Sleipner le meilleur des chevaux, Bœfrœst le meilleur des ponts, Brage le meilleur des poëtes, Habrok le meilleur des hiboux, et Garmer le meilleur des chiens.

45. J'ai maintenant révélé ma forme aux fils des hommes ; elle leur donnera le salut. Tous les Ases l'admettront au festin des buveurs d'Æger ; il lui donneront une place sur les siéges de ce dieu.

46. Je me nomme Grim, je me nomme Gôngrôder, Herjan et Hjalmberi, Thecker et Thride, Thuder et Uder, Helblinde et Har,

47. Sader, Svipall et Sangetal, Herteit et Hinkar, Bileyger, Bôleyger, Bœelverk, Fjœlner, Grimner et Glapsvider,

48. Sidhatter, Sidskegger, Sigfader, Hnikuder, Alfader et Atrider. Jamais, depuis que je voyage parmi les peuples, je n'ai été appelé du même nom.

49. Chez Gejrœd on m'appela Grimmer, et Jalk chez Asmund ; on m'appela Kjalar lorsque je m'attelai au traîneau, et Thror dans les assemblées publiques.

Parmi les dieux, on me nomme Ome, Jafnhar et Biflinde, Gœndler et Harbard.

50. Chez Sœckmimer, on m'appela Svidur et Svidrer, et je cachai mon nom au vieux géant, lorsque je devins le meurtrier de Njœdvitner, son fils magnifique.

51. Tu es ivre, Gejrœd, l'hydromel t'a trahi : tu as beaucoup perdu en perdant mon assistance, la faveur d'Odin et des Einhærjars.

52. Je t'ai enseigné bien des choses, tu les as presque toutes oubliées ; tes amis s'affaiblissent, et je vois le glaive de mon fils adoptif taché de sang.

53. La moisson de l'épée est mûre, Odin va faire un choix ; ta vie est écoulée ; les devins ne te sont pas favorables ; tu vois Odin, maintenant, approche si tu l'oses !

54. On me nomme Odin ; autrefois on me nommait Ygger, et auparavant Thunder, Vaker et Skilfinger, Vafuder et Hropta-Tyr, Gœth et Jalk, Ofner et Svafner, je porte ces noms parmi les dieux : ils proviennent tous de moi.

Le roi Gejrœd était assis ; il avait sur les genoux son glaive à moitié sorti du fourreau. Quand il sut que Grimmer était Odin, il se leva pour le tirer du feu ; le glaive s'échappa de ses mains, et la poignée tourna vers le plancher. Le roi fit un faux pas, tomba sur son glaive, qui le traversa ; cet accident causa sa mort. Alors Odin disparut, et Agnar fut pendant longtemps roi de ce pays.

V

LE POÈME DU NAIN ALLVIS

ALLVIS.

1. La mariée se hâte avec moi pour arriver en ma demeure et prendre place sur les larges siéges. Nous allons vite; mais à la maison notre repos ne sera point troublé.

THOR.

2. Quel est ce petit être? pourquoi ton nez est-il si pâle? aurais-tu été cette nuit parmi les morts? Tu me parais avoir la forme des Thussars, et ne point être fait pour cette fiancée.

ALLVIS.

3. Je me nomme Allvis, j'habite sous terre, ma

demeure est sous les pierres. Je suis venu faire une visite à Thor : parole donnée ne doit point être retirée.

THOR.

4. Elle le sera. Je dispose de la fiancée, puisque je suis son père. Je n'étais point au logis quand on t'a fait une promesse; pas un des dieux, excepté moi, ne pouvait te donner cette parole.

ALLVIS.

5. Quel est cet homme, qui prétend avoir seul le droit de disposer de la jeune fille aux joues brûlantes? On t'a sans doute offert de l'hydromel dans la coupe faite avec la défense des bœufs. D'où viennent les anneaux d'or suspendus autour de toi?

THOR.

6. Je me nomme Vingthor, et suis fils de Sidskœgg. J'ai voyagé au loin. Tu ne posséderas pas cette jeune fille contre ma volonté, tu n'auras pas cette épouse.

ALLVIS.

7. Je ne tarderai pas à obtenir ton consentement; il me mettra en possession de ce don précieux. Je ne voudrais pas être privé de la jeune fille éclatante de blancheur.

THOR.

8. Son amour ne te sera point refusé, hôte savant,

si tu peux répondre aux questions que je t'adresserai sur tous les mondes.

ALLVIS.

9. Puisque tu désires connaître la capacité d'un nain, mets-moi à l'épreuve, Vingthor. J'ai parcouru les neuf mondes, et sais bien des choses.

THOR.

10. Dis-moi, Allvis, car tu connais, je crois, tout ce qui concerne l'origine des races humaines, quel nom donne-t-on, dans chacun des mondes, à la terre déployée devant les fils des hommes?

ALLVIS.

11. On l'appelle terre parmi les hommes, et région chez les Ases; les Vanes la nomment chemin, et les géants la verdoyante; les Alfes l'appellent la féconde, et les dieux augustes gravier.

THOR.

12. Dis-moi, Allvis, car tu connais, je crois, tout ce qui concerne les races humaines, quel nom donne-t-on, dans chacun des mondes, au ciel que nous connaissons tous?

ALLVIS.

13. Les hommes l'appellent ciel, et les dieux abri;

c'est la demeure des vents chez les Vanes, le monde supérieur chez les géants, le beau juchoir chez les Alfes, et la salle de Regnig chez les Nains.

THOR.

14. Dis-moi, Allvis, etc., comment nomme-t-on la lune, que les hommes voient de chacun des mondes?

ALLVIS.

15. Elle porte le nom de lune parmi les hommes, et de globe parmi les dieux. Dans la demeure de Hel, on l'appelle une roue qui se hâte, la préférée chez les géants, la brillante chez les Nains, et le régulateur des années chez les Alfes.

THOR.

16. Dis-moi, Allvis, etc., quel nom donne-t-on au soleil, que les hommes voient de chacun des mondes?

ALLVIS.

17. Les hommes l'appellent soleil, et les dieux étoile. Les Nains l'appellent la compagne des jeux de Dvalinn, et les Alfes le globe brillant; chez les géants, c'est le tison éternel, et chez les Ases la lumière du monde.

THOR.

18. Dis-moi, Allvis, etc., quel nom donne-t-on,

dans chacun des mondes, aux nuages mêlés de grêle?

ALLVIS.

19. On les nommes nuées chez les hommes, espoir de pluie chez les Ases, nacelle des vents chez les Vanes, espoir de neige chez les géants, la force du vent chez les Alfes, et chez Hel le casque de l'invisible.

THOR.

20. Dis-moi, Allvis, etc., quel nom donne-t-on, dans chacun des mondes, au vent, qui cause de si grands ravages?

ALLVIS.

21. On l'appelle vent parmi les hommes, le vagabond parmi les dieux, le bruyant parmi les puissances augustes, le pleureur parmi les géants, le voyageur mugissant parmi les Alfes, et le siffleur dans l'habitation de Hel.

THOR.

22. Dis-moi, etc., quel nom donne-t-on, dans chacun des mondes, au calme qui nous repose?

ALLVIS.

23. Son nom, parmi les hommes, est le calme, parmi les dieux gîte, la fuite du vent chez les Vanes, la chaleur chez les géants, la dérive du jour chez les Alfes, et l'essence du jour chez les Nains.

THOR.

24. Dis-moi, Allvis, etc., quel nom donne-t-on, dans chacun des mondes, à la mer sur laquelle les hommes naviguent?

ALLVIS.

25. Les hommes l'appellent Océan, mais les Ases surface unie; c'est le flot chez les Vanes, la demeure des anguilles chez les géants, l'appui des eaux chez les Alfes, le gouffre de la mer chez les Nains.

THOR.

26. Dis-moi, Allvis, car tu connais, etc., quel nom donne-t-on, dans chacun des mondes, au feu qui brûle?

ALLVIS.

27. Chez les hommes on l'appelle feu, mais étincelle chez les Ases, onde chez les Vanes, avaleur chez les géants, le consumant chez les Nains, et le dévastateur dans l'habitation de Hel.

THOR.

28. Dis-moi, Allvis, etc., quel nom donne-t-on, dans chacun des mondes, aux arbres qui croissent sur la terre?

ALLVIS.

29. Arbre est le nom adopté par les hommes ; mais, chez les dieux, c'est la chevelure des champs. Chez Hel, on le nomme jonc des montagnes, le combustible chez les géants, les jolis bras parmi les Alfes, et gaule chez les Vanes.

THOR.

30. Dis-moi, Allvis, etc., quel nom donne-t-on, dans chacun des mondes, à la Nuit, la fille de Nœrve ?

ALLVIS.

31. Les hommes l'appellent nuit, et les dieux la bienveillante ; les saintes puissances lui donnent le nom de larve ; chez les géants, c'est le flambeau éteint, chez les Alfes le plaisir du sommeil, et chez les Nains la mère des songes.

THOR.

32. Dis-moi, Allvis, etc., quel nom donne-t-on, dans chacun des mondes, au blé semé par les fils des hommes ?

ALLVIS.

33. Les hommes l'appellent blé, et les dieux graminées. Les Vanes le nomment plante, les géants aliment, les Alfes drèche ; et dans la demeure de Hel, c'est la plante renversée.

THOR.

34. Dis-moi, Allvis, etc., quel nom donne-t-on, dans chacun des mondes, à la bière forte que boivent les hommes?

ALLVIS.

35. Les hommes l'appellent œl, et les dieux breuvage; c'est du moût chez les Vanes, une décoction limpide chez les géants, de l'hydromel dans l'habitation de Hel, et de la bière chez les fils de Suttung.

THOR.

36. Jamais je n'ai trouvé autant de dénominations antiques réunies dans la mémoire d'un homme. Nain, je t'annonce que tu as été trompé avec beaucoup d'artifice; tu es surpris par le jour, le soleil luit déjà dans la salle.

VI

LE POÈME DE HYMER

1. Les dieux se visitaient jadis; ils étaient contents et buvaient ensemble; ils secouaient les branches saintes, arrêtaient leurs regards sur le sang des sacrifices; mais les marmites manquèrent chez Æger.

2. Le montagnard était là, joyeux comme un enfant; il ressemblait beaucoup au fils de Myskblinde. Le descendant d'Odin le regarda avec fierté : « Tu prépareras souvent, pour les dieux, des réunions à boire. »

3. L'homme aux discours sinistres inspira des inquiétudes au géant, qui résolut bientôt de se venger.

Il pria Thor d'aller chercher une marmite, « afin que je puisse y brasser de l'œl pour vous tous. »

4. Les dieux magnifiques et les saintes puissances ne savaient où trouver une marmite. Tyr donna enfin un avis précieux, dont il confia l'exécution à Thor.

5. « Hymer, qui est cent fois savant, demeure à l'extrémité du ciel, à l'orient d'Elivôger, mon père puissant. Il possède une marmite, une vaste marmite qui a un mille de profondeur. » —

6. « Penses-tu que nous pourrons obtenir ce bouilleur de moût? — Oui, camarade, en employant la ruse. » — Ils partirent donc d'Asgôrd, et marchèrent tout le jour, jusqu'à leur arrivée chez le géant.

7. Thor mit ses boucs aux jolies cornes dans l'écurie, puis les voyageurs entrèrent dans la salle de Hymer. Ils y trouvèrent une femme bien laide; elle avait cent neuf têtes.

8. Une autre s'avança; elle était vêtue d'or, avait de beaux sourcils, et apportait de l'hydromel au fils d'Odin. « Descendants des géants, je vous placerai tous deux derrière les marmites.

9. « Car il arrive souvent que mon maître est avare envers les étrangers, et fait tapage par méchanceté. » — Mais le difforme et cruel Hymer revint tard de la chasse.

10. Il entra dans la salle, la montagne de glace retentit, et la forêt de joncs était couverte de frimas.

« Sois le bienvenu, Hymer, et réjouis-toi, ton fils vient d'arriver dans tes salles.

11. « Ce fils, que nous avons attendu, est de retour de son long voyage : notre célèbre ennemi l'accompagne; Vœr est le nom de cet ami des hommes.

12. « Les vois-tu assis près du pignon de la salle? Le pilier est devant eux; c'est ainsi qu'ils se mettent à l'abri. » — Le regard du géant fit sauter le pilier, et fendit une poutre en deux.

13. Huit éclats de cette poutre tombèrent, et formèrent une marmite bien forgée. Les voyageurs s'avancèrent; mais le vieux géant mesura son ennemi des yeux.

14. Il ne s'attendait à rien de bon en voyant la douleur des géantes (1) dans la salle. On tua trois taureaux, et le géant ordonna que leur cuisson fût prompte.

15. On diminua les taureaux de la tête, et ils furent ensuite portés sur le feu. Le mari de Sif mangea à lui seul deux des taureaux de Hymer avant de se coucher pour dormir.

16. Il parut au vieux parent de Hrungner que le souper de Hloride (2) avait été copieux; le soir suivant il dit : « Souperions-nous tous trois avec du poisson? »

17. Thor répondit qu'il était tout disposé à ramer sur la vague, si le vigoureux géant lui donnait un ap-

(1) Thor. — (2) Thor. (*Tr.*)

pât. « Va au troupeau, si tu l'oses, pour y chercher un appât, toi qui écrases les habitants de la montagne.

18. « Il te sera facile, je pense, de prendre un appât sur un bœuf. » Le jeune homme se glissa promptement dans la forêt, où un bœuf entièrement noir se présenta à lui.

19. Thor, le meurtrier des géants, arracha le support des cornes du taureau. « Tes exploits, capitaine de la carène, me paraissent bien médiocres ; autant vaudrait rester assis. »

20. Le prince des boucs pria le descendant des singes de pousser le bateau plus au large ; mais le géant répondit qu'il n'avait pas envie de ramer davantage.

21. Le puissant, le vigoureux Hymer, amena d'un coup deux baleines ; mais sur l'arrière, le parent d'Odin, Thor, fit avec adresse son aplet.

22. Le protecteur des hommes, le meurtrier du serpent, mit la tête du taureau à son hameçon ; l'horreur des dieux (1), qui entoure tous les continents, mordit à cet appât.

23. Thor tira hardiment le serpent brillant de venin sur le bord du navire ; il frappe avec son marteau le crâne du compagnon de Fenris.

24. Les rochers retentirent, les bruyères hurlèrent ; la vieille terre se contracta, puis le reptile s'enfonça

---

(1) Le serpent de Midgörd. (Tr.)

dans la mer. Le géant n'était pas content au retour, de sorte qu'il ne parla point.

25. Il lança la rame sous un autre rumb de vent. « Il faut maintenant m'aider à porter les baleines à terre, et à fixer le mouton flottant (1) sur le rivage. »

26. Hloride saisit l'étrave, tira le bateau à terre avec l'houache, les rames et les pelles à puiser; il porta au logis les baleines du géant, et les jeta dans la chaudière de l'habitant des montagnes.

27. Cependant l'obstiné géant disputait encore avec Thor sur ses exploits. « On n'est pas fort, disait-il, parce qu'on rame avec vigueur; tu le seras, si tu peux écraser cette coupe ! »

28. Mais, lorsque Hloride eut cette coupe entre les mains, il fendit en deux le rocher escarpé; puis, étant assis, il lança la coupe à travers le pilier; elle n'en fut pas moins rapportée entière à Hymer.

29. Il en fut de même jusqu'au moment où la douce amie leur donna ce bon conseil, le seul qu'elle eût à sa disposition : « Lancez la coupe contre le crâne de Hymer, ce grand géant; il est plus dur que toutes les coupes. »

30. Le prince des boucs se dressa avec vigueur sur ses genoux, et réunit toute sa force divine. Le porte-casque (2) du géant resta entier, mais la coupe ronde fut fendue.

---

(1) La barque. (Tr.)
(2) La tête. (Tr.)

31. « Lorsque je vois la coupe aplatie sur mes genoux, je sais que beaucoup de bonnes choses sont sorties de moi, dit le vieillard ; je ne pourrai plus m'écrier : Bière forte, tu es trop chaude !

32. « Maintenant, il s'agit de voir s'il vous sera possible d'emporter la marmite. » Tyr fit deux tentatives pour la remuer, mais elle resta chaque fois immobile.

33. Le père de Mode (1) saisit le bord de la marmite, et la tira au milieu de la salle ; puis le mari de Sif posa cette marmite sur sa tête ; les anneaux en résonnèrent contre ses talons.

34. Tyr et Thor ne marchèrent pas longtemps sans que le fils d'Odin songeât à regarder derrière lui ; il vit alors sortir des cavernes, à l'est, Hymer et une bande de géants à plusieurs têtes.

35. Il descendit la marmite de ses épaules, lança Mjœllner, et tua toutes les baleines des montagnes (2) qui étaient venues avec Hymer.

36. Le char roulait depuis peu, quand le bouc de Thor se coucha à demi-mort devant lui ; la pauvre bête devint boiteuse durant ce voyage : ce fut un effet de la malice de Loke.

37. Mais on sait (ceux qui parlent des dieux le raconteraient mieux que moi) l'indemnité réclamée par Thor de l'habitant des montagnes : il paya l'amende avec deux enfants.

(1) Thor. — (2) Les géants.   (Tr.)

38. Thor le Fort arriva ainsi dans l'assemblée des dieux, avec la marmite qui avait appartenu à Hymer ; mais, à chaque moisson, les dieux viendront s'enivrer une fois chez Æger.

VII

LE FESTIN D'ÆGER

Æger, appelé aussi Gymer, avait préparé l'hydromel destiné aux Ases dans la marmite apportée comme on vient de le dire. Odin se rendit à ce festin, ainsi que Frigg sa femme. Thor n'y vint pas, car il était en expédition dans l'Orient; mais sa femme Sif y fut, ainsi que Brage et Idun sa femme. Tyr s'y trouva également : il était manchot, le loup Fenris lui ayant arraché la main lorsqu'on l'enchaîna. Il y avait encore à ce festin Njœrd et Skade sa femme, Frey et Freya, Vidarr, fils d'Odin, Loke, Beygver et Beyla, les serviteurs de Frey, et une foule d'Ases et d'Alfes.

Æger avait deux serviteurs, Fimafeng et Elder. L'or

lumineux remplaçait la lueur du feu, et la bière forte remplissait d'elle-même les coupes. Ce lieu était sévèrement en défends. On loua beaucoup l'habilité des serviteurs d'Æger; Loke ne voulut pas en convenir, et tua Fimafeng. Alors les Ases secouèrent leurs boucliers, coururent sur Loke en criant et le chassèrent vers la forêt ; puis ils revinrent au festin. Loke retourna également sur ses pas ; il trouva Elder en dehors de la salle, et le salua.

LE CHANT DIFFAMATOIRE DE LOKE.

1. Dis-moi, Elder, avant de faire un pas, quels discours de buveurs les fils des dieux tiennent là-dedans.

ELDER *chanta.*

2. Les fils des dieux parlent de leurs armes, de la gloire des combats. Les Ases et les Alfes qui sont dans la salle ne te ménagent point en leurs discours.

LOKE *chanta.*

3. J'entrerai dans la salle pour voir la compagnie ; je porterai le bruit et le trouble parmi les Ases, et je mélangerai leur hydromel d'amertume.

ELDER *chanta.*

4. Si tu entres dans la salle d'Æger pour voir la

compagnie et proférer des injures contre les puissances propices, elles te les feront payer.

LOKE *chanta.*

5. Tu le penses, Elder? Dans le cas où nous nous chercherions querelle, je serai riche en mes réponses, si tu dis beaucoup de paroles.

(Loke entra dans la salle; quand tous ceux qui s'y trouvaient l'aperçurent, ils gardèrent le silence.)

LOKE *chanta.*

6. Lopter est altéré ; il vient de loin pour demander aux Ases une rasade du limpide hydromel.

7. Comment se fait-il, dieux, que vous vous taisez si tristement? Vous ne pouvez plus parler! Indiquez-moi un siège et une place au festin, ou chassez-moi.

BRAGE *chanta.*

8. Jamais les Ases ne te donneront un siége ni une place au festin ; ils savent quels sont les hôtes qu'on peut inviter à la fête joyeuse.

LOKE *chanta.*

9. Odin, te souviens-tu des temps anciens? Nous avons mêlé notre sang : tu juras alors de ne jamais boire une rasade s'il n'y en avait autant pour moi.

ODIN *chanta.*

10. Lève-toi Vidarr! Le père du loup aura une

place au festin, afin qu'il ne nous adresse point d'invectives dans la demeure d'Æger.

(Vidarr se leva, versa à boire à Loke, qui salua les Ases avant de porter la coupe à ses lèvres, et chanta.)

11. Vivent les Ases! vivent les Asesses et tous les dieux saints, en exceptant seulement Brage, qui est assis là-bas sur le banc!

BRAGE *chanta*.

12. Avec mes trésors je te donnerai, pour t'apaiser, un cheval, un glaive et un bracelet. N'irrite point les Ases contre toi, afin qu'ils ne te fassent point payer ta méchanceté.

LOKE *chanta*.

13. Tu seras éternellement privé d'un cheval et d'un bracelet, Brage : car, de tous les Ases et les Alfes qui sont ici, tu es le plus lâche dans le combat.

BRAGE *chanta*.

14. Si je n'étais pas dans la salle d'Æger en ce moment, je porterais maintenant ta tête sur ma main : c'est la récompense que je te souhaite pour ton mensonge.

LOKE *chanta*.

15. Tu es prudent dans la salle des festins; ce n'est pas ainsi que tu dois agir, Brage, l'ornement des bancs!

Abats ton ennemi tandis que tu es en colère ; le brave ne réfléchit pas.

IDUN *chanta*.

16. Je t'en prie, Brage, au nom des liens de famille, de nos enfants et de tous les Einhærjars, n'échange point d'invectives avec Loke dans la salle d'Æger.

LOKE *chanta*.

17. Tais-toi, Idun ! Il n'est point de femmes plus amoureuses des hommes que toi ; après avoir bien lavé tes bras, blancs comme la neige, tu les passas au cou du meurtrier de ton frère.

IDUN *chanta*.

18. Je n'adresserai pas de paroles injurieuses à Loke dans la salle d'Æger. Je cherche seulement à calmer Brage, échauffé par l'hydromel, afin que le dieu du combat ne soit pas irrité.

GEFJON *chanta*.

19. Comment deux Ases peuvent-ils se quereller ainsi, en employant des paroles si offensantes ? Loki oublie qu'abandonné par la magie, il encourt la peine de mort.

LOKE *chanta*.

20. Tais-toi, Gefjon ! sinon je raconterai ton amour

pour le jeune adolescent qui te donna un collier et reposa dans tes bras.

ODIN *chanta.*

21. Tu es un extravagant, Loke, d'exciter la colère de Gefjon, car elle connaît aussi bien que moi la destinée de tous les hommes.

LOKE *chanta.*

22. Tais-toi, Odin! jamais tu ne sus ordonner une bataille. Souvent tu as donné la victoire à ceux qui ne la méritaient pas, à des lâches.

ODIN *chanta.*

23. Tu ignores si j'ai donné la victoire à ceux qui ne la méritaient pas, à des lâches. Tu as passé huit hivers sous terre, occupé à traire des vaches comme une femme, et à mettre des enfants au monde ; c'est ce que je trouve avilissant pour un homme.

LOKE *chanta.*

24. On dit que tu as exercé la magie à Samsœ, que tu t'es occupé de maléfices comme une Vala (1). Sous la forme d'une sorcière tu as erré dans le pays ; c'est ce que je trouve avilissant pour un homme.

(1) Espèce de sorcière. (*Tr.*)

FRIGG *chanta.*

25. Ne racontez jamais vos aventures aux races humaines, ni ce que deux Ases ont fait dans les temps anciens. Oubliez tout ce qui est vieux.

LOKE *chanta.*

26. Tais-toi, Frigg, fille de Fjœrgyn ! tu as toujours été amoureuse des hommes. Quoique femme de Vidrer, tu as serré dans tes bras Vile et Ve.

FRIGG *chanta.*

27. Si j'avais dans la salle d'Æger un fils semblable à Balder, on ne te laisserait pas sortir, et tu succomberais au milieu de ta fureur.

LOKE *chanta.*

28. Frigg, tu as encore d'autres reproches à m'adresser. Si Balder ne chevauche plus vers ton château, c'est moi qui en suis cause.

FREYA *chanta.*

29. Tu es fou, Loke, de raconter tes méfaits. Frigg connaît toutes nos destinées, sans les annoncer elle-même.

LOKE *chanta.*

30. Tais-toi, Freya ! je te connais parfaitement, tu

n'es pas exempte de fautes : les Ases et les Alfes assis dans cette salle ont tous joui de tes faveurs.

FREYA *chanta.*

31. Ta langue est chargée de mensonges, elle occasionnera ta perte. Les Ases et les Asesses sont irrités contre toi ; le retour dans ta demeure sera triste.

LOKE *chanta.*

32. Tais-toi, Freya ! tu es une empoisonneuse, et tu pratiques la magie. Par tes enchantements, les puissances propices sont devenues défavorables à ton frère : ce que tu fis alors est infâme.

NJOERD *chanta.*

33. Il est à peu près égal que les femmes cherchent un amant ; mais ce qui a lieu de surprendre, c'est la présence dans ce lieu d'un Ase accusé de lâcheté et d'avoir porté des enfants.

LOKE *chanta.*

34. Tais-toi, Njœrd ! l'Orient t'a donné aux dieux comme otage ; les filles de Hymer ont fait de toi un vase ignoble.

NJOERD *chanta.*

35. Si j'ai été envoyé de loin en otage chez les dieux, j'ai la consolation d'avoir engendré un fils que

personne ne blâme. Il est au premier rang parmi les Ases.

LOKE *chanta.*

36. Arrête, Njœrd, et modère-toi ! Je ne cacherai pas plus longtemps que tu as engendré un fils semblable avec ta sœur ; on pouvait s'attendre à moins.

TYR *chanta.*

37. Frey est le premier des héros qui se trouvent dans les demeures des Ases. Il ne cause du chagrin ni aux jeunes filles ni aux femmes, et brise les chaînes de tout le monde.

LOKE *chanta.*

38. Tais-toi, Tyr ! jamais tu n'as su pacifier une querelle, et Fenris t'a arraché la main droite.

TYR *chanta.*

39. J'ai perdu une main, mais tu as perdu le loup ton fils ; nous avons éprouvé tous les deux une grande perte, et Fenris ne courra plus, puisqu'il attendra dans les liens le soir des dieux.

LOKE *chanta.*

40. Tais-toi, Tyr ! ta femme a porté un fils de moi, et jamais, misérable que tu es, on ne t'a donné ni argent ni composition pour cette injure.

FREY *chanta*.

41. Je vois le loup couché devant l'embouchure du torrent; il y restera jusqu'au moment où les puissances périront. Tais-toi maintenant, Loke, si tu ne veux être enchaîné sous peu.

LOKE *chanta*.

42. Tu as acheté avec de l'or ta femme, la fille de Gymer, et tu as perdu ton glaive. Lorsque les fils de Muspell arriveront à cheval par Mœrkved, tu n'auras point d'arme pour les combattre.

BEYGVER *chanta*.

43. Apprends, corneille de malheur, que, si je descendais d'une race aussi illustre que celle d'Ingun Frey, et si j'avais une habitation aussi splendide que la sienne, je te pulvériserais plus fin que le sable, et te briserais les membres l'un après l'autre.

LOKE *chanta*.

44. Quel est ce vermisseau qui se tord là-bas et bavarde avec tant d'extravagance? Il devrait être constamment suspendu aux oreilles de Frey, ou devrait hurler près des moulins.

BEYGVER *chanta*.

45. Je m'appelle Beygver; les hommes et les dieux

m'ont surnommé l'habile : c'est pourquoi je parle librement, tandis que tous les fils d'Odin vident ensemble les coupes d'hydromel.

LOKE *chanta.*

46. Tais-toi, Beygver! tu ne sauras jamais distribuer les vivres aux hommes de guerre ; à peine si l'on a pu le trouver dans la paille des lits, lorsqu'on s'est battu.

HEIMDALL *chanta.*

47. Tu es ivre, Loke ; c'est pourquoi tu parles comme un fou. Ne te lasseras-tu point de ces injures? L'ivresse empêche l'homme de savoir ce qu'il dit.

LOKE *chanta.*

48. Tais-toi, Heimdall! Dès le commencement du temps, tu as été destiné à avoir le dos mouillé, en servant éternellement de sentinelle aux dieux. Cette existence est misérable.

SKADE *chanta.*

49. Tu es en gaieté, Loke! mais tu ne t'amuseras pas longtemps, car les dieux t'enchaîneront sur les rochers pointus, avec les intestins froids comme la glace de l'un de tes fils.

LOKE *chanta.*

50. Si les dieux m'enchaînent sur les rochers

pointus, avec les intestins froids comme la glace de l'un de mes fils, je n'en ai pas moins été le premier et le plus courageux à frapper lorsque nous avons tué Thjasse.

SKADE chanta.

51. Si tu as été le premier et le plus courageux à frapper lorsque les dieux ont tué Thjasse, mes ongles et mes martinets ne te laisseront pas manquer de bons conseils.

LOKE chanta.

52. Tu avais des paroles plus douces pour le fils de Lœfœ(1), lorsque tu m'invitas à partager ton lit; c'est ce que tout le monde saura, si nous en venons à faire l'énumération exacte de nos défauts.

(Beyá s'avança, remplit un gobelet d'hydromel écumeux, le présenta à Loke et chanta.)

53. Vive Loke! Prends ce gobelet plein de vieux hydromel, afin que Skade reste seule sans reproche parmi les Asesses.

(Il regarda Sif, la femme de Thor. Loke prit le gobelet, le vida et chanta.)

54. Si tu étais timide et cruelle envers les hommes, tu serais unique; mais Thor a un rival que je connais; c'est le malin Loke.

(1) Loke. (Tr.)

BEYLA *chanta.*

55. Toutes les montagnes s'ébranlent, Hloride doit être en route ; il trouvera le moyen d'imposer silence à celui qui injurie les hommes et les dieux.

LOKE *chanta.*

56. Tais-toi, Beyla ! tu es femme de Beygve et versée dans les maléfices ; personne n'a plus de malignité que toi parmi les Ases : tu es entièrement souillée.

THOR *entra et chanta*

57. Tais-toi, hideux démon ! Mjœllner, l'agile marteau, imposera silence à ta langue ; il t'abattra la tête, et tu auras vécu.

LOKE *chanta.*

58. Te voilà, fils de la terre ! pourquoi crier ainsi, Thor ? Tu n'oseras point me frapper quand il s'agira de combattre le loup qui doit avaler Odin.

THOR *chanta.*

59. Tais-toi, hideux démon ! Mjœllner, l'agile marteau, imposera silence à ta langue. Je te ramasserai, te lancerai à l'Est, et personne ne te reverra.

LOKE *chanta.*

60. Ne parle jamais aux mortels de tes expéditions

à l'Est; lorsque tu te cachas dans le pouce du gantelet, tu ne croyais plus être Thor.

THOR *chanta.*

61. Tais-toi, hideux démon! Mjœllner, l'agile marteau, imposera silence à ta langue. Ma main droite te frappera avec le meurtrier de Hrungner, et tous tes os seront brisés.

LOKE *chanta.*

62. Malgré tes menaces, j'espère vivre longues années. Tu croyais que la corde de Skrymer était très forte, tu ne trouvas point de nourriture, et tu fus obligé d'endurer la faim.

THOR *chanta.*

63. Tais-toi, hideux démon! Mjœllner, l'agile marteau, imposera silence à ta langue. Le meurtrier de Hrungner t'enverra chez Hel, aux portes de la mort.

LOKE *chanta.*

64. J'ai chanté devant les Ases et devant leurs fils tout ce qui m'est venu à l'esprit; toi seul me fais sortir, car tu peux, je le sais, m'assommer.

65. Tu as brassé de la bière forte, Æger, mais tu ne donneras plus de festins; le feu dévorera tout ce qui est ici, il te brûle le dos.

Après cela, Loke se cacha dans la chute d'eau de Franônger, sous la forme d'un saumon, et c'est là que les Ases le prirent. Il fut attaché avec les intestins de son fils Nare, et Narve, son second fils, fut changé en loup. Skade prit un serpent venimeux et l'attacha au-dessus de la figure de Loke, les gouttes de venin tombèrent sur son visage. Sigyn, la femme de Loke, est assise près de lui, et tient un vase dans lequel elle reçoit le venin du serpent; mais, lorsqu'il est plein, elle le vide. Les gouttes de venin qui tombent dans cet intervalle sur Loke le font frémir avec tant de violence que tout le globe en est ébranlé: c'est ce qu'on appelle maintenant un tremblement de terre.

VIII

LA RECHERCHE DU MARTEAU

---

1. Vingthor se mit en colère, lorsqu'en se réveillant il ne trouva plus son marteau à côté de lui ; sa barbe trembla, sa tête se troubla, et le fils de la Terre tâtonna autour de lui.

2. Et voici ce qu'il chanta d'abord : « Loke, écoute ! je vais te conter une chose que personne ne sait, ni sur la terre ni dans le ciel élevé : le marteau du dieu est dérobé. »

3. Ils se rendirent dans la jolie demeure de Freya, et ces paroles furent les premières que Thor chanta : « Freya, prête-moi ta forme emplumée pour retrouver mon marteau. »

FREYA *chanta*.

4. Je te la prêterais quand elle serait d'or ; je te la prêterais, fût-elle d'argent.

5. Loke s'envola donc, et la forme emplumée siffla dans les airs jusqu'à ce qu'elle fût sortie de l'enceinte d'Asgôrd et arrivée dans le pays des géants.

6. Thrymer, le prince des géants, était assis sur la colline ; il attachait ses chiens gris avec des chaînes d'or, et, avec des ciseaux, il égalisait la crinière de ses chevaux.

THRYMER *chanta*.

7. Comment vont les Ases ? comment vont les Alfes ? Pourquoi viens-tu seul à Jœtenhem ?

LOKE *chanta*.

8. Les choses vont mal pour les Ases, les choses vont mal pour les Alfes. Tu as caché le marteau de Hloride.

THRYMER *chanta*.

9. J'ai caché le marteau de Hloride à huit haltes de profondeur dans la terre : pas un homme ne pourra l'en retirer, s'il ne m'amène Fréya pour épouse.

10. Loke s'envola donc, et la forme emplumée siffla dans les airs, jusqu'à ce qu'elle fût sortie du pays des géants et arrivée dans Asgôrd.

11. Thor le rencontra dans la cour, et lui adressa de suite ces paroles :

12. « As-tu réussi à remplir ton importante commission ? Raconte-moi les nouvelles de l'air. Celui qui reste assis s'égare souvent dans les traditions, et celui qui est couché raconte des fables. »

LOKE *chanta.*

13. J'ai réussi dans mon importante commission. Thrymer, le prince des Thursars, a ton marteau ; pas un homme ne pourra le reprendre, s'il ne lui amène Freya pour épouse.

14. Ils allèrent rendre visite à Freya la Jolie, et Loke chanta ces paroles : « Freya ! couvre-toi du lin des fiancées (1), et nous irons ensemble à Jœtenhem. »

15. Freya se mit en colère, sa respiration en fut accélérée ; tout le palais des Ases trembla, et le collier Brising bondit sur le sein de l'Asesse. « On me croirait folle d'hommes, si j'allais avec toi à Jœtenhem. »

16. Tous les Ases et toutes les Asesses se rendirent à l'assemblée, et délibérèrent sur le moyen de rentrer en possession du marteau de Hloride.

17. Alors Heimdall, le plus blanc des Ases (il était habile comme les Vanes), chanta : « Couvrons Thor du lin des fiancées et de Brising le grand collier.

18. « Que les clefs résonnent à son côté, que des vêtements de femme tombent autour de ses genoux ;

(1) Le voile. (Tr.)

parons sa poitrine de pierres précieuses et son bonnet de dentelles. »

19. Mais Thor, ce dieu sévère, chanta : « Les Ases pourraient me traiter de fou si je me couvrais du lin des fiancées. »

20. Loke, fils de Lœfœ, chanta : « Ne parle pas ainsi, Thor ; les géants bâtiront bientôt dans Asgord si tu ne vas point quérir ton marteau. »

21. On couvrit donc Thor du lin des fiancées et de Brising le grand collier ; des clefs résonnèrent à son côté, des vêtements de femme tombèrent autour de ses genoux, sa poitrine fut ornée de pierres précieuses et son bonnet de dentelles.

22. Loke, le fils de Lœfœ, dit : « Je serai ta suivante, et nous irons tous deux à Jœtenhem. »

23. Aussitôt on ramena les boucs de l'herbage, ils furent attelés et se hâtèrent ; ils fendaient les montagnes et embrasaient la terre. C'est ainsi que Thor se rendit à Jœtenhem.

24. Alors Thrymer, le prince des Thursars, chanta : « Levez-vous, géants, et parez vos bancs, amenez-moi pour fiancée Fréya, la fille de Njœrd de Noatum. »

25. Dans la cour se promenaient les troupeaux à cornes d'or ; les bœufs noirs, la joie du géant : « J'ai de l'or, j'ai des perles, Freya seule me manquait. »

26. Les voyageurs arrivèrent le soir de bonne heure, et la bière forte des géants fut apportée devant eux. L'époux de Sif mangea à lui seul un bœuf, huit sau-

mons et tous les plats fins qui conviennent aux femmes. Il but trois tonnes d'hydromel.

27. Alors Thrymer, le prince des Thursars, chanta : « Où vit-on jamais une fiancée aussi gloutonne et avalant d'aussi grandes bouchées? Je n'ai pas encore vu de femme buvant de la sorte. »

28. L'adroite suivante était là, et trouvait réponse aux paroles du géant : « Freya n'a rien pris depuis huit nuits, tant elle était impatiente d'arriver à Jœtenhem. »

29. Thrymer se baissa sous le lin pour embrasser l'Asesse ; mais il bondit en arrière jusqu'au fond de la salle. « Comment se fait-il que les yeux de Freya soient aussi pénétrants? On dirait qu'ils lancent du feu. »

30. L'adroite suivante était là, et trouvait réponse aux paroles du géant. « Freya n'a point dormi durant huit nuits, tant elle était impatiente d'arriver à Jœtenhem. »

31. La laide sœur du géant entra et osa demander un cadeau : « Donne-moi les rouges anneaux que tu portes à tes doigts, si tu veux acquérir mon amour... mon amour et toute la bienveillance de mon cœur. »

32. Alors Thrymer, le prince des Thursars, chanta : « Apportez le marteau, pour l'offrir à ma fiancée ; posez-le sur les genoux de Freya, et mariez-nous avec la main de Vœr. »

33. Le cœur de Hloride rit dans son sein lorsqu'il sentit sur ses genoux le dur marteau : il tua d'abord

Thrymer, le prince des Thursars, et assomma toute la race de ce géant.

34. Il tua aussi la vieille sœur du géant qui avait demandé une dot. Elle reçut un coup de poing pour l'argent qu'on lui avait donné, et un coup de marteau pour les anneaux. C'est ainsi que le fils d'Odin rentra en possession de son marteau.

LE POÈME DE HARBARD

(Thor, revenant un jour de l'Orient, arriva au bord d'un détroit; sur l'autre rive était un batelier avec son bateau.)

THOR *appelle.*

1. Quel est l'adolescent des adolescents que je vois sur l'autre bord?

On répondit :

2. Quel est cet homme qui parle au delà des vagues?

THOR *chante.*

3. Fais-moi traverser le détroit, et je te nourrirai demain ; je porte sur mon dos un panier rempli de vivres, il n'y en a pas de meilleurs au monde. Avant

de quitter ma demeure, où je me suis reposé, j'ai mangé du hareng et du pain d'avoine, et suis encore rassasié.

HARBARD *chante*.

4. Tu te hâtes trop de vanter tes vivres. Ta vue est courte et ta demeure triste ; il se pourrait que ta mère ṅt morte.

THOR.

5. En me disant que ma mère pourrait être morte, tu m'annonces la plus affligeante nouvelle qu'un homme puisse apprendre.

HARBARD.

6. A voir ton extérieur, on ne te croirait pas possesseur de trois domaines, car tu es là pieds nus comme un voyageur, et tu n'as pas même de culottes.

THOR.

7. Dirige ta barque de ce côté, et je te montrerai l'endroit où il faut aborder ; mais, dis-moi, à qui appartient la barque ?

HARBATD.

8. Hildolf est le nom de l'homme habile qui m'a chargé de la conduire ; il demeure à Rôdseyarsund. On ne m'a pas dit de transporter au delà du détroit

des voleurs de chevaux et des vagabonds, mais seulement d'honnêtes gens qui me seraient bien connus. Dis-moi ton nom si tu veux traverser ce détroit

THOR.

9. Je pourrais te le dire et énumérer les noms de toute ma race, si j'y étais condamné. Je suis le fils d'Odin, le frère de Mejles, le père de Magne, le général des dieux; c'est à Thor que tu parles. Maintenant je vais te questionner : Comment te nommes-tu ?

HARBARD.

10. Mon nom est Harbard; je le cache rarement.

THOR.

11. Pourquoi celer ton nom, si tu n'as point de procès?

HARBARD.

12. Sans procès, je pourrais avoir ma vie à conserver avec un homme tel que toi, à moins de passer pour un lâche.

THOR.

13. Je trouve mortifiant de traverser le détroit à gué, et de mouiller mes fardeaux pour aller vers toi. Mais, si je me transportais à l'autre bord, tu recevrais la récompense de tes paroles injurieuses.

HARBARD.

14. J'attendrai ici ton arrivée ; mais, depuis la mort de Hrugner, tu n'as pas trouvé d'homme plus intrépide que moi.

THOR.

15. Tu fais allusion à mon combat avec Hrugner, géant au cœur élevé, et qui avait une tête de pierre. Cependant il a été facilement vaincu ; je l'ai fait évanouir devant moi. Qu'as-tu fait, Harbard, dans cet intervalle ?

HARBARD.

16. J'ai passé cinq hivers entiers chez Fjœlvar, dans l'île toujours verte. On s'y livrait à des jeux guerriers, nous faisions des élections, nous tentions les aventures, et l'amour était de la partie.

THOR.

17. Comment se conduisaient les femmes avec vous ?

HARBARD.

18. Nous avions des femmes vigoureuses, elles nous étaient favorables ; nous avions de jolies femmes, elles étaient bienveillantes pour nous, filaient des liens avec du sable, et bêchaient le terrain des profondes vallées. J'étais le seul dont la ruse égalait la

leur; j'ai joui de la faveur de ces sœurs, et dormi avec toutes les sept. Qu'as-tu fait, Thor, dans cet intervalle?

THOR.

19. J'ai tué Thjasse, le courageux géant, et j'ai lancé au ciel les yeux de ce descendant d'Allvold. Tous les hommes peuvent voir maintenant ces témoins de mon exploit. Qu'as-tu fait, Harbard, dans cet intervalle?

HARBARD.

20. Je me suis livré à beaucoup d'aventures avec les femmes des démons, que j'ai détournées de leurs maris. Hlebard était un rude géant; il me donna sa baguette magique, elle me servit à lui ôter le sentiment.

THOR.

21. Tu l'as mal récompensé de son précieux cadeau.

HARBARD.

22. Il faut en accuser le chêne dont la baguette a été tirée; en pareil cas, chacun pour soi. Qu'as-tu fait, Thor, dans cet intervalle?

THOR.

23. Je suis allé en Orient, où j'ai battu les géantes habiles dans le mal, lorsqu'elles se dirigeaient vers

les montagnes; cette race serait nombreuse, et, si on laissait vivre tous ses enfants, il n'y aurait plus un homme dans l'enceinte de Midgôrd. Qu'as-tu fait, Harbard, pendant cet intervalle?

HARBARD.

24. Je me suis rendu dans le Valland, où j'ai suivi la guerre; j'irritais les princes sans jamais les réconcilier. Odin eut les Jarls, qui succombèrent sur le champ de bataille; Thor n'a eu pour sa part que les esclaves.

THOR.

25. Les hommes seraient inégalement partagés entre les Ases, si ta puissance répondait à ta volonté.

HARBARD.

26. Thor a beaucoup de force, mais point de cœur; la crainte et la timidité l'enfouirent dans le gantelet, où il eut tellement peur, qu'il n'osa ni éternuer ni renifler, afin de ne point réveiller Fjalar.

THOR.

27. Harbard! poltron! je te tuerais, si je pouvais atteindre l'autre bord du détroit.

HARBARD.

28. Comment le pourrais-tu, puisque tout te manque pour cela? Que fis-tu ensuite, Thor?

THOR.

29. J'allais en Orient, où je défendis la rivière, lorsque les fils de Svaranger m'assaillirent; ils me lancèrent des pierres, mais ils furent peu favorisés par la victoire, et demandèrent la paix avant moi. Qu'as-tu fait, Harbard, dans cet intervalle?

HARBARD.

30. Je fus en Orient, où je causai avec une vierge, je badinai avec le lin blanc, j'eus de longs entretiens avec la jeune fille resplendissante d'or, je l'amusai, et ma gaieté lui plut.

THOR.

31. Il y avait donc là de bonnes femmes?

HARBARD.

32. Ton assistance m'aurait été nécessaire, Thor, pour conserver la jeune fille blanche comme le lin.

THOR.

33. Je t'aurais prêté mon secours si j'eusse été là.

HARBARD.

34. Je te croirais, si tu n'avais déjà failli à tes promesses.

THOR.

35. Cependant, je ne mords pas le talon comme les vieux souliers un jour de printemps.

HARBARD.

36. Qu'as-tu fait, Thor, dans cet intervalle?

THOR.

37. J'ai tué à Hlessœ les fiancées des géants, qui avaient fait le plus de mal et trompé le monde entier.

HARBARD.

38. Tu t'es conduit avec infamie, Thor, en tuant des femmes.

THOR.

39. C'étaient des louves plutôt que des femmes. Elles dérangèrent mon vaisseau, qui était sur des pieux; elles m'attaquèrent avec des verges de fer et chassèrent Thjalfe. Qu'as-tu fait, Harbard, dans cet intervalle?

HARBARD.

40. Je suivais l'armée, et l'on m'a envoyé ici avec les bannières pour ensanglanter les lances.

THOR.

41. Tu veux raconter maintenant comment tu es venu vers nous offrir de dures conditions.

HARBARD.

42. Je te payerai ce propos avec un bracelet mis à l'épreuve par les arhat , qui devaient nous réconcilier.

THOR.

43. Où as-tu appris ces paroles injurieuses? jamais je n'en ai entendu d'aussi mordantes.

HARBARD.

44. Je les tiens de ces hommes, de ces hommes vieux qui habitent dans les ténèbres de la terre.

THOR.

45. Tu donnes un nom convenable aux monuments tumulaires, en les appelant les ténèbres de la terre.

HARBARD.

46. C'est ainsi que j'en parle.

THOR.

47. Ta subtilité te portera malheur, si je me décide à traverser les vagues; tu hurleras plus fort que le loup, si tu reçois un coup de marteau.

HARBARD.

48. Sif a un amant chez elle, tu dois avoir le désir

de le rencontrer; cet exploit serait plus nécessaire que ma mort.

THOR.

49. Homme sans cœur, tu exprimes tout ce qui te vient à l'idée; pour me faire craindre le pire, tu as dit un mensonge.

HARBARD.

50. Non, c'est la vérité, tu rentreras tard de ton voyage, et tu aurais franchi un bout de chemin assez long, si tu avais une autre forme.

THOR.

51. Harbard! lâche! tu ne m'as que trop retenu ici.

HARBARD.

52. Jamais il ne me serait venu à la pensée qu'un berger pourrait retarder le voyage d'Asa-Thor.

THOR.

53. Je te conseille maintenant de ramer de ce côté : cessons les menaces, dirige ta barque vers le père de Magne.

HARBARD.

54. Éloigne-toi, je te refuse la traversée.

THOR.

55. Indique-moi le chemin, puisque tu ne veux pas me transporter sur l'autre bord.

HARBARD.

56. Ce serait te refuser peu de chose. Tu n'as pas loin à aller; il te faut un instant pour arriver au poteau, un autre pour atteindre la pierre; suis après cela la route de gauche jusqu'au Verland. Fjœrgyn rencontrera là son fils Thor, et lui enseignera les voies de ses ancêtres, pour arriver au pays d'Odin.

THOR.

57. Y serai-je aujourd'hui?

HARBARD.

58. Oui; tu arriveras avec tristesse et fatigue avant le coucher du soleil : c'est ce que j'ai fait.

THOR.

59. Finissons maintenant notre entretien, puisque tu ne me réponds qu'avec détour. Si nous nous retrouvons une autre fois, je te récompenserai de la traversée que tu m'as refusée aujourd'hui.

HABBARD.

60. Rends-toi vers les lieux où toutes les puissances tristes vont s'emparer de toi.

X

LE VOYAGE DE SKIRNER

Frey, fils de Njœrd, s'était assis dans Hlidskjalf, et promenait ses regards sur le monde; il les abaissa sur Jœtenhem, et y vit une jeune et jolie fille qui allait de la maison de son père dans celle des femmes. Il en eut une grand maladie d'esprit. Le serviteur de Frey se nommait Skirner; Njœrd le pria de questionner Frey, et Skade chanta.

1. Lève-toi, Skirner, va trouver notre fils, et demande-lui ce qui a pu irriter notre sage rejeton.

SKIRNER *chanta*.

2. J'attends une fâcheuse réponse de votre fils, si je lui demande ce qui a pu irriter ce sage rejeton.

SKIRNER à *Frey.*

3. Frey, général de l'armée des dieux, réponds à la question que je vais t'adresser. Pourquoi mon prince reste-t-il assis solitairement tout le long du jour dans sa salle ?

FREY.

4. Comment te peindrais-je l'immense douleur de mon âme? Le soleil luit tous les jours, mais non pas pour me réjouir.

SKIRNER *chanta.*

5. Le trouble de ton esprit n'est pas si grand qu'il ne soit inexprimable; nous avons grandi ensemble, nous pouvons nous croire l'un l'autre.

FREY *chanta.*

6. J'ai vu passer dans l'habitation de Gymer la jeune fille que je désire. Ses bras étaient lumineux, et répandaient une vive clarté sur tout ce qui les environnait, sur la mer et dans l'air.

7. Je désire cette jeune fille avec plus d'ardeur qu'un homme dans ses jeunes années ne pourrait en avoir. Les Asés et les Alfes s'opposeront à ce que nous vivions ensemble.

SKIRNER *chanta.*

8. Donne-moi un cheval qui puisse me porter à tra-

vers les brouillards et le feu prodigieux ; donne-moi le glaive qui frappe de lui-même les races de géants.

FREY *chanta*.

9. Je te donne le cheval qui te portera à travers les brouillards et le feu prodigieux ; je te donne le glaive qui frappe de lui-même, quand celui qui le porte est puissant.

SKIRNER *parlant au cheval*.

10. Il fait sombre dehors, c'est un temps propice pour notre voyage ; hâte-toi de franchir les montagnes couvertes de rosée ; nous reviendrons ensemble, ou bien l'énorme géant nous aura pris tous les deux.

(Skirner chevaucha dans Jœtenhem vers la demeure de Gymer ; des chiens méchants étaient attachés à la porte de la palissade qui environnait la salle de Gerd. Skirner se dirigea vers un berger assis sur la colline, le salua et chanta.)

11. Dis-moi, berger assis sur une colline, et qui gardes toutes avenues, comment il faut s'y prendre pour parler à la jeune fille malgré les chiens de Gymer ?

LE BERGER *chanta*.

12. L'un ou l'autre, tu es près de la mort où déjà mort. . . . . Jamais tu ne parleras à la bonne fille de Gymer.

SKIRNER *chanta*.

13. Pour celui qui a envie de voyager, il y a mieux

à faire que de sangloter; le nombre des jours de ma vie a été fixé.

GERD *chanta*.

14. Quels sons, quels accents ai-je entendus retentir dans notre demeure? la terre tremble, et les maisons de Gymer en sont ébranlées.

LA SUIVANTE *répondit*.

15. Un homme est descendu de cheval en dehors de la palissade, il laisse paître cet animal dans l'herbe.

GERD *chanta*.

16. Invitez-le à entrer dans la salle et à boire le limpide hydromel; mais, je le crains, c'est le meurtrier de mon frère.

17. Es-tu un Alfe, un Ase ou un Vane savant? Comment as-tu traversé seul le feu prodigieux pour voir nos salles?

SKIRNER *chanta*.

18. Je ne suis ni un Alfe, ni un Ase, ni un Vane savant; cependant j'ai traversé seul le feu prodigieux pour voir vos salles.

19. Voici onze pommes d'or; je te les donne, Gerd, pour acheter la paix, et t'engager à dire que tu aimes Frey par-dessus tout.

GERD *chanta*.

20. Je ne prendrai jamais onze pommes d'or pour

aimer un homme, et de ma vie nous n'habiterons ensemble, Frey et moi.

SKIRNER *chanta.*

21. Je donnerai l'anneau qui fut brûlé avec le jeune fils d'Odin; toutes les neuvièmes nuits il en tombe huit anneaux pareils.

GERD *chanta.*

22. Je ne prends pas cet anneau, quoiqu'il ait été brûlé avec le jeune fils d'Odin. Je ne manque pas d'or dans les demeures de Gymer; je jouis de la fortune de mon père.

SKIRNER *chanta.*

23. Jeune vierge, vois-tu ce glaive, mince et brillant, que je tiens à la main? Je puis t'enlever la tête, si tu refuses ton consentement.

GERD *chanta.*

24. La violence ne me fera jamais aimer un homme; mais j'ai le pressentiment que si tu rencontres Gymer-le-Belliqueux, vous aurez envie de vous battre.

SKIRNER *chanta.*

25. Jeune vierge, vois-tu ce glaive, mince et brillant, que je tiens à la main? Le vieux géant s'évanouira devant lui, et ton père deviendra un lâche.

26. Avec la gaulette, jeune fille, je t'apprivoiserai à mon gré : tu seras obligée d'aller dans un lieu d'où les fils des hommes ne te verront jamais revenir.

27. Tu seras assise de bonne heure sur la motte de gazon de l'aigle, en tournant le dos à la terre et regardant Hel ; ta nourriture te paraîtra plus affreuse que le serpent brillant de venin n'est repoussant pour les hommes.

28. Quand tu sortiras, tu deviendras un monstre ; Hrymner fixera ses yeux sur toi ; tu deviendras plus célèbre que le gardien des dieux, et tu aspireras à sortir de ta prison.

29. La solitude et l'horreur, la contrainte et l'impatience augmenteront tes larmes avec douleur ! Assieds-toi, que je répande sur toi un fleuve d'affliction et d'horribles tourments.

30. La terreur te défigurera dans les demeures des géants ; tu chancelleras, tu seras oubliée dans tous les partages ; tu erreras vers les salles des Hrimthursars, sans prendre part à la joie.

31. Les pleurs seront la récompense de ta gaieté ; tu porteras la douleur avec larmes ; tu traîneras éternellement ton existence avec un géant à trois têtes, ou bien tu n'auras point de mari.

32. Du matin au matin, ton âme sera la proie de l'angoisse ; tu ressembleras au chardon qui dépérit après la tardive moisson.

33. Je suis allé dans le désert, dans la jeune forêt,

pour chercher une baguette magique, et je l'ai trouvée.

34. Odin est en colère contre toi, le général des Ases te hait, et Frey te détestera encore plus promptement, méchante fille, que tu ne ressentiras la juste colère des dieux.

35. Écoutez, géants, écoutez Hrimthursars fils de Suttung, écoutez, Ases, la malédiction que je prononce sur cette fille, en la condamnant à être privée de toutes les joies de la vie.

36. Hrimgrimer est le nom du géant qui la possédera en dessous des portes de la mort ; là des esclaves te présenteront du pissat de chèvre ramassé dans les racines des arbres.

37. Jamais, jeune fille, tu n'auras, de mon gré, un meilleur breuvage.

38. Je te jetterai trois sorts : langueur, feu dévorant et impatience. Je puis les retirer s'il en était besoin.

GERD *chanta.*

39. Sois le bienvenu, prends la coupe écumante remplie de vieux hydromel. Jamais je n'aurais supposé que je serais obligée d'aimer un descendant des Vanes.

SKIRNER *chanta.*

40. Il faut que ma commission soit remplie entièrement avant mon départ d'ici. Quand accorderas-tu un entretien au fils de Njœrd ?

GERD *chanta.*

41. Barre est le nom du bosquet de Lungfærd, que nous connaissons tous deux. C'est là qu'après neuf nuits Gerd donnera de la joie au fils de Njœrd.

Skirner retourna au logis. Frey était à la porte ; il le salua, et lui demanda des nouvelles.

42. Dis-moi, Skirner, avant d'ôter la selle de ton cheval et de faire un pas en avant, ce que tu as fait à Jœtenhem pour ma satisfaction et la tienne.

SKIRNER *chanta.*

43. Barre est le nom du bosquet de Lungfærd, que nous connaissons tous deux. C'est là qu'après neuf nuits Gerd donnera de la joie au fils de Njœrd.

FREY *chanta.*

44. Une nuit est longue, deux le sont davantage ; comment en passer trois ? Un mois m'a souvent paru plus court que la moitié d'une nuit d'attente.

XI

LE POÈME DU CORBEAU D'ODIN

CHANT D'INTRODUCTION

---

1. Le Père de tous est puissant, les Alfes ont du discernement, les Vanes sont savants, les Nornes indiquent sur leurs boucliers la marche du temps, les géantes enfantent, les hommes souffrent, les Thursars soupirent, les Valkyries aspirent après les batailles.

2. Les Ases ont de tristes pressentiments ; des démons artificieux les troublent par des runes magiques. Urd est chargée de la garde d'Odreyer, et de le défendre énergiquement contre la plus grande multitude.

3. C'est pourquoi Hugen hâte ses recherches dans le ciel ; les dieux appréhendent des chagrins s'il tarde

longtemps. Thrain rêve des malheurs, et Dains redoute des infortunes encore cachées.

4. Les forces des nains deviennent languissantes, les mondes s'affaissent sur les enfants de Ginung. Souvent Allsvider répand sur eux la rosée d'en haut, et reprend ce qui est tombé.

5. Jamais la terre ou le soleil ne s'arrêtent; la ruse ne peut entraver le courant de l'air. La sagesse des hommes est cachée dans le puits limpide de Mimer. Me comprenez-vous?

6. Descendue du frêne Yggdrasel, la déesse séjourne avec curiosité dans les vallées. Ces vallées donnent le nom d'Idun à la plus jeune des enfants d'Ivald de la race des Alfes.

7. La déesse s'affligeait de ne plus résider dans le frêne; elle s'affligeait encore davantage de se trouver parmi les descendants de Nœrve, habituée qu'elle était à de plus belles demeures.

8. Les héros, ayant vu que Nanna éprouvait du chagrin dans les cours de la terre, lui donnèrent une forme de loup; elle s'en laissa revêtir, changea d'humeur, de couleur, et badina avec ruse.

9. Vidrer (1) chargea la sentinelle de Bœfrœst de demander à la fille de l'or ce qu'elle savait sur tous les mondes. Brage et Lopter servirent de témoins.

10. Ils montèrent sur des loups dans la cour de Hejmer, et chantèrent l'évocation. Odin l'écouta de

---

(1) Odin. (Tr.)

Hlidskjalf, et invita les hommes à s'éloigner du chemin.

11. Le sage demanda à Idun, qui verse l'hydromel aux descendants des dieux et à leur compagnie, si elle connaissait l'origine, l'âge et la fin du ciel, de la terre et de l'abîme.

12. Elle ne parla point, ne put répondre une parole à ceux qui l'écoutaient, ni articuler un son. Les larmes tombèrent des boucliers de sa tête (1) et mouillèrent ses joues.

13. Comme Elivôger qui vient de l'Orient, elle arrive avec force cette baguette du géant qui frappe à minuit tous les peuples du magnifique Midgôrd.

14. Alors les bruits cessent, les mains tombent, le dieu blanc s'assoupit, l'enivrement du sommeil interrompt la joie des géantes, les méditations de l'esprit et la haine vigilante.

15. Les dieux crurent que la jeune fille était endormie, lorsque, oppressée par la douleur, elle ne put leur répondre; ils craignirent un refus; mais sa réponse les satisfit encore moins.

16. Le général des dieux partit pour interroger le gardien de la trompe de Gjallar, dans les salles du Père des armées. Il emmena avec lui le fils de Nala (2); le poëte de Grimer (3) resta pour garder la place.

17. Les hommes de Vidarr arrivèrent à Vingolf; ils avaient été conduits par les enfants de Fornjot (4), entrèrent et saluèrent les Ases assis au banquet joyeux.

---

(1) Les yeux. — (2) Loke. — (3) Brage. — (4) Le vent et l'eau. (Tr.)

18. Ils souhaitèrent à Odin d'être le plus heureux des Ases, et de régner du haut de son trône ; ils souhaitèrent à ses conseillers divins, assis au banquet, de jouir avec le Père de tous d'une joie éternelle.

19. Sur un ordre d'Odin, toute la compagnie céleste s'assit sur les bancs, et l'on mangea Sæhrimner. Skœgul puisait avec convenance dans la cuve de Hnikar (1), et versait l'hydromel dans les coupes de la mémoire.

20. A table, les dieux adressèrent beaucoup de questions à Heimdall, et les Asesses à Loke, afin de savoir si la jeune fille avait fait des prédictions ou proféré de sages sentences. Ainsi se passa le temps jusqu'à l'arrivée des ténèbres.

21. Les messagers dirent qu'ils n'avaient point réussi dans leur commission, et qu'il serait sans doute difficile de trouver un moyen pour obtenir une réponse de la jeune fille.

22. Ome prit la parole, et tous l'écoutèrent : « Prenons cette nuit pour nous livrer à de nouvelles méditations, afin de pouvoir donner demain matin un avis aux Ases cléments. »

23. La mère de la terre (2) courut dans le sentier de Rinda à travers des contrées appartenant au père des loups (3). Odin et Frigg se retirèrent du festin, et saluèrent les dieux, quand Hrimfaxe partit.

---

(1) Odin. — (2) La nuit. — (3) Les montagnes.

24. Le parent de Delling (1) fit avancer son cheval couvert de pierres précieuses, et dont la crinière éclaira tout Manhem; il traînait le jouet de Dvalinn (2).

25. Les géantes, les Thursars, les morts, les Nains et les Alfes allèrent se livrer au repos sur la limite septentrionale de la terre, et en dessous de la dernière racine du monde.

26. Les dieux s'éveillèrent, la pourpre des Alfes sortit des ténèbres, la nuit s'enfuit au nord vers Niflhem. Le fils d'Ulfrun (3), gardien de la troupe de Himmingborg, passa le Bæfrœst.

(1) Le jour. — (2) Le soleil. — (3) Heimdall.

XII

LE POÈME DE VEGTAM

---

1. Tous les Ases et toutes les Asesses sont réunis en assemblée : ces puissantes divinités délibèrent pour savoir d'où vient que Balder a des songes fatigants.

2. Le sommeil de ce dieu était fort pénible : il avait altéré son bonheur. Les géants interrogeaient l'avenir, afin de découvrir si c'était un présage annonçant des infortunes.

3. Les devins disaient dans, leurs réponses, que le fils d'Odin, le plus brave de tous les Ases, était un lâche. Frigg, Odin et le reste des dieux en prirent de l'inquiétude, et s'arrêtèrent à cette résolution :

4. D'envoyer vers toutes choses pour leur demander la paix et la promesse de ne pas nuire à Balder. Toute

la création fit serment de le ménager, et Frigg recueillit ces promesses.

5. Le Père des prédestinés craint un oubli ; il convoque les Ases, demande une résolution : on parle beaucoup dans cette assemblée.

6. Odin, le dominateur des peuples, se lève ; il pose la selle sur Sleipner, et chevauche ensuite vers Niflhem ; il y rencontre le chien venu de l'abîme.

7. Sa poitrine était sanglante, son gosier avide de meurtre, et sa mâchoire inférieure aboyait contre le Père des chants magiques ; il ouvrait une grande gueule, et poussait de longs hurlements.

8. Odin avança : le chemin qui descendait de la terre retentit, et le père des Ases arriva dans la demeure de Hel. Il se dirigea vers la porte de l'orient, où était le tombeau de Vola.

9. Odin chanta devant cette tombe l'évocation des morts, regarda le nord et traça des runes ; il demanda une réponse. Vola se leva enfin, et chanta ces paroles de la mort :

10. « Quel est, parmi les hommes, cet homme qui m'est inconnu et répand la tristesse dans mon esprit ? J'étais enveloppée de neige, battue par la pluie, mouchetée par la rosée ; j'étais morte depuis longtemps. » —

11. On me nomme Vegtam, et je suis le fils de Valtam. Parle-moi de l'abîme, et je te parlerai de la terre. Pour qui ces bancs sont-ils parsemés d'anneaux d'or ?

Pour qui ces lits sont-ils couverts de draps d'or ?

12. « L'hydromel a été préparé pour Balder, un bouclier le recouvre ; mais les fils des Ases n'ont pas d'intelligence : j'ai parlé contre mon gré ; maintenant il faut me taire. » —

13. Parle encore, Vola ! Il est des choses que je veux savoir, et je t'interrogerai jusqu'à ce que tu les aies dites. Quel sera le meurtrier de Balder ? Qui ôtera la vie au fils d'Odin ?

14. « Hœder conduira ici son célèbre frère ; il sera le meurtrier de Balder, il ôtera la vie au fils d'Odin. J'ai parlé contre mon gré, maintenant je dois me taire. » —

15. Parle encore, Vola ! Il est des choses que je veux savoir, et je t'interrogerai jusqu'à ce que tu les aies dites. Qui tirera une cruelle vengeance de Hœder ? Qui portera le meurtrier de Balder sur le bûcher ?

16. « Dans les salles de l'ouest, Rinda donnera le jour à un fils ; âgé d'une nuit, il tuera le fils d'Odin ; il ne lavera pas ses mains, ne peignera pas ses cheveux, qu'il n'ait porté sur le bûcher le meurtrier de Balder. J'ai parlé contre mon gré, maintenant il faut me taire. » —

17. Parle encore, Vola ! Il est des choses que je veux savoir, et je t'interrogerai jusqu'à ce que tu les aies dites. Quelles sont les vierges qui se plaisent dans les larmes et jettent leurs voiles au ciel ? Dis-moi encore cette unique chose ; tu ne dormiras pas auparavant.

18. « Tu n'es point Vegtam, comme je l'ai cru; tu es Odin le chef des peuples. » —

19. Tu n'es pas Vola, tu n'es pas une savante femme, mais trois fois la mère des Thursars.

20. « Retourne chez toi, Odin, et sois généreux. Les hommes ne viendront plus me trouver avant le temps où Loke brisera ses liens, avant le moment de la mort des dieux. »

XIII

L'ÉVOCATION DE GROA

---

1. « Éveille-toi, Groa! éveille-toi, femme bonne! Je viens t'éveiller devant les portes de la mort. Te rappelles-tu avoir invité ton fils à se rendre auprès du tombeau de Kumbel? »

2. Qu'y a-t-il maintenant de si pressé, mon fils unique? quelle infortune te fait appeler ta mère, réduite en poussière après avoir disparu d'au milieu des hommes?

3. « Magicienne embrassée par mon père, tu as mis devant moi une tablette magique sinistre pour m'inviter à venir à la rencontre des morts dans un lieu inconnu à tout le monde.

4. Le voyage est long ; les chemins sont si longs! les regrets de l'homme le sont également. Si tu obtiens ce que tu désires, le sort ne courra point peut-être sous la même forme.

5. « Chante-moi des paroles magiques qui me soient utiles. Ma mère, sauve ton fils! Je crains d'être abandonné en route; je suis encore si jeune! »

6. Je commencerai par te faire entendre un chant utile ; Rinda le chanta à Rane : avec son aide tu pourras secouer de tes épaules tout ce qui te paraîtra pesant et te conduire toi-même.

7. En voici un second : Si tu erres sans joie sur la route, les puissances d'Urd te soutiendront de tous côtés.

8. En voici un troisième : Si de grandes eaux mettent ta vie en danger, qu'elles soient serpentantes ou sous forme de torrent, elles s'arrêteront devant toi.

9. En voici une quatrième : Si l'ennemi est dans la forêt et prêt à te nuire, ce chant ébranlera son courage à ton gré et le transformera en esprit de paix.

10. En voici un cinquième : Si tes mains sont couvertes de chaînes, je ferai descendre le feu de Lejfner sur tes membres, et les fers tomberont de tes mains.

11. En voici un sixième : Si tu atteins une mer plus vaste que tu ne le supposais, ce chant réconciliera le vent et la vague avec ton navire, et te donnera constamment la paix en voyage.

12. En voici un septième : Si la gelée te surprend sur la haute montagne, le froid piquant ne détruira pas ton corps, ne tordra pas tes membres.

13. En voici un huitième : Si la nuit te surprend dans un sentier nébuleuux, personne ne te fera de mal ; le chrétien tue la femme.

14. En voici un neuvième : Si tu te querelles avec un géant armé d'un javelot, les paroles et l'esprit te seront donnés avec abondance par le cœur de Mimer.

15. Ne va jamais où l'infortune t'attend ; le malheur ne viendra pas à ta rencontre. J'étais debout sur la pierre enracinée derrière la porte, quand je chantai ceci.

16. Emporte, mon fils, les paroles de ta mère ; conserve-les dans ton cœur. Si tu ne les oublies pas, la vie ne t'offrira que des prospérités.

XIV

LE POÈME DE FJŒLSVINN

1. Il vit venir en dehors du château un individu qui arrivait du pays des géants. « Retourne sur tes pas par le chemin humide que tu as suivi, mendiant ! Il n'y a point ici de gîte pour toi. »

2. Quel est ce démon qui s'arrête dans l'avant-cour et se promène autour de la flamme ? Que cherches-tu ? Étranger, que veux-tu savoir ?

L'ÉTRANGER.

3. Quel est ce démon qui se tient devant le château et n'offre pas l'hospitalité au voyageur ? Tu as vécu sans célébrité : rentre chez toi !

LE GARDIEN.

4. Je me nomme Fjœlsvinn, et n'ai point perdu l'esprit. Je ne suis pas libéral de mes vivres, et tu n'entreras de ta vie dans ce château, loup que tu es. Ote-toi du chemin.

L'ÉTRANGER.

5. S'éloigner, quand les yeux ont été récréés par un objet enchanteur ! Le château me paraît resplendissant de salles d'or ; je me trouverais très-bien ici.

FJOELSVINN.

6. Dis-moi qui t'a engendré, quel est ton père.

L'ÉTRANGER.

7. Je me nomme Vindkall ; Vôrkall était mon père, et Fjœlkall le père de ce dernier.

8. Maintenant, Fjœlsvinn, réponds à mes questions sur les choses que je désire savoir. Quel est le maître de cette propriété et de ces riches salles ?

FJOELSVINN.

9. Elles appartiennent à Menglœd ; sa mère l'eut de Svafver, fils de Thorin. Menglœd règne ici ; elle possède l'autorité sur cette terre et sur ces salles.

VINDKALL.

10. Maintenant, réponds, etc. Dis-moi le nom de

cette barrière, le plus fâcheux objet que l'on puisse voir chez les dieux.

FJOELSVINN.

11. On l'appelle Thrymgjœll; elle a été faite par trois jeunes gens que l'éclat du soleil avait éblouis. De fortes chaînes se fixent sur l'étranger qui tente de les soulever.

VINDKALL.

12. Maintenant, réponds à mes questions sur les choses que je désire savoir. Quel est le nom du plus vaste rempart que l'on ait vu chez les dieux ?

FJOELSVINN.

13. Il se nomme Gastropner; je l'ai fait avec les membres de Leir-brimer, et lui ai donné des fondations si solides, qu'il durera autant que le monde.

VINDKALL.

14. Maintenant, réponds, etc. Comment se nomment les chiens créés par les puissants géants pour garder leur pays?

FJOELSVINN.

15. L'un est appelé Gifer et l'autre Gere, puisque tu veux le savoir. Ils ont onze habitations à garder jusqu'au jour où les puissances seront détruites.

VINDKALL.

16. Maintenant, réponds, etc. Y a-t-il parmi les hommes un individu qui puisse entrer dans ces demeures pendant le sommeil de ces chiens?

FJOELSVINN.

17. Le sort leur envoie alternativement le sommeil depuis que cette garde leur a été confiée. L'un dort la nuit, l'autre le jour : personne ne peut donc y pénétrer.

VINDKALL.

18. Maintenant, réponds, etc. N'est-il aucune sorte de nourriture qu'on puisse leur donner, afin d'entrer tandis qu'ils seraient occupés à la manger?

FJOELSVINN.

19. Il y a dans les bois de Vidofner deux espèces de gibier, seule nourriture qui puisse les engager à entrer pour manger.

VINDKALL.

Maintenant, réponds, etc. Quel nom donne-t-on à l'arbre dont les branches s'étendent sur tous les pays?

FJOELSVINN.

21. On l'appelle l'arbre de Mimer. Peu d'hommes con-

naissent les racines d'où il sort; le feu et le fer ne peuvent lui nuire.

VINDKALL.

22. Maintenant, réponds, etc. Que deviendra cet arbre, ce bel arbre, puisque ni le feu ni le fer ne peuvent lui nuire?

FJOELSVINN.

23. On doit mettre ses fruits sur le feu pour les femmes malades ; ce qui était à l'intérieur sort promptement : telle est leur vertu sur l'espèce humaine.

VINDKALL.

24. Maintenant, réponds, etc. Quel nom donne-t-on au coq perché sur cet arbre élevé? Il est tout resplendissant d'or.

FJOELSVINN.

25. Il s'appelle Vidofner, et se tient dans l'air pur sur les branches de Mimer. Surtur lui occasionnera un chagrin de longue durée.

VINDKALL.

26. Maintenant, réponds, etc. N'est-il point d'armes qui puissent précipiter Vidofner dans l'abîme?

FJOELSVINN.

27. Lopter en a fait une appelée Hœvatien, en des-

sous des portes de la mort. Elle est enchaînée chez Sinma. ; neuf cadenats très-forts la retiennent.

VINDKALL.

28. Maintenant, réponds, etc. Reviendra-t-il, celui qui tentera de s'emparer de cette arme ?

FJOELSVINN.

29. Il reviendra, celui qui tentera de s'emparer de cette arme, s'il conduit avec lui ce que peu de gens possèdent, la brillante fille de la terre.

VINDKALL.

30. Maintenant, réponds, etc. Pourrait-on s'emparer d'un trésor qui réjouirait la cruelle géante ?

FJOELSVINN.

31. Porte à Sin-maara la brillante plume courbée qui se trouve dans le plumage de Vidofner, et elle sera disposée à te donner des armes pour le combat.

VINDKALL.

32. Maintenant, réponds, etc. Quel nom porte la salle illuminée par la merveilleuse flamme magique ?

FJOELSVINN.

33. Hyrr est son nom ; elle planera longtemps sur la

pointe des javelots. Il ne doit être question de cette salle dans le monde que comme d'un simple bruit.

VINDKALL.

34. Maintenant, réponds, etc. A quelles puissances divines faut-il attribuer l'avant-cour que j'ai vue en arrivant?

VJŒLSVINN.

35. Elle est l'œuvre d'Une et d'Ire, de Barr et d'Ore, de Varr et de Vegdrasil, de Dorre, d'Ure, de Delling, d'Atvard et de Loke, cet alfe rusé.

VINDKALL.

36. Maintenant, réponds, etc. Quel nom donne-t-on à cette montagne sur laquelle j'ai vu une fiancée lumineuse?

FJŒLSVINN.

37. C'est la montagne de Hyfina; elle fut longtemps un objet de joie pour la ruse et la douleur. Chacun y est guéri, même des maladies d'une année, pourvu que Menglœld gravisse cette montagne.

VINDKALL.

38. Maintenant, réponds, etc. Comment se nomment les jeunes filles qui chantent ensemble avec tant de justesse aux genoux de Menglœld?

FJOELSVINN.

39. Voici leurs noms : Hlif, Hlif-thursa, Thjodverta, Bjœrt et Blid, Bildur, Frid, Eir et Œrboda.

VINDKALL.

40. Maintenant, réponds, etc. Sont-elles secourables à ceux qui leur offrent des sacrifices lorsqu'ils ont besoin d'assistance?

FJOELSVINN.

41. Tous les étés on leur offre des victimes dans des lieux consacrés; il n'est point de malheurs si grands parmi les hommes auxquels elles ne portent remède.

VINDKALL.

42. Maintenant, réponds, etc. Est-il un homme qui puisse obtenir le bonheur de dormir dans les bras de Menglœd?

FJOELSVINN.

43. Le seul homme qui puisse obtenir le bonheur de dormir dans les bras de Menglœd est Svipdag; cette magnifique fiancée lui a été promise pour épouse.

VINDKALL.

44. Ouvre la porte bien grande, tu vois Svipdag :

hâte-toi de demander à Menglœd si elle consent à ma félicité.

45. Écoute, Menglœd! un homme est arrivé : va regarder cet hôte. Les chiens se réjouissent, le château est ouvert; ce doit être Svipdag, assurément.

MENGLOED.

46. Puissent les corbeaux agiles t'arracher les yeux au gibet élevé, si tu mens, jeune homme, en disant que tu arrives d'un long voyage.

A Svipdag.

47. Où allais-tu? d'où viens-tu? Comment les tiens te nomment-ils? Je veux connaître ton nom et ta race pour savoir si je suis destinée à devenir ton épouse.

VINDKALL.

48. Je m'appelle Svipdag; mon père se nommait Solbjart. Le vent m'a chassé en des chemins humides; personne ne peut résister aux arrêts d'Urd, lors même qu'ils paraissent pénibles.

MENGLOED.

49. Sois le bienvenu! Enfin mes souhaits sont accomplis, le baiser doit succéder au salut! La rencontre inespérée réjouit tous ceux qui s'aiment.

50. Assise sur la montagne, j'ai attendu pendant

longtemps ton arrivée. Mon espérance s'est réalisée, tu es revenu dans mes salles.

SVIPDAG.

51. J'avais une grande impatience de te revoir, et tu étais désireuse de mon amour. Il est certain maintenant que nous passerons le temps et l'éternité ensemble.

XV

LE POÈME DE HYNDLA

---

1. « Réveille-toi, vierge des vierges! réveille-toi, mon amie, Hyndla, ma sœur, qui habites dans la grotte ! Il fait nuit maintenant, et nous devons nous rendre à cheval dans Walhall et les lieux saints.

2. « Saluons le père des armées à l'esprit clément; il donne de l'or et récompense ceux qui le méritent. Hermod eut de lui une cotte de maille, et Sigmund un glaive.

3. « Il donne la victoire à ses fils, à quelques-uns la richesse, l'éloquence à ceux qui sont généreux, la raison aux hommes, le vent au navigateur, l'esprit poétique aux poètes, et le courage viril à beaucoup de guerriers.

4. « Sacrifie à Thor, et prie-le de se montrer favorable envers toi ; mais il ne sera clément envers les fiancées des géants que fort tard.

5. « Tire maintenant ton loup de l'écurie et laisse-le courir avec le licou runique. Le porc t'appartiendra ensuite. Je vais monter sur mon coursier, plein de fierté, pour suivre la route des dieux. »

6. Tu es rusée, Freya, et tu tournes les yeux vers nous pour me tenter. Tu conduis ton héros en la compagnie des morts. Ottar, le jeune fils d'Instein——

7. « Tu es troublée, Hyndla, et tu rêves, je crois, en disant que mon époux est en la compagnie des morts, lorsque le porc, cet animal des héros, que deux nains habiles, Dain et Nabbe, ont fait pour moi, jette de l'éclat.

8. « De la selle sur laquelle nous sommes assises parlons des races royales et des héros issus des dieux. Ottar-le-Jeune et Angantyr firent un pari relativement au métal des morts (1).

9. « Le jeune héros a mérité qu'on lui vînt en aide pour entrer en possession de l'héritage de ses parents.

10. « Il a élevé des autels en mon honneur ; maintenant ce rocher est devenu du verre. Ottar l'a enduit du sang des jeunes taureaux ; il mettait toujours sa confiance dans les Asesses.

11. « Fais maintenant l'énumération des familles antiques et celle des races humaines : quels sont les

---

(1) L'or. (*Tr.*)

descendants de Skœld, de Skilfing, d'OEdling, d'Ylfing, des héros et des Herses, ce peuple choisi parmi les peuples de Midgôrd? »

12. Tu es Ottar, fils d'Instein, mais Instein était fils d'Alf-le-Vieux; celui-ci descendait d'Ulf, Ulf descendait de Sjœ-fare, et Sjœ-fare de Svan-le-Rouge.

13. Ta mère, riche par son collier, fut possédée par ton père. Je me souviens que la déesse se nommait Hle-dis; Frode était son père, Friant était sa mère, et cette race paraît être la plus illustre de toutes.

14. Ale était autrefois le plus puissant parmi les hommes; avant lui Halfdan était le plus grand des descendants de Skœld. Ses combats furent célèbres au loin, et ses exploits paraissent s'étendre jusqu'aux pôles du ciel.

15. Il s'allia avec Eymund, le plus grand des hommes; mais il tua Sigtrygg avec le fil rafraîchissant du glaive. Il posséda Almveig-la-Noble, et eut dix-huit fils avec elle.

16. C'est d'eux que descendent les races de Skœld, de Skilfing, d'OEdling et d'Yngling; de ceux-ci descendent les héros et les Herses, ce peuple choisi parmi les peuples de Midgôrd. Tout cela est ta race, ignorant Ottar.

17. Hildigunn, la mère d'Almveg, était fille de Svafa et d'un roi de la mer. Tout cela est ta race, ignorant Ottar. Il est nécessaire de savoir ces choses; dois-je continuer ce discours?

18. Dag posséda Thora, la mère des Dræng ; de cette famille descendent les races des guerriers, Gyrd et Frad-mar, les deux Frekar, Am, Mur et Jofur, Alf-le-Vieux. Il est nécessaire de savoir ces choses ; veux-tu en entendre davantage ?

19. Kétill, héritier de Klyp, était un aïeul maternel ; celui de ta mère se nommait Frode ; il y avait avant lui Kare, mais Alf était encore plus ancien.

20. Nanna, fille de Nœkves, était leur plus proche parente, et son fils fut le parent de ton père. Cette famille est vieille ; j'en parlerai encore. Je connaissais Brodd et Hœrfer. Tout cela est ta race, ignorant Ottar.

21. On compte de nombreux héros depuis Isolf et Asolf, fils d'Œlmod et de Skurhildur, fille de Skekkil. Tout cela est ta race, ignorant Ottar.

22. Balk et Gunnar, Grim, Ard-Skave, Jærnskœld, Thorer, Ulf-à-la-bouche-ouverte, Bue et Brume, Barre et Reifner, Tind et Tyrfing, les deux Hadding. Tout cela est ta race, ignorant Ottar.

23. Ane et Ome sont fils d'Arngrim et d'Ejvara ; la renommée de ces héros, formée par de nombreux exploits, parcourt la terre et la mer avec la rapidité des flammes. Tout cela est ta race, ignorant Ottar.

24. J'ai connu Brodd et Hœrfe, ils étaient courtisans de Hrolf-l'Ancien ; ils descendent de Jormunrek, le gendre de Sigurd. Écoutez ma saga sur le général du roi qui tua Fafner !

25. C'était un roi descendant de Vœlsung, et Hjœr-

dis descendait de Hrœdung; mais Eylime descendait d'OEdling. Tout cela est ta race, ignorant Ottar.

26. Gunnard et Hœgne étaient héritiers de Gjuke, ainsi que leur sœur Gudrun. Guttorn n'était pas de la famille de Gjuke; cependant il était leur frère. Tout cela est ta race, ignorant Ottar.

27. Harald-Hildetann, né de Hrœrik l'archer, était fils d'Auda; Auda-Djupôgda était fille d'Ifvar, mais Rudbard était père de Randvers; c'étaient des héros consacrés aux dieux. Tout cela est ta race, ignorant Ottar.

28. On a parlé de onze Ases : lorsque Balder descendit dans la colline de la mort, Vale était digne de le venger; il tua le meurtrier de son frère. Tout cela est ta race, ignorant Ottar.

29. Le père de Balder était l'héritier de Bur; Frey possédait Gerd, fille de Gymer et d'OErboda, de la race des géants. Cependant Thjasse, ce fier géant, était leur parent, et Skade la fille de celui-ci.

30. Je te dis beaucoup de choses et j'en sais encore davantage; peu de gens ici les connaissent. Dois-je continuer ce discours?

31. Hake était le moins mauvais des fils de Hvedna; mais Hvedna était fille de Hjœrvard; Hejd et Hrofstiof étaient de la famille de Hrimner.

32. Toutes les sorcières descendent de Vidolf, tous les magiciens de Vilmejde; les devins descendent de Svarthœfde, et tous les géants d'Ymer.

33. Je te dis beaucoup de choses et j'en sais encore davantage; peu de gens ici les connaissent. Dois-je continuer ce discours?

34. Il est un homme qui naquit au commencement des temps, sa force grandit avec lui. Ce noble général du javelot fut mis au monde par neuf vierges de la race des géants.

35. Il fut mis au monde par Gjalp et par Grejp; il fut porté par Elgja et Angeya, par Ulfrun et Œrgjafa, par Sidur, Atla et Jœrnsaxa.

36. Les forces de la terre, les vagues de la mer et l'hydromel des poëtes furent la nourriture de cet enfant. Je dis beaucoup de choses et j'en sais encore davantage; peu de gens ici les connaissent. Dois-je continuer mon discours?

37. Le loup de Loke fut engendré avec Angerboda; mais Loke procréa Sleipner avec Svadelfœre. Un animal féroce, le plus monstrueux de tous, tire son origine du frère de Biljest.

38. Loke trouva le cœur de la géante à demi consumé par le feu des passions; cette méchante femme le rendit fort rusé. De là sont provenues toutes les sortes de fantômes qui errent dans les champs.

39. L'Océan s'élance contre le ciel lui-même et passe par-dessus le continent; mais l'air s'... ivre; de là viennent la neige et les vents agiles... délibère pour faire cesser la pluie.

40. Il naquit un individu plus grand que tous les autres; il fut nourri avec les forces de la terre; on le nomma le plus riche des rois; il était allié avec toutes les intelligences.

41. Il en viendra un autre encore plus puissant, mais je n'ose le nommer. Il y a peu d'hommes qui voient dans l'avenir au delà du moment où Odin ira à la rencontre du loup.

42. Portez à mon hôte le breuvage de mémoire, afin qu'il puisse nombrer toutes les paroles de cet entretien, quand, au troisième matin, il ouvrira avec Angantyr le compte des races.

43. Maintenant, éloigne-toi promptement, j'ai envie de dormir; ma science ne t'en dira pas davantage. Tu cours la nuit, ami de feu, comme Hejdrun avec ses boucs.

44. Tu courus ainsi qu'un furieux avec une impatience toujours nouvelle; tu en pris plusieurs sous ta basque. Tu cours la nuit, ami de feu, comme Hejdrun avec ses boucs.

45. « Géante, je lancerai du feu sur toi de manière à ce que tu ne puisses jamais t'éloigner d'ici. Tu cours la nuit, ami de feu, comme Hejdrun avec ses boucs. »

46. Je vois le feu qui brûle et la terre est en flammes; plusieurs perdront la vie. Donnez à boire à Ot-

tar de l'hydromel mélangé de poison pour sa perte.

47. « Tes sortiléges seront nuls ici, quoique tu promettes du mal, fiancée des géants. Il boira le précieux hydromel; je prie tous les dieux d'assister Ottar. »

SUPPLÉMENT

LE POÈME SUR RIG

1. Les antiques sagas racontent que l'un des Ases, nommé Heimdall, s'en fut voyager, et qu'il aborda sur une côte. Étant entré dans un village, il s'y donna le nom de Rig. Cette tradition fait le sujet de ce poëme.

2. Autrefois, dit-on, le dieu fort, vieux et sage, s'avança dans les verts sentiers; Rig entra; le feu brûlait à terre. Ai et Edda, vêtus à l'antique, étaient assis dans la maison. Le travail les avait grisonnés.

3. Rig leur donna quelques conseils, puis il s'assit au centre du banc; les époux se placèrent à ses côtés.

4. Puis Edda tira de la cendre un gâteau pesant,

épais, mélangé de sauce; elle en ajouta encore lorsqu'il fut sur le plat. La soupe était sur la table, dans une écuelle, et le mets le plus recherché de ce repas était du veau bouilli.

5. Rig se leva, il avait envie de dormir; il donna quelques conseils, puis se coucha dans le lit avec les deux époux.

6. Rig passa trois nuits dans cet endroit, ensuite il partit en suivant le milieu de la route; neuf mois s'écoulèrent.

7. Edda donna le jour à un fils; il était noir et fut appelé Trœl (1); il grandit et végéta bien. La peau de ses mains se rida, ses doigts étaient épais et leurs nœuds sans souplesse. Sa physionomie était boudeuse, son dos courbé; ses pieds étaient longs.

8. Il employa ensuite ses forces à tresser les écorces molles, à faire des fardeaux, puis il porta tous les jours des fagots au logis.

9. Une piétonne arriva dans l'habitation; elle avait les pieds blessés, les bras hâlés, le nez aplati; elle s'appelait Thy (2).

10. On la plaça au milieu du banc; le fils de la maison s'assit près d'elle; ils se parlèrent avec intimité. Trœl et Thy préparèrent le lit de leurs jours pesants.

11. Ils engendrèrent des enfants en paix et en repos. Je me souviens de leurs noms: Hreim et Fjœsner,

---

(1) Esclave. — (2) Femme esclave. (Tr.)

Klur et Klegg, Kefser et Fulner, Drumb, Digralde, Drœtt et Hœsner, Lut et Leggjalde. Ils bâtirent des maisons de pierre, fumèrent les champs, élevèrent des porcs, firent paître des chèvres, et fabriquèrent de la tourbe.

12. Les filles de Træl et de Thy furent : Drumba et Kumba, Œckvinkalfa, Arin-nefja, Ysja et Ambott, Ejken-tjasna, Tœtrug-hypja et Trœnubenja. C'est l'origine de la race des esclaves.

13. Rig s'avança ensuite tout droit sur le chemin et arriva près d'une maison dont la porte était entre-bâillée ; il entra : le feu brûlait à terre ; les époux, assis dans la maison, travaillaient.

14. Le mari préparait le bois pour l'ourdissoir ; sa barbe était rangée, ses cheveux étaient partagés sur son front, et ses vêtements étroits ; une cassette était à terre.

15. Sa femme, assise près de lui, faisait tourner le rouet et raccommodait les vêtements. Elle portait un bonnet recourbé, avait des bandes sur la poitrine, un fichu sur le cou et des épaulettes sur les épaules. La maison appartenait à Afe et à Amma.

16. Rig leur donna des conseils, quitta la table, eut envie de dormir, se coucha au centre du lit entre les deux époux.

17. Rig passa trois nuits en cet endroit; neuf mois s'écoulèrent. Un fils naquit d'Amma; il fut appelé Karl (1). On l'enveloppa dans le lin; il avait des couleurs, et ses yeux scintillaient.

18. Il grandit et végéta bien; il apprit à dompter les bœufs, à faire des charrues, des maisons de bois, à construire des granges et à labourer.

19. Ses parents amenèrent au logis la fiancée de Karl; des clefs étaient suspendues à son côté; elle était vêtue avec des peaux de chèvres. On la nommait Snœr (2), et elle fut placée sous le lin (3). Ils se marièrent, échangèrent les anneaux, étendirent le drap et firent ménage ensemble.

20. Ils engendrèrent des enfants en paix et en repos. Voici leurs noms : Hal et Dræng, Hœld, Thegn et Smed, Breid-bonde, Bundin-skægg, Bue et Bodde, Brattskægg et Segg.

21. Ils en eurent d'autres encore, ainsi appelés : Snot, Brud, Svanne, Svarre et Sprakke, Fljod, Sprund et Vif, Fejma, Ristil; d'eux descendent les races des hommes.

22. Rig s'éloigna par le droit chemin et arriva près d'une salle; le sud en indiquait la porte. Elle était presque fermée; il y avait un anneau au chambranle.

(1) Homme. — (2) L'habile. — (3) Le voile.

23. Rig entra ; le plancher était sablé. Fader et Moder (1) étaient assis dans cette salle et jouaient avec leurs doigts.

24. Le père de famille fabriquait des cordes d'arc, courbait l'aune et faisait des flèches. La mère de famille occupait ses mains, repassait le linge, mettait de l'empois dans les manches.

25. Elle montait son bonnet, sa collerette ; était vêtue de long et passait le linge au bleu. Elle avait de beaux sourcils, le sein et le cou plus blancs que la neige la plus pure.

26. Rig leur donna des conseils, s'assit au centre du banc ; les époux se placèrent à ses côtés.

27. Moder prit la nappe de lin blanc et marqué, en couvrit la table ; elle apporta ensuite des gâteaux de froment minces, et les mit sur la nappe.

28. Elle plaça sur la table des plats garnis en argent et pleins de viande, de fruits et d'oiseaux rôtis.

Le vin était dans des pots et des vases ornés. Ils burent en causant jusqu'à la fin du jour.

29. Rig se leva ensuite et fut se coucher. Il resta trois nuits dans cet endroit, puis il s'en alla tout droit sur le chemin. Neuf mois s'écoulèrent.

30. Un fils naquit de Moder ; on l'enveloppa dans la soie ; il fut appelé Jarl : ses cheveux étaient blonds, ses joues fraîches, et ses yeux étincelaient comme ceux du serpent.

(1) Père et mère. (Tr.)

31. Jarl grandit au logis ; il secouait le bouclier, fabriquait des cordes d'arcs, courbait l'aune, lançait le javelot, faisait des flèches, pesait les lances, montait à cheval, excitait les chiens, tirait le glaive et s'exerçait à nager.

— 32. Rig, en continuant de marcher, revint dans cette maison ; Jarl apprit de lui à connaître les runes. Rig lui donna son nom, le reconnut pour son fils, l'invita à posséder la terre patrimoniale, cette antique demeure.

33. Puis il partit à cheval en suivant une route sinistre et par des montagnes glacées ; il arriva dans une salle. Il lança le javelot, secoua le bouclier, fit courir les chevaux, tira le glaive, éveilla la guerre, ensanglanta les champs, fit perdre des batailles et conquit des pays.

34. Il posséda seul dix-huit domaines, distribua des terres, donna à tous des bijoux et des chevaux élancés, sema les bracelets d'or et morcela les anneaux.

35. Les hommes étincelants suivirent les chemins humides ; ils arrivèrent aux salles habitées par les Herses ; Erna la svelte, la blanche, la gaie, vint à leur rencontre.

36. Ils la demandèrent en mariage, l'emmenèrent et la donnèrent pour épouse au Jarl ; elle passa donc sous le lin. Erna et Jarl furent heureux ; ils furent

la souche de plusieurs races, et parvinrent à un âge avancé.

37. Leur fils aîné fut Bur, et Barn le second ; Jod et Adal, Arfe et Mœger, Nidur et Nidjunger, Son et Sven vinrent ensuite. Ils apprirent à nager, à jouer aux échecs. Il y avait un homme appelé Kund, et Koner était son cadet.

38. Les enfants de Jarl grandirent ; ils domptèrent des chevaux, courbèrent les boucliers, firent des flèches, secouèrent les javelots.

39. Mais le jeune Koner connaissait les runes, les runes de l'ancien temps, les runes antiques. Il savait aussi sauver les hommes, amortir le tranchant du glaive, calmer les vagues.

40. Il comprenait le ramage des oiseaux, savait éteindre le feu, apaiser l'Océan, calmer les chagrins, et fut doué de la force de huit hommes.

41. Il échangeait les runes avec le Jarl Rig, mettait les intelligences à l'épreuve, et savait plus que tout cela. Aussi son partage fut-il de se nommer Rig et de connaître les runes.

42. Le jeune Koner traversait à cheval les marais et les forêts, lançait les massues, apprivoisait les oiseaux.

43. Alors une corneille, perchée sur une branche, chanta : « Pourquoi le jeune Koner apprivoise-t-il les oiseaux ? Il ferait mieux de monter des chevaux, de vaincre des armées.

44. « Dan et Danp ne possèdent pas de plus belles salles que les tiennes : ta noblesse n'est pas moins illustre que la leur; cependant ils voyagent sur des carènes, font connaître aux autres le fil du glaive et savent faire des blessures. »

LE CHANT DU SOLEIL

———

1. Cet homme cruel dérobait les biens et la vie aux enfants de la terre ; personne ne passait la vie sauve par le chemin qu'il gardait.

2. Très-souvent il mangeait seul, et jamais il n'invitait personne à partager son repas, à moins qu'un hôte fatigué et peu riche n'arrivât chez lui.

3. L'homme fatigué avait faim et soif, disait-il ; par crainte il feignait de croire celui qui avait été autrefois méchant.

4. Il donnait à boire et à manger au voyageur fatigué, et cela avec franchise. Comme il lui paraissait misérable, il l'assistait avec bonté et pensait à Dieu.

5. Le voyageur se leva ; son esprit était mauvais ; il ne recevait pas avec reconnaissance ce qu'on lui donnait. Son péché était orgueilleux, il assassina l'homme habile et prudent tandis qu'il dormait.

6. Celui-ci pria le Dieu du ciel de venir à son aide quand il s'éveilla frappé mortellement ; mais il fut obligé de confesser son péché, qui l'avait abandonné sans défense.

7. Des anges saints vinrent du ciel et emportèrent son âme. Elle vivra éternellement d'une vie pure avec le Dieu tout-puissant.

---

8. La richesse et la santé ne dépendent d'aucun homme, quand même il serait dans la prospérité. Les choses auxquelles on s'attend le moins arrivent à plusieurs ; personne n'est maître de sa propre paix.

9. Unar et Sævalde ne pensaient pas que la prospérité tarirait pour eux ; maintenant ils sont nus, tout leur a été enlevé, ils courent dans la forêt comme des bêtes sauvages.

10. La domination de la volupté a causé bien des chagrins ; souvent les tourments viennent des femmes. Quoique le Dieu tout-puissant les ait créées sveltes, elles n'en sont pas moins remplies de malices.

11. Svafad et Skarthedin étaient intimes, ils ne pouvaient se quitter jusqu'au moment où ils s'aigrirent pour une femme ; elle était destinée à leur nuire.

12. La blanche jeune fille les rendit indifférents aux jeux et aux jours sereins ; ils avaient tout oublié, excepté cette figure blanche.

13. Les sombres nuits devinrent tristes pour eux,

car ils ne pouvaient dormir un instant en repos. Ce chagrin fit naître la haine entre de fidèles amis.

14. Presque toujours l'orgueil est sévèrement puni ; ils se battirent pour cette belle femme et périrent tous deux.

———

15. J'ai observé, en vérité, que nul homme ne devrait être téméraire ; la plupart de ceux qui le sont s'éloignent de Dieu.

16. Rôdœ et Veboge étaient riches, ils croyaient bien agir ; maintenant ils présentent alternativement leurs blessures au feu.

17. Ils se reposaient en eux-mêmes et se croyaient au-dessus de tout ; mais le Dieu tout-puissant donna un autre cours à leur destinée.

18. Ils étaient voluptueux, ils avaient de l'or à profusion ; maintenant ils sont punis et marchent entre le froid et le chaud.

———

19. N'aie jamais de confiance en tes ennemis, malgré leur langage flatteur. Si tu promets quelque chose de bon, ce sera un avertissement pour d'autres.

20. C'est ce qui arriva à Sœrle lorsqu'il se livra au pouvoir de Vigolf ; il devint malheureux pour avoir pensé du bien des meurtriers de son frère.

21. Il leur accorda la paix par bonté d'âme; ils promirent de l'or en échange, feignirent d'être réconciliés en buvant ensemble; cependant la trahison vint d'eux.

22. S'étant rendus le lendemain à cheval à Rygjardel, ils frappèrent avec le glaive celui qui était sans défense, et laissèrent échapper sa vie.

23. Ils traînèrent son corps en un sentier désert et le jetèrent dans un puits; ils voulaient le cacher, mais le Seigneur les vit du ciel, où il demeure.

24. Le Dieu véritable permit à l'âme de Sœrle de retourner gaiement chez elle; quant aux meurtriers, je crois que leurs tourments durèrent longtemps.

---

25. Intercède auprès des anges gardiens qui parlent avec le Seigneur, afin qu'ils soient favorablement disposés en ta faveur : la semaine suivante, tout te réussira à souhait.

26. N'envenime pas l'action de la colère en faisant encore plus de mal; apaise celui que tu as affligé, sois bon envers lui : c'est la guérison de l'âme.

27. Il faut prier Dieu, qui a créé l'homme, afin que les événements de notre vie soient heureux. Beaucoup de peines seront infligées à celui qui aura haï son père.

28. Demandez avec ferveur ce qui vous manque;

vous n'aurez rien sans demander ; peu de gens devinent les besoins de l'individu qui se tait.

29. Je fus appelé de bonne heure, mais j'arrivai tard devant la porte du juge ; je m'y pressais, car des promesses avaient été faites aux solliciteurs.

30. C'est la faute des péchés si nous quittons à regret la demeure de la tristesse. Quiconque a bien agi ne craint rien ; il est bon d'être innocent.

31. Les hommes à l'esprit léger ressemblent aux loups ; l'homme qui marche dans un sentier de feu manque de réflexion.

32. Je t'ai donné ici, au nombre de sept, des conseils dictés par la sagesse ; grave-les dans ton esprit, ne les oublie jamais, ils te seront utiles.

---

33. Je vais te raconter combien je fus heureux dans la demeure de la tristesse, et avec quelle peine les hommes marchent vers les ombres.

34. La fortune et l'orgueil les égarent lorsqu'ils courent après la richesse. L'or brillant devient une longue douleur, la richesse a trompé tant de gens !

35. Il me sembla, car j'étais peu instruit, que l'homme était joyeux d'un grand nombre de choses. Le Seigneur a doué la patrie des douleurs d'une infinité de charmes.

36. Je fus longtemps assis et courbé vers la terre, j'avais cependant bien envie de vivre ; mais le Seigneur

puissant était le maître. Les sentiers de la mort m'apparurent promptement.

37. Les chaînes de Hel, solidement rivées, vinrent serrer mes flancs; je voulus les briser, mais elles étaient fortes. Il est doux de marcher en liberté.

38. Seul je savais combien la douleur gonflait tous mes membres; les vierges effrayantes de la mort m'invitaient chaque soir chez elles.

39. Je vis le soleil, véritable étoile du jour, descendre tristement dans les nuages; mais dans une autre direction j'entendais la barrière de Hel siffler lourdement.

40. Je vis le soleil environné de runes sanglantes. Alors on me tira du monde avec violence, et le soleil me parut plus puissant que par le passé.

41. Je vis le soleil, et je crus voir le Dieu saint. Pour la dernière fois je m'inclinai devant lui dans le monde du temps.

42. Je vis le soleil; il rayonnait tellement que je crus ne plus rien savoir : d'un autre côté, dans les torrents de Gilva ruisselait le sang.

43. Je vis le soleil trembler sur la vague; craintif et accablé, mon cœur s'est brisé de faiblesse.

44. Il m'est arrivé rarement de voir le soleil ainsi affligé; alors on me tira du monde avec violence : ma langue était comme un morceau de bois, et tout ce qui l'entourait froid.

45. Jamais, depuis ce jour sinistre, je n'ai revu le

soleil ; car les nuages se refermèrent devant moi, et je m'en allai loin des peines.

46. L'étoile de l'espérance s'envola de mon cœur lorsque je naquis ; elle s'envola vers l'espace sans se fixer nulle part pour se reposer.

47. Elle fut pour moi la plus longue de toutes les nuits, la nuit où j'étais étendu raide sur mon lit. Alors s'accomplit cette parole de Dieu : L'homme est poussière.

48. Le Dieu créateur qui a fait le ciel et la terre voit combien d'hommes partent seuls, en se séparant d'une famille.

49. Chaque homme jouit de ses œuvres ; heureux celui qui exerce le bien. Des richesses qui étaient mon partage, il me reste seulement un lit de sable.

50. La volupté matérielle égare souvent l'homme ; un grand nombre parmi eux y attachent un haut prix. L'eau des ablutions fut pour moi la plus repoussante de toutes les choses.

51. Je fus assis pendant neuf jours sur la chaise des Nornes, puis on me mit à cheval. Le soleil de la race des géants lançait de tristes rayons à travers les nuages humides.

52. Il me sembla que je voyageais en dehors et dans les sept mondes souterrains ; je cherchais un meilleur chemin en haut et en bas, un chemin plus court.

53. Il faut parler de ce qui me frappa d'abord lorsque je fus arrivé dans le monde de la douleur. Des oiseaux roussis (c'étaient des âmes) voltigeaient en masse comme des moucherons.

54. Je vis voltiger et tomber sur les chemins des vallées désertes les dragons de l'espérance; ils secouaient les ailes de manière à faire croire que le ciel et la terre allaient se fendre.

55. Je vis le cerf du soleil courir au midi; deux individus le conduisaient. Ses pieds touchaient le sol et son bois atteignait le ciel.

56. Je vis les fils des générations chevaucher vers le Nord; ils étaient sept ensemble, et buvaient dans des coupes pleines le pur hydromel puisé à la source des forces célestes.

57. Les vents se turent, les eaux s'arrêtèrent, et j'entendis un bruit effrayant : des femmes défigurées broyaient du terreau pour nourrir leurs maris.

58. Ces femmes, à l'aspect sinistre, tournaient tristement des meules sanglantes; des cœurs sanglants pendaient en dehors de leurs poitrines, fatiguées par ce poids.

59. Je vis beaucoup d'hommes blessés passer par ces routes de feu; leur visage me parut entièrement couvert du sang des femmes qu'ils avaient séduites.

60. Je vis beaucoup d'hommes qui étaient allés vers la poussière; ils ne trouvaient pas de prières; des

étoiles païennes cheminaient au-dessus de leur tête, elles étaient marquées de runes sévères.

61. Je vis des hommes envieux du bonheur des autres ; des runes sanglantes étaient tracées sur leur poitrine.

62. Je vis un grand nombre d'hommes tristes ; ils étaient tous égarés : c'est le sort destiné à ceux qui suivent les voies du monde.

63. Je vis des hommes qui avaient formé des complots contre le bien d'autrui ; ils couraient en foule vers le palais de l'avare, les épaules chargées de plomb.

64. Je vis des hommes qui avaient dérobé la vie et les biens à un grand nombre de leurs semblables ; de vigoureux serpents venimeux rampaient dans leur poitrine.

65. Je vis des hommes qui n'avaient jamais voulu observer les jours de fête ; leurs mains étaient solidement clouées à des pierres brûlantes.

66. Je vis des hommes qui s'étaient élevés avec forfanterie et outre mesure au-dessus des autres ; leurs vêtements étaient environnés des flammes d'une manière risible.

67. Je vis des hommes qui avaient proféré maintes calomnies ; les corbeaux de Hel leur arrachaient les yeux avec cruauté.

68. Tu ne sauras pas toutes les terreurs endurées par ceux qui sont allés vers Hel ; des péchés fort doux seront

amèrement expiés ; le préjudice succède toujours à la volupté.

69. Je vis ensuite des hommes qui avaient suivi exactement les lois du Seigneur ; des flammes pures scintillaient au-dessus de leurs têtes.

70. Je vis des hommes qui avaient travaillé avec beaucoup de zèle au bien de leur prochain ; des anges lisaient les livres saints au-dessus de leurs têtes.

71. Je vis des hommes qui avaient amaigri leurs corps par les jeûnes ; tous les anges de Dieu s'inclinaient devant eux ; ils éprouvaient une joie extrême.

72. Je vis des hommes qui avaient nourri leur mère ; un magnifique lieu de repos leur était donné dans les rayons du soleil.

73. De saintes filles avaient épuré leur âme de tout péché et mortifié leurs corps pendant longtemps.

74. Je vis des chars traverser les cieux et se diriger vers Dieu ; ils étaient conduits par ceux qui avaient été assassinés sans procès.

75. Père puissant, auguste Fils, Saint-Esprit du ciel, qui avez tout créé, purifiez-nous, je vous prie, de tout péché.

76. Bjuggvœr et Listvœr sont assis en dedans des portes de Hœr-dis, sur des siéges résonnants ; du fer fondu tombe de leur nez, il fait naître l'inimitié parmi les hommes.

77. L'épouse d'Odin, montée à bord du navire de la terre, le lance courageusement dans les plaisirs; sa voile, qui repose sur les cordages, ne sera déchirée que fort tard.

78. Mon fils! c'est seulement pour toi et pour les fils de la salle du soleil que ton père a préparé cette coupe; le sage Vig-Dvalin l'a tirée de la colline tumulaire.

79. Ici sont les runes gravées par les neuf filles de Njœrd : Rodvejg l'aînée, Kreppvœr la cadette, avec sept de leurs sœurs.

80. Combien de mal a été fait par Svafer et Svafurloge! Les blessures faites par eux, ils les suçaient, selon les anciennes coutumes.

---

81. Ce poëme, que je t'ai appris, tu le chanteras devant les vivants. Un grand nombre des strophes du Chant du Soleil ne sont pas inventées.

82. Nous nous séparons ici, mais nous nous retrouverons peut-être lors du grand jour des hommes. Seigneur, donne le repos aux morts et la consolation aux vivants!

83. On t'a chanté en songe une sagesse singulière; mais ce que tu as vu est vrai. Pas un homme, quelle que soit sa science, n'a entendu auparavant les paroles du Chant du Soleil.

SECONDE PARTIE

I

LE POÈME SUR VŒLUND

L'un des rois de Svithiod (1) se nommait Nidad; il avait deux fils et une fille : cette dernière s'appelait Bœthvild.

Il y avait trois frères, fils du roi des Finois : l'un se nommait Slagfinn, le second Egil et le troisième Vœlund; ils couraient en raquettes, se livraient à l'exercice de la chasse, et arrivèrent dans la vallée du Loup; ils y bâtirent une maison. Près de là est le lac du Loup. Le lendemain, de bonne heure, ils trouvèrent sur le bord du lac trois femmes qui filaient du lin; auprès d'elles étaient leurs formes de cygne. Ces femmes étaient des Valkyries, et deux d'entre elles, Hladgun-Svanhvit

(1) Ancien nom de la Suède. (Tr.)

et Hervor-Allhvit, étaient filles du roi Lœdve; la troisième était Alrun, fille de Kjar de Valland. Les trois frères les emmenèrent chez eux. Egil prit Alrun, Slagfinn prit Svanhvit, et Vœlund Allhvit. Ils passèrent sept hivers ensemble, puis les femmes s'envolèrent pour chercher les batailles et ne revinrent pas. Egil s'en fut à la recherche d'Alrun et Slagfinn à celle de Svanhvit; mais Vœlund resta dans la vallée du Loup. Suivant les antiques sagas, pas un homme n'était aussi adroit que lui de ses mains. Nidad le fit arrêter comme il est dit dans ce poëme.

---

1. Les jeunes vierges s'envolèrent du Sud à travers Mœrkved; la jeune Allhvit afin d'accomplir sa destinée. Les filles du Sud s'assirent sur le rivage pour se reposer et filèrent le lin précieux.

2. L'une d'elles, la plus belle fille du monde, fut pressée contre le sein blanc d'Egil; Svanhvit était la seconde, elle portait des plumes de cygne; mais la troisième passa ses bras autour du cou blanc de Vœlund.

3. Elles restèrent en ce lieu sept hivers, s'ennuyèrent pendant toute la durée du huitième, et, le neuvième, le sort les sépara. Elles traversèrent la sombre forêt; Allhvit-la-Jeune pour accomplir sa destinée.

4. Quand Slagfinn et Egil revinrent de la chasse avec impatience, ils trouvèrent leur salle vide. Ils

sortirent et regardèrent de tous côtés. Egil s'en fut à l'orient pour chercher Alrun, et Slagfinn prit la direction du midi pour retrouver Svanhvit.

5. Mais Vœlund resta seul dans la vallée du Loup; il forgeait l'or rouge, en entourait des pierres précieuses, et appareillait avec soin les anneaux d'or. Il attendit sa femme lumineuse.

6. Alors Nidad, roi de Njard (1), apprit que Vœlund était seul dans la vallée du Loup. Ses hommes, qui portaient des cottes de mailles à clous, partirent pendant la nuit; la lune réfléchissait ses rayons sur leurs boucliers.

7. Ils descendirent de cheval devant la maison, puis avancèrent le long de la salle et virent des anneaux enfilés sur du canepin, au nombre de sept cents.

8. Ils désenfilèrent ces anneaux et les enfilèrent de nouveau, à l'exception d'un seul qu'ils gardèrent. Vœlund était allé fort loin à la chasse et avait impatience de rentrer chez lui.

9. Il s'approcha du feu pour rôtir l'ours; les broussailles de sapin et autre bois desséchés par le vent, placées devant Vœlund, produisirent des flammes très-hautes.

10. Il était assis sur la peau d'ours, et les Alfes comptèrent les anneaux : il en manquait un. Vœlund pensa alors que la fille de Hlœdve, Allhvit-la-Jeune, était de retour et qu'elle avait pris cet anneau.

(1) La Néricie. (Tr.)

11. Il resta assis en ce lieu et finit par s'y endormir ; mais son réveil ne fut pas joyeux : ses mains étaient couvertes de liens pesants, et des fers retenaient ses pieds.

12. Quels sont les héros qui m'ont donné ces liens pesants et qui m'ont enchaîné?

13. Nidad, le roi de Njard, s'écria : « Où as-tu trouvé, Vœlund, prince des Alfes, nos trésors dans la vallée du Loup ? »

14. « Il n'y avait point d'or sur le chemin de Granne (1). Notre pays est éloigné des montagnes du Rhin, et nous étions plus magnifiques, je m'en souviens, quand nous goûtions le bonheur dans nos maisons avec nos épouses. »

15. Hladgun et Hervœr étaient filles de Hlœdve ; Alrun, fille de Kjar, était connue. Elle suivit les murs de la salle haute, s'arrêta au milieu du plancher et entonna ce chant : Il n'est pas gai celui qui sort de la forêt.

(Le roi Nidad donna à sa fille Bœthvild l'anneau enlevé à Vœlund ; il portait le glaive de ce dernier.)

LA REINE *chanta*.

16. Ses dents s'allongent quand il voit le glaive et lorsqu'il aperçoit l'anneau de Bœthvild. Ce brillant serpent a les yeux perçants ; coupez-lui les muscles de la force et déposez-le dans Sjœ-Stad (2).

(1) Le cheval de Sigurd, le vainqueur de Fafner. (Tr.)
(2. Petit îlot près du rivage. (Tr.)

(Cet ordre fut exécuté ; les muscles du jarret de Vœlund furent coupés, après quoi on le déposa dans un îlot non loin du rivage. Il y forgea toute espèce d'objets précieux pour le compte du roi. Excepté le monarque, personne ne l'approchait.)

VŒLUND *chanta*.

17. Au ceinturon de Nidad brille mon glaive ; je l'avais aiguisé de mon mieux ; j'en avais doré la lame avec soin. Le beau glaive est maintenant séparé de moi pour toujours, et on l'apporte à Vœlund dans sa forge.

18. Bœthvild porte l'anneau rouge de ma fiancée, et je n'en suis pas indemnisé. C'est ainsi que chantait Vœlund assis ; il ne dormait pas, il frappait avec le marteau et fabriquait promptement des pièges contre Nidad.

19. Les deux fils de Nidad allèrent vers la mer et arrivèrent à Sjœ-Stad. Ils coururent vers le coffre, en demandèrent les clefs ; la haine était éveillée, ils regardèrent dans le coffre.

20. Il contenait une foule de parures qui leur semblèrent composées d'or rouge et de pierres précieuses : « Revenez seuls tous deux demain, et cet or vous sera donné.

21. « Ne dites pas aux jeunes filles ni aux gens de la maison que vous êtes venus me voir. » — L'un des frères appela l'autre de bonne heure. « Allons regarder les anneaux. »

22. Ils coururent vers le coffre, en demandèrent les

clefs; la haine était éveillée, ils regardèrent dans le coffre. Vœlund coupa la tête de ces enfants, et leurs os furent déposés dans la cuvette à rafraichir.

23. Mais il monta en argent les crânes qui étaient sous les cheveux et les donna à Nidad; avec les yeux il fit des pierres précieuses et les envoya à la femme rusée du roi.

24. Avec les dents des jeunes princes il fit des colliers et les adressa à Bœthvild; celle-ci vanta sa bague et la porta à Vœlund lorsqu'elle fut cassée. « C'est à toi seul que j'ose confier cet accident. »

VOELUND *chanta.*

25. Je raccommoderai si bien cette bague qu'elle paraîtra plus belle aux yeux de ton père et de ta mère, en restant la même pour toi.

26. Il l'enivra avec un breuvage magique, car il savait les faire, et Bœthvild s'endormit sur la chaise. « Maintenant je me suis vengé de tous mes chagrins, un seul excepté, et ce n'est pas le moindre.

27. « Honneur à moi! chanta Vœlund, je me suis dressé sur les muscles (1) que les hommes de Nidad m'ont coupés. » Vœlund se souleva dans les airs en souriant; Bœthvild s'éloigna de l'îlot en pleurant: elle s'affligeait du départ de son fiancé et de la colère de son père.

28. La femme rusée de Nidad était dehors, elle ren-

---

(1) Ceux des jarrets. (*Tr.*)

tra en longeant les murs de la haute salle ; son mari était assis près de la cour pour reposer. « Éveille-toi, Nidad, prince de Njard ! » —

29. « Je veille toujours et m'assoupis sans joie ; ma dernière pensée est la mort de mes fils ; ma tête est froide, tes conseils me glacent : je voudrais parler à Vœlund.

30. « Dis-moi, Vœlund, roi des Alfes, ce que mes fils bien portants sont devenus ? » —

31. « Tu commenceras par me faire tous les serments ; tu jureras au nom du tillac de ton navire, par le bord du bouclier, par les épaules de ton cheval et par le tranchant du glaive :

32. « De ne pas tourmenter la femme de Vœlund. Ne deviens pas le meurtrier de ma fiancée, quoique j'aie dans ces salles une femme connue de vous et un fils.

33. « Va à la forge que tu as bâtie, tu y trouveras le soufflet taché de sang. J'ai tranché la tête de tes fils et déposé leurs os dans la cuvette à rafraîchir.

34. « Les crânes qui étaient en dessous des cheveux, je les ai montés en argent et donnés à Nidad ; mais les pierres précieuses faites avec leurs yeux, je les ai envoyées à la femme rusée de ce prince.

35. « Avec les dents de tes fils j'ai fait un collier pour Bœthvild, votre fille unique à tous deux, qui est maintenant pesamment chargée d'un enfant. » —

36. « Tu ne pouvais trouver une parole qui me causât plus de douleur, ni dont j'aurais plus envie de te

punir. Il n'est pas d'homme d'une taille assez élevée pour t'enlever de dessus ton cheval, ni assez fort pour t'abattre d'un coup de flèche à la hauteur où tu planes dans les nuages. »

37. Vœlund se souleva en souriant dans les airs, mais Nidad resta mécontent à terre.

38. « Lève-toi, Takrôd, le meilleur de mes esclaves ! invite Bœthvild, la jeune fille aux beaux sourcils, à mettre ses habits de fête pour venir parler à son père.

39. « Ce qu'on m'a dit est-il vrai, Bœthvild ? as-tu été avec Vœlund dans l'îlot ? »

40. Oui, Nidad, on t'a dit la vérité ; Vœlund et moi nous avons été assis ensemble dans l'îlot durant un moment de malheur. Hélas ! pourquoi en a-t-il été ainsi ? Je ne pouvais rien lui faire, et je n'eus pas la force de lui résister.

II

LE POÈME SUR HELGE

LE VAINQUEUR DE HATING

———

Hjœrvard était le nom d'un roi qui avait quatre femmes : l'une d'elles s'appelait Alfhild, et son fils Hejdinn, la seconde Sjœrejd, et son fils Humlung, la troisième Simjod, et son fils Hymling. Le roi Hjœrvard avait fait le serment de posséder la femme qui lui paraîtrait la plus belle. Il apprit que le roi Svafner avait une fille appelée Sigurlinn, dont la beauté surpassait celle de toutes les femmes. Le Jarl de Hjœrvard se nommait Idmund ; Atle, son fils, envoyé vers Svafner pour lui demander Sigurlin, passa un hiver chez ce roi. Franmar était Jarl du royaume de Svafner et père nourricier de Sigurlinn ; sa fille se nommait

Alof. Ce Jarl donna le conseil de refuser la demande d'Atle, qui retourna vers son père.

Atle était un jour auprès d'un bosquet. Un oiseau, perché sur les branches au-dessus de lui, ayant entendu les hommes qui l'entouraient dire que les femmes du roi Hjœrvard étaient les plus belles, se mit à gazouiller, et Atle l'écouta.

1. As-tu vu Sigurlinn, la plus belle fille de la terre? Cependant les femmes de Hjœrvard paraissent jolies aux hommes du bosquet de Glasis.

ATLE.

2. Savant oiseau, veux-tu causer encore avec Atle-Imundsson?

L'OISEAU.

J'y consens, si le roi m'offre un sacrifice et me laisse choisir ce que je voudrai dans les demeures royales.

ATLE.

3. Ne prends pas Hjœrvard ni ses fils, ni les jolies suivantes des princesses, ni les femmes du roi; négocions comme il convient à des amis.

L'OISEAU.

4. Je choisis les nombreux autels et le bétail à cornes d'or qui se trouvent dans les domaines du roi, et

Sigurlinn dormira dans ses bras; elle suivra ce prince sans contrainte.

> (Ceci se passa avant la mission d'Atle. Le roi l'interrogea à son retour.)

ATLE *chanta*.

5. Nous avons eu beaucoup de peine et pas de succès. Les chevaux se sont fatigués dans la longue chaîne de montagnes, et nous avons été obligés de passer le Sæmorn à gué. Puis la fille de Svafner, couverte d'or, nous a été refusée.

> (Le roi les engagea à recommencer le voyage, et le fit avec eux. Arrivés au sommet d'une montagne, ils virent le Svavaland (1) ravagé par le feu; le pas des chevaux soulevait une poussière épaisse. Le roi descendit la montagne à cheval, pénétra dans le pays, et s'établit pour la nuit auprès d'une rivière. Atle fit sentinelle, et, traversant la rivière, il vit sur l'autre bord une maison. Un grand oiseau, chargé de la garder, s'était endormi; Atle le tua avec sa lance; mais il trouva dans la maison Sigurlinn, la fille du roi, et Alof, la fille du Jarl. Il les emmena avec lui. Le Jarl Franmar, recourant à la magie, les avait cachées à l'armée et pris sa forme d'aigle. Un roi, appelé Hrodmar, avait demandé la main de Sigurlinn; ayant éprouvé un refus, il tua le roi de Svava, dévasta le pays avec le fer et le feu. Sigurlinn devint la femme du roi Hjœrvard, Atle eut Alof. Le roi et Sigurlinn eurent un fils vigoureux et beau, mais silencieux, qui ne répondait à aucun nom. Etant assis sur une colline, il vit neuf Valkyries; la plus remarquable d'entre elles chanta.)

UNE VALKYRIE.

6. Helge, puissant général, tu régneras tard sur les

---

(1) La Souabe. (*Tr.*)

anneaux et les pays, si tu te tais éternellement, quoique tu aies un cœur courageux comme celui d'un prince.

LUI.

7. Quel surnom accompagnera le nom de Helge que tu m'ordonnes de porter, brillante vierge? En y réfléchissant, je ne veux rien de ce que tu m'offres si je ne puis te posséder.

ELLE.

8. Il y a des glaives dans l'îlot de Sigar, quatre petits et cinquante autres; l'un d'eux est le meilleur : il porte malheur aux boucliers; il est encadré d'or.

9. Un anneau est à la poignée, le courage au milieu, et l'effroi à la pointe, pour celui qui le trouvera; un serpent couleur de sang longe le fil, sa queue entoure la poignée.

> (Un roi appelé Eylime avait une fille nommée Svava; elle était Valkyrie et chevauchait à travers l'espace et les mers. Elle protégea souvent Helge dans les batailles.)

HELGE *à Hjœrvard.*

10. Tu n'es pas un prince aux bons conseils, Hjœrvard, ni un puissant général, malgré ta célébrité. Tu as fait détruire par le feu le pays des princes qui ne t'avaient suscité aucun mal.

11. Mais Hrodmar possède les trésors qui ont ap-

partenu à nos pères : ce chef, pour soutenir sa vie, ne regarde guère autour de lui et pense qu'on le laissera jouir de l'héritage des exterminés.

> (Hjœrvard répond qu'il donnera des guerriers à Helge s'il veut se charger de venger la mort de son aïeul paternel. Helge se met à la recherche du glaive indiqué par Svava ; l'ayant trouvé, il part avec Atle, bat Hrodmar, se distingue par de nombreux exploits héroïques, tue le géant Hate, assis sur une montagne. Helge et Atle se tenaient avec leurs navires dans le golfe de Hate, et Atle fit sentinelle pendant la première partie de la nuit.)

HRIMGERD, *fille de Hate, chanta.*

12. Qui sont-ils, ces héros réunis dans le golfe de Hate? Les tentes sont faites sur vos navires avec des boucliers. Vous vous comportez dignement et paraissez peu accessibles à la crainte. Dites-moi le nom de votre roi.

ATLE *chanta.*

13. Il se nomme Helge, mais tu ne pourras jamais lui faire du mal ; des cercles de fer cernent notre flotte, et les démons ne peuvent nous détruire.

HRIMGERD *chanta.*

14. Comment te nommes-tu, homme puissant? Quel nom le peuple te donne-t-il? Le roi a confiance en toi, puisqu'il te laisse le soin de garder son joli vaisseau.

ATLE.

15. Mon nom est Atle, et je serai dur envers toi. Je

déteste les démons, et j'ai souvent défendu le navire humide contre les artifices.

16. Comment te nommes-tu, géante affamée de chair morte? Dis-moi le nom de ton père. Tu devrais être à neuf haltes dans la terre, avec un arbre croissant sur ton sein.

HRIMGERD.

17. Je m'appelle Hrimgerd, et mon père se nommait Hate : pas un géant ne l'égalait en puissance. Il enleva bien des fiancées de leurs demeures avant d'être tué par Helge.

ATLE.

18. C'est toi, hideuse sorcière, qui étais couchée en travers du vaisseau de Helge à l'embouchure du golfe, et devant les guerriers du roi, que tu aurais donnés à Hel si la proue ne t'avait point heurtée.

HRIMGERD.

19. Tu es troublé, Atle! Je crois que tu rêves; tu abaisses le sourcil. C'est ma mère qui était devant les vaisseaux du roi. J'ai plongé dans l'Océan les fils de Hlœdve.

20. Tu devrais hennir maintenant, si tu n'étais pas châtré. Je crois, Atle, que ton cœur est fixé à ton dos, quoique ta voix soit claire encore.

ATLE.

21. Je te paraîtrais vigoureux si tu éprouvais ma

force et si je pouvais descendre à terre. Tu serais déjà anéantie si ma colère s'était allumée.

HRIMGERD.

22. Atle, puisque tu as confiance en ta force, viens à terre ; joignons-nous dans la baie de Varin. Comme tes côtes seront redressées, guerrier, si tu tombes entre mes griffes !

ATLE.

23. Je ne puis m'éloigner tant que nos gens ne seront pas réveillés pour garder le roi ; je ne suis pas certain du moment où un démon passera en dessous de nos navires.

24. Éveille-toi, Helge, et donne une composition à Hrimgerd, pour Hate que tu as tué. Qu'elle dorme une nuit avec le roi, et elle sera indemnisée du dommage éprouvé.

HELGE.

25. Il se nomme Velu, celui qui doit te posséder, horreur des hommes. Le géant de l'île de Toll, cent fois savant et le plus pervers des habitants des cavernes, est le mari qui te convient.

HRIMGERD.

26. Tu préférerais, Helge, posséder celle qui gardait le port et tes gens la dernière nuit. La jeune fille

parée d'or me sembla forte ; c'est ici qu'elle a pris terre en sortant de l'Océan, au moment où elle amarra tes navires ; elle m'ôte la force de tuer les gens du roi.

HELGE.

27. Écoute, Hrimgerd ! si tu veux une indemnité pour le dommage que tu as éprouvé, réponds avec exactitude : était-elle seule ou accompagnée de plusieurs, la femme qui a préservé ma flotte ?

HRIMGERD.

28. Elles étaient trois bandes de neuf chacune, mais une vierge chevauchait à leur tête ; elle était blanche sous le casque. Les chevaux secouèrent leur crinière, la rosée tomba dans les vallées profondes, et la grêle sur les arbres élevés ; il viendra ensuite de bonnes années sur la terre. Tout ce que je vis alors est repoussant pour moi.

ATLE.

29. Regarde à l'orient, Hrimgerd, car Helge t'a frappé à mort par son discours : la flotte du roi est protégée sur mer et du côté de terre ; il en est de même pour les hommes de son armée.

30. Il fait jour maintenant, Hrimgerd ; Atle t'a retenu pour te faire perdre ton temps ; de singuliers indices de port se montrent dans la pierre sur laquelle tu te tiens.

(Le roi Helge était un grand général. Il alla trouver le roi Eylime et lui demanda sa fille. Helge et Svava firent échange de promesse et s'aimèrent admirablement. Svava était chez son père et Helge à l'armée; Svava continua à être une valkyrie. Hedinn habitait chez son père le roi Hjœrvard, en Norwége. Il revint, une veille de Noël, en voiture et seul de la forêt; il rencontra une sorcière à cheval sur un loup, avec des aigles pour brides. Elle offrit à Hedinn de lui tenir compagnie. Non, répondit-il. — Tu me payeras ce refus, lors des santés de Brage, reprit la sorcière. Les promesses eurent lieu le soir. Le cochon de lait du sacrifice fut amené, les hommes posèrent les mains dessus et firent des promesses en tenant les coupes de Brage pleines. Hedinn jura de posséder Svava, fille du roi Eylime et la bien-aimée de son frère. Il éprouva un si grand repentir d'avoir fait cette promesse, qu'il partit, se dirigea vers les pays du sud et rejoignit son frère.)

HELGE *chanta*.

31. Sois le bienvenu, Hedinn; donne-nous des nouvelles de la Norwége. D'où vient que tu as été chassé du pays, et que tu arrives seul ici?

HEDINN.

32. Un plus grand malheur encore m'est survenu. Mon choix s'est arrêté, tandis que je tenais la coupe de Brage, sur la jeune fille royale ta fiancée.

HELGE.

33. Ne t'accuse point, Hedinn! les promesse faites en buvant s'accompliront à notre égard. Le chef m'a défié dans la plaine au bout de trois nuits. Je m'y ren-

drai, mais mon retour est incertain ; profite de ce qui pourra arriver.

HEDINN.

34. Tu as dit, Helge, que Hedinn méritait de ta part du bien et de grands présents; il serait plus convenable pour toi de teindre ton glaive dans le sang que de donner la paix à ton ennemi.

> (Helge chanta ainsi, car il pressentait sa mort, et que les esprits, ses compagnons, avaient fait visite à Hedinn en voyant la sorcière chevaucher sur le loup.
> Alf, fils du roi Hrodmar, avait provoqué Helge à une bataille à Sigarsvall trois jours après, et Helge chanta.)

35. Lorsque la nuit fut venue, une femme montée sur un loup demanda à Helge la permission de le suivre; elle savait que le fils de Sigurlinn succomberait à Sigarsvall.

> (Il y eut une grande bataille, où Helge fut blessé mortellement.)

36. Helge envoya Sigar à cheval vers la fille unique d'Eylime, pour la prier de se hâter, si elle voulait trouver le roi en vie.

SIGARD.

37. Helge m'envoie te parler en personne, Svava. Le prince dit qu'il veut te voir avant de rendre l'esprit.

SVAVA.

38. Qu'est-il arrivé à Helge, le fils de Hjœrvard ? Un chagrin affreux est venu m'assaillir! La mer l'au-

rait-elle trahi, ou bien un glaive l'aurait-il atteint? Je le vengerai.

SIGAR.

39. Helge est tombé ce matin auprès de la pierre de Freka ; c'était le meilleur roi qui fût sous le soleil. Alf pourra disposer maintenant de la victoire; cependant elle lui sera moins nécessaire cette fois.

HELGE *à Svava.*

40. Honneur à toi, Svava! calme ton chagrin ; cette rencontre est probablement la dernière que nous aurons dans ce monde. On demande si la plaie du roi saigne ; le glaive s'est un peu trop approché de mon cœur.

41. Je t'en prie, Svava, ma fiancée..... ne pleure pas si tu veux entendre mes paroles : prépare le lit nuptial pour Hedinn, et donne ton amour à ce jeune prince.

SVAVA.

42. J'avais promis mon amour dans un temps meilleur et lorsque Helge choisissait des anneaux près de moi. Après la mort de mon prince, ce ne sera pas sans violence qu'un roi inconnu me pressera dans ses bras.

HELGE.

43. Embrasse-moi, Svava!

SVAVA.

Je ne reviendrai pas dans le pays troublé, ni sur les remparts de Rœdul, que je n'aie vengé le fils de Hjœrvard, le meilleur roi qui fût sous le soleil.

On dit que Helge et Svava naquirent une seconde fois. Voyez la fin du cinquième chant.

III

LE POÈME SUR HELGE

LE VAINQUEUR DE HUNDING

---

1. Dans le commencement des temps, lorsque les saintes eaux tombaient des montagnes du ciel, les oiseaux chantaient. Alors naquit de Bórghild, à Brólund, Helge-le-Courageux.

2. Il faisait nuit dans le château ; les Nornes, qui avaient filé la vie de ce jeune noble, arrivèrent : elles l'invitèrent à devenir le plus célèbre des princes, et dirent qu'il serait vénéré comme le meilleur des rois.

3. Elles filèrent avec force le fil du destin, et tout le château trembla dans Brólund. Elles déroulèrent la ganse d'or et la fixèrent en dessous de la salle de la lune.

4. Elles en attachèrent les bouts à l'est et à l'ouest ;

le roi possédait les pays qui se trouvaient entre ces deux points. Alors la sœur de Nere lança un fil au nord, en lui ordonnant de durer éternellement.

5. Un chagrin fut placé devant le fils d'Ylfing et de la jeune fille qui devait faire sa félicité. Le corbeau chanta contre le corbeau ; ils étaient perchés sur la branche élevée, et je sais qu'ils mangèrent d'une chose sans vie.

6. « Il y a sous la cotte de mailles un fils de Sigmund ; il est vieux d'un jour ; maintenant que le soleil est levé, ses yeux brillent comme ceux d'un guerrier. Il est l'ami du loup, réjouissons-nous ! »

7. Le peuple trouva qu'il avait un aspect royal. « Grim, disait-il, est revenu parmi les hommes. » Le roi lui-même s'éloigna du fracas de la bataille pour porter des lis au jeune prince.

8. Il lui donna le nom de Helge, puis Hringstad, Solfjœll, Snæfjœll et le rempart de Sigar ; il donna Hringstad, Hôtun et Himingvanger, et le glaive d'or au frère de Sinfjœtle.

9. Le nouveau-né commença à croître parmi ses amis, au centre du bonheur. Il récompensait les guerriers, leur donnait de l'or, et le roi ne cessait de teindre son glaive dans le sang.

10. Le roi, lorsqu'il eut atteint quinze hivers, ne resta pas éloigné des batailles. Le vigoureux Hunding, qui avait longtemps opprimé le pays et les hommes, tomba devant lui.

11. Les fils de Hunding réclamèrent du fils de Sigmund des terres et des anneaux, car ils avaient à se venger sur la personne du roi d'un butin considérable en argent, et de la mort de leur père.

12. Le roi ne fit pas compter de l'argent et ne donna point de composition à la famille de Hunding : « Vous avez de grandes tempêtes à attendre, dit-il, de la part des javelots gris et de la colère d'Odin. »

13. Les guerriers viennent au rendez-vous qu'ils ont donné aux glaives près des montagnes de Loga. La paix de Frode est rompue, et les chiens de Vidrer (1), affamés de cadavres, courent dans l'île.

14. Le chef, après avoir battu Alf et Eyœlf, s'assit, et sous le rocher de l'aigle étaient Hjœrvard et Havard, les fils de Hunding. Helge avait exterminé toute la race de Geir-mimer.

15. Une lumière jaillit alors de la montagne de feu, de cette lumière sortaient des feux follets ; une armée couverte de casques se trouva à Himinvanger. Les cottes de mailles étaient tachées de sang, mais les javelots lançaient des rayons.

16. Le roi demanda de bonne heure aux filles du Sud, en frappant sur le bouclier, si elles voulaient, cette nuit, accompagner les guerriers ; le vent sifflait dans les arcs.

17. Mais la fille de Hœgne (elle était à cheval) obéit au fracas des boucliers, et répondit au roi : « Nous

---

(1) Odin. (Tr.)

avons autre chose à faire que de boire l'hydromel avec celui qui brise les bracelets.

18. « Mon père a-t-il promis sa fille au sombre fils de Granmar? J'ai déclaré que Hœdbrodd était un roi aussi intrépide que le fils de Katt.

19. Ce guerrier pourrait venir au bout de quelques nuits, si tu ne le défies point sur un champ de bataille, ou si tu n'enlèves pas la fiancée de ce prince clément.

HELGE.

20. Ne redoute pas la mort d'Isung; on entendra le bruit du combat, si je ne meurs point auparavant!

21. Le roi absolu envoya des messagers à travers les eaux et les airs pour demander du secours et offrir abondamment la récompense du combat aux hommes et à leurs fils.

22. « Priez-les de s'embarquer promptement, et de se tenir prêts à partir de l'île de Brand; c'est là que le roi attendra l'arrivée de quelques centaines d'hommes de l'île de Hedin. »

23. Et, le long du promontoire, l'armée des navires bardés d'or s'éloigne du rivage; alors Helge demanda à Hœrleif : « Sais-tu le nombre de ces vaillants hommes? »

24. Mais le jeune prince répondit : « Il faudrait du temps pour compter les longs navires qui se sont éloignés du rivage dans le détroit d'Œrval.

25. « Ils sont douze cents hommes sur lesquels on

peut compter ; mais il y a dans Hôtun moitié plus de guerriers appartenant au roi ; nous avons l'espoir de la victoire. »

26. Alors le pilote abaissa la tente de l'avant, de sorte que les généraux et leurs nombreux guerriers virent, en s'éveillant, le point du jour, et les chefs serrèrent la voile contre le mât dans la baie de Varin.

27. On y entendit le bruit des rames et des javelots ; le bouclier se brisa contre le bouclier, et les pirates ramèrent. La flotte du roi s'éloigna de terre, sous les ordres des chefs, en sifflant.

28. C'est le son que rendent les vagues quand les longues carènes les brisent et les font ressembler à des montagnes ou à des rochers.

29. Helge ordonna de hisser davantage la voile ; une vague ne manquait pas de succéder rapidement à l'autre, quand ces redoutables filles d'Ægir voulaient engloutir la flotte.

30. Mais Sigrun, vaillante dans les combats, maintenait les navires à la surface ; elle arracha avec puissance, des mains de Ran, les oiseaux du roi près des bosquets de Gnipa.

31. C'est là que la flotte bien équipée était à l'ancre dans la paisible baie ; mais les chefs de l'ennemi étaient sur la colline de Svarin. L'esprit animé par la vengeance, ils épiaient l'armée.

32. Gudmund, le fils des dieux, demanda : « Quel

est ce chef qui dirige la flotte et conduit la foule innombrable vers le rivage? »

33. Sinfjœtle chanta en appuyant sur la borne son resplendissant bouclier, dont le cercle était d'or. Il se trouvait là un poste des côtes, qui pouvait répondre et échanger des paroles avec les princes.

34. « Ce soir, quand tu donneras à manger aux pourceaux, et que tes chiennes appelleront, annonce que les descendants d'Ylfing sont arrivés par l'Orient; ils attendent le combat qui viendra des bosquets de Gnipa.

35. « C'est là que Hœdbrodd trouvera, au milieu de sa flotte, Helge, ce roi lent à fuir; souvent il a donné de la pâture aux aigles, tandis que tu embrassais les femmes esclaves dans le moulin. »

GUDMUND *chanta.*

36. Tu es peu versé dans les sagas de l'antiquité, capitaine ! puisque tu me reproches des choses fausses. Tu as mangé des mets de loups, et tu es devenu le meurtrier de ton frère. Tu as souvent sucé les blessures avec des lèvres froides, et tu t'es constamment mis à l'écart dans les buissons.

SINFJOETLE *chanta.*

37. Tu étais une sorcière dans l'île de Varin, femme aussi rusée qu'un renard, et tu y amassais des men-

songes. Sinfjœtle fut le seul homme qui se montra disposé à marcher.

38. Tu étais un démon corrupteur et cruel parmi les valkyries, tu es puissante auprès du père des mondes. Tous les Einhærjars auraient pu se battre à cause de toi, femme artificieuse. Nous donnâmes le jour à neuf loups sur le promontoire de Saga.... mais je fus seul leur père.

GUDMUND *chanta.*

39. Tu ne fus pas le père de Fenris, l'aîné de ces loups. Depuis lors les filles des géants ont fait de toi un eunuque dans les bosquets de Gnipa sur le promontoire de Thor.

40. Beau-fils de Sigger, tu as habité dans la terre, où tu étais accoutumé aux hurlements des loups dans la forêt. Toute espèce de méfaits te réussirent lorsque tu eus ouvert la poitrine de ton frère ; tes crimes t'ont rendu célèbre.

SINFJOËTLE *chanta.*

41. Tu as été la fiancée de Granne à Brôvallen ; tu avais un mors en or, et tu étais prête à courir. Je t'ai affamée, épuisée sous ta selle ; tu as fait bien des courses, sorcière, du haut en bas de la montagne.

42. On t'aurait prise pour un jeune homme sans mœurs, lorsque tu étais occupée à traire les chèvres de Gallner ; mais une autre fois tu étais une fille de

géant, une mendiante en haillons... Veux-tu continuer cette querelle ?

GUDMUND *chanta.*

43. J'aimerais mieux rassasier avec tes membres les corbeaux de la pierre de Freka, appeler les chiens pour leur donner à manger, ou donner la nourriture aux porcs. Que le démon se dispute avec toi !

HELGÉ *chanta.*

44. Il serait plus convenable pour toi, Sinfjœtle, de combattre et de réjouir les aigles, au lieu de livrer une bataille de paroles inutiles, en écoutant la haine interne que les chefs se portent.

45. Les fils de Gramnar ne me paraissent pas bons ; cependant, les rois doivent dire la vérité ; ils ont montré dans la bruyère de Moin qu'ils savaient tirer le glaive du fourreau.

46. Ils ont dépouillé Svipud et Svegjod de leur royaume, et leur ont fait prendre la fuite vers les demeures du soleil. Partout où ces hommes forts passaient, le cheval de Mista s'élançait par-dessus les vallées remplies de rosée et les vallons obscurs.

47. Ils rencontrèrent le roi sous la porte du château et lui annoncèrent l'arrivée du prince ennemi. Hœdbrodd était dehors sans casque ; il entendit le pas des chevaux de ses fils. « D'où vient que la couleur du dépit s'est étendue sur le visage de mes héros ?

48. « Des carènes agiles, des cerfs mâtés, de longues vergues, grand nombre de boucliers, des rames luisantes, une armée royale magnifique, des chefs joyeux se dirigent vers la terre.

49. « Quinze bandes ont débarqué; mais il y a dans le vallon là-bas sept mille hommes. Dans le port qui baigne le pied du bosquet de Gnipa, il y a des vaisseaux bleus à plaques d'or. La plus grande partie de la flotte se trouve en cet endroit; Helge ne tardera point à combattre.

50. « Maintenant, des animaux bridés courent se réunir en bandes nombreuses. Spor-vitner se rend dans la bruyère de Sparin; Melner et Mylner vont à Myrkved : tout homme qui peut lancer un glaive doit sortir du logis.

51. « Appelez les fils de Hœgne et de Hring, Atle, Yngvé et Alf-le-Vieux; ils sont disposés à combattre. Que les enfants de Vœl trouvent de la résistance. »

52. Un signe suffit, et les lames bleues se joignirent près de la pierre de Freka. Helge, le vainqueur de Hunding, était toujours en avant de la bande où combattaient des héros. Vif dans le combat, excessivement lent à fuir, ce prince possédait un cœur ferme et courageux.

53. La Valkyrie descend du ciel; le fracas de la lutte augmente ainsi que le nombre de ceux qui viennent au secours du roi; et Sigrun, accoutumé à planer

au-dessus des récifs où combattent les héros, chanta sur l'arbre de Hugen (1) :

54. « Roi, descendant d'Yngvé, tu régneras avec bonheur sur le peuple, et la vie te réjouira quand tu auras tué le prince lent à fuir, ce prince qui causa la mort du géant Isung : les anneaux rouges et la jeune fille riche te conviendront également.

55. « Prince, tu jouiras avec bonheur de la fille de Hœgne et de Hrinstad, de la victoire et des pays conquis. Alors la lutte sera terminée. »

(1) Les nuages. (Tr.)

IV

LE SECOND POÈME SUR HELGE

LE VAINQUEUR DE HUNDING

Le roi Sigmund Vœlsungsson possédait Borghild de Brôlun; ils nommèrent leur fils Helge d'après Helge Hjœrvardsson (1). Le jeune prince fut élevé par Hagal. Hunding était un roi fort riche; il a donné son nom au Hundland. C'était en même temps un guerrier célèbre, et il avait beaucoup de fils, tous occupés d'expéditions lointaines. La discorde et l'inimitié régnaient entre Sigmund et Hunding, ils tuaient réciproquement leurs parents; le roi Sigmund et sa race portaient le nom de Vœl et d'Ilfing. Helge es-

---

(1) C'est à-dire *fils* de Hjœrvard; la terminaison *son* ajoutée aux noms propres suédois a presque toujours cette signification.   (*Tr.*)

pionna secrètement la cour de Hunding, et Hœming était le fils de ce dernier. Lorsque Helge retourna chez son père, il rencontra un jeune garçon qui menait paître les troupeaux, et chanta :

---

1. Dis à Hœming que le guerrier couvert de la cotte de mailles, ce loup gris assis dans votre salle, et que le roi Hunding supposait être Hamal, est Helge.

> (Hamal était le fils de Hagal. Le roi Hunding envoya des guerriers vers Hagal pour chercher Helge ; ce dernier, n'ayant pas d'autre moyen de se tirer d'embarras, prit des vêtements de servante et s'en fut moudre. On chercha donc Helge sans le trouver ; alors Blinder la rusée chanta.)

2. « L'esclave de Hagal, qui est dans le moulin, a les yeux bien pénétrants ; elle ne sort pas d'une race de paysan. Les meules se brisent, le panier se remplit ; quand le roi est obligé de moudre de l'orge, le guerrier peut se plaindre de sa destinée. La poignée d'un glaive conviendrait bien mieux à cette main que la roue d'un moulin. »

HAGAL *chanta.*

3. « Lorsque la meule est tournée par une fille de roi, il n'est pas étonnant que le panier se remplisse. Cette esclave planait au-dessus des nuages, et aurait pu combattre comme un pirate ; mais Helge lui a donné

des fers. Elle est sœur de Hœgne et de Sigar; c'est pourquoi la fille d'Yfing a les yeux si pénétrants. »

> (Helge s'échappa et se rendit sur les navires de guerre. Il tua le roi Hunding et fut appelé depuis Helge, le vainqueur de Hunding. Il se tenait avec son armée à Bruna-Vŏg, tua en ce lieu des bestiaux et mangea bien. Hœgne était un roi dont la fille se nommait Sigrun; elle était valkyrie et chevauchait dans l'espace et les mers; c'était Svava, née de nouveau. Sigrun chevaucha vers les navires de Helge et chanta.)

SIGRUN.

4. A qui appartiennent ces navires flottants près de la côte? Chefs, où est votre patrie? qu'attendez-vous ici? où allez-vous?

HELGE *chanta.*

5. Cette flotte appartient à Hamal; notre patrie est l'île de Hlessœ, nous attendons le vent d'Orient.

SIGRUN *chanta.*

6. Prince, où as-tu réveillé Hildur (1) et rassasié les oiseaux frère du combat? Comment se fait-il que ta cotte de mailles est tachée de sang? Pourquoi mange-t-on la chair crue sous le casque?

HELGE *chanta.*

7. Le descendant d'Ylfing s'est nourri ainsi près de la mer de l'occident, après avoir pris l'ours du bos-

(1) La guerre. (Tr.)

quet de Brage et nourri les aigles avec la récolte des javelots. Maintenant, jeune fille, je t'ai dit pourquoi nous avons mangé de la chair crue sur le rivage.

SIGRUN.

8. Tu annonces la guerre, et le roi Hunding s'évanouit sous les coups de Helge : dans la mêlée, vous avez vengé vos morts, et le tranchant du glaive était taché de sang.

HELGE.

9. Comment sais-tu, vaillante jeune fille, que nous avons vengé nos morts? Ces braves fils du combat sont nombreux, et leur souvenir est vif dans la mémoire des hommes de notre race.

SIGRUN.

10. Je n'étais pas loin, prince du javelot! tu as donné la mort à bien des chefs. Je tiens le fils de Sigmund pour un sage, puisqu'il sait raconter la bataille en termes choisis.

11. Je t'ai vu déjà une fois, lorsque tu habitais sur tes longs navires à la proue sanglante, devant lesquels folâtraient les vagues bleues et froides. Le héros cherche maintenant à me faire prendre le change, mais la fille de Hœgne le connaît.

V

LE POÈME ANTIQUE

SUR LES VŒLS

———

« Granmar, ainsi se nommait un roi fort riche qui habitait sur la colline de Svarin. Il avait un grand nombre de fils : l'un s'appelait Hœdbrodd, le second Gudmund, le troisième Starkather. Hœdbrodd se rendit un jour à l'assemblée royale pour demander la main de Sigrun, qui lui fut promise. Cette détermination étant parvenue aux oreilles de Sigrun, elle s'enfuit à cheval avec des valkyries, traversa l'air et l'Océan pour chercher Helge, qui était auprès de la montagne de Loga, où il venait d'avoir un combat avec les fils de Hunding. C'est dans cette bataille qu'il tua Alf et Eyœlf, Hjœrvard et Hervard. Le roi Helge, très-fatigué, s'était assis en dessous du rocher de l'aigle. Sigrun le trouva en cet endroit, lui sauta au cou, l'embrassa et lui raconta le sujet de sa venue.

1. Sigrun s'en fut à la recherche du joyeux prince ; elle prit la main du héros, puis elle salua le roi, qui avait la tête couverte de son casque, et finit par l'embrasser.

2. L'inclination du héros se tourna vers celle qui prétendait l'avoir aimé de tout son cœur avant de l'avoir vu.

SIGRUN *chanta.*

3. « On m'a promise à Hœdbrodd dans l'assemblée royale ; mais c'est à un autre roi que je veux appartenir. J'ai blessé la volonté de mon père et encouru la colère de ma famille. »

4. La fille de Hœgne n'a point parlé contre son penchant, elle a dit que l'amour de Helge lui appartiendra.

HELGE *chanta.*

5. Ne redoute point la colère de Hœgne ou les mauvaises dispositions de ta famille. Tu vivras pour moi, jeune fille : je vois que tu es issue d'une bonne maison.

(Helge réunit alors une grande flotte et se rendit à Freka-Sten. Il essuya sur mer un ouragan des plus grands et surprenant, les éclairs éclairaient même l'intérieur des navires. On vit che-

vaucher dans l'air neuf valkyries qui reconnurent Sigrun. La tempête se calma alors, et on atteignit la terre. Les fils de Graumar étaient assis sur une montagne quand les navires cinglèrent vers la terre. Gudmund s'élança sur son cheval pour prendre des renseignements sur la montagne. Alors les Vœls plièrent les voiles et Gudmung chanta, comme il a été dit dans le poëme sur Helge. Qui est le chef qui commande la flotte et amène une foule innombrable à terre?
Voici ce que chanta Gudmund, le fils de Graumar.)

GUDMUND.

6. Quel est ce descendant de Skœld qui dirige les navires et dont la bannière d'or est à la poupe? La paix ne réside pas, je crois, sur son vaisseau : l'aurore du combat enveloppe les marins de ses feux.

SINFJOETLE.

7. Hœdbrodd pourrait trouver, au milieu de sa flotte, le roi Helge, qui est lent à fuir; il possède les biens de toute ta race, et s'est emparé de l'héritage des fils de Hunding.

GUDMUND.

8. C'est pourquoi nous devrions terminer promptement notre querelle par un combat singulier près de la pierre de Fréka! Il est temps pour Hœdbrodd de se venger; nous endurons depuis longtemps un sort contraire.

SINFJOETLE.

9. Tu ferais mieux, Gudmund, de mener paître les

chèvres, de gravir les montagnes escarpées, ou de tenir à la main un bâton de coudrier ; ces occupations seraient plus douces pour toi que les arrêts rendus par le glaive.

HELGE chanta.

10. Tu agirais d'une manière plus convenable, Sinfjœtle, si, au lieu de te quereller ainsi, tu tentais la chance des combats, et si tu réjouissais les aigles. Des divisions intestines nuisent aux princes.

11. Les fils de Granmar ne me paraissent pas bons, mais un roi doit dire la vérité ; ils ont montré de la valeur dans la bruyère de Moin : les héros sont infatigables.

> (Gudmund retourna chez lui, et les fils de Granmar assemblèrent une armée ; il y vint beaucoup de rois. Là se trouvaient Hœgne, le père de Sigrun, et ses fils Brage et Dag. Une grande bataille eut lieu, tous les fils de Granmar y périrent, ainsi que tous leurs chefs, excepté Dag ; il obtint la paix et prêta serment aux Vœls. Sigrun parcourut le champ de bataille et trouva Hœdbrodd prêt à expirer ; elle chanta.)

SIGRUN.

12. Je ne descendrai pas de la montagne de Sveva pour tomber dans tes bras, Hœdbrodd. Ta vie est terminée ; les griffes du cheval gris (1) de la géante saisissent souvent les fils de Granmar.

> (Elle rencontra Helge et fut toute réjouie ; Helge chanta.)

(1) Le loup. [(Tr.)

HELGE.

13. Savante valkyrie, ton bonheur n'est pas complet ; un malheur t'a été envoyé ce matin par les Nornes auprès de la pierre de Freka. Brage et Hœgne ont succombé, et je suis leur vainqueur.

14. Le roi Starkather est tombé auprès de Styrkleife ; et à Hleberg ont péri les fils de Hrollaug ; le corps de ce chef combattait encore après avoir été séparé de sa tête.

15. Presque tous les hommes de ta race, couchés à terre, sont devenus des cadavres ; tu n'as point participé à la bataille, mais il était dans ta destinée de devenir un sujet de querelle entre les puissances.

16. Calme-toi, Sigrun, tu as été notre valkyrie : le héros ne peut adoucir les arrêts du sort.

SIGRUN.

Je voudrais maintenant que tous ces morts fussent en vie, et pouvoir m'enfermer dans ton sein.

> (Helge obtint Sigrun, ils eurent des fils, mais Helge ne devint pas vieux. Dag Hœgnesson demanda à Odin de venger son père, et Odin lui donna sa lance. Dag ayant trouvé Helge, son beau-frère, à Fjœttra-Land, le transperça avec la lance, et Dag se rendit à Sevafjœll et donna cette nouvelle à Sigrun.)

DAG.

17. « Ma sœur, quoique je t'afflige avec peine, j'ai hâte cependant de t'annoncer un chagrin. Ce matin,

près du bosquet de Fjœttra, a péri le plus grand général de la terre, celui qui a marché sur le cou des héros. »

SIGRUN chanta.

18. Tous les serments que tu as prêtés à Helge retomberont sur toi auprès des eaux limpides de Lejpter et des froids rochers battus par les vagues.

19. Qu'il ne bouge point, malgré un vent favorable, le navire qui te portera! Que le cheval monté par toi reste immobile quand tu voudras échapper à tes ennemis.

20. Puisse le glaive que tu auras tiré du fourreau ne blesser que toi, et venger ainsi la mort de Helge. Puisses-tu devenir un loup de la forêt, être privé de tes biens, de toutes les joies, et n'avoir pour nourriture que des charognes!

DAG.

21. Ton esprit est troublé, ma sœur; tu as perdu le sens, puisque tu exhales des paroles aussi dures contre ton frère. Odin seul dirige le mal à son gré; le crime peut naître entre parents.

22. Je t'offre de l'or rouge, tout le pays de Vandil et la vallée de Vig, la moitié du royaume, femme couverte d'anneaux ainsi que tes fils, pour t'indemniser de ce chagrin.

SIGRUN.

23. Je ne serai plus assise gaiement, ni le matin ni le soir, sur la montagne de Sveva. La vie ne me réjouira plus, à moins que je ne voie une flamme s'élever près du tombeau de Helge, à moins que le cheval vaporeux, habitué au mors en or, ne m'apporte mon roi, et que Helge ne me serre dans ses bras.

24. Il avait inspiré de la terreur à ses ennemis et à leurs parents; ils tremblaient devant lui comme devant le loup cruel; et les chèvres pleines de méchanceté s'enfuyaient de la montagne.

25. La renommée de Helge domina celle de tous les princes; c'est l'aune magnifique qui s'élève au milieu des ronces; c'est le faon couvert de rosée, dont la taille domine celle de tous les animaux de la forêt, et dont le bois s'élève vers le ciel.

(La colline tumulaire fut élevée au-dessus de Helge, mais lorsqu'il arriva à Wallhall, on l'invita à commander comme lui-même en toutes choses.)

HELGE *chanta*.

26. Hunding! tu donneras un bain de pied à chaque homme, tu allumeras le feu, tu attacheras les chiens, tu panseras les chevaux, et tu donneras à manger aux pourceaux, avant de pouvoir te livrer au sommeil.

(La suivante de Sigrun passa un soir au pied de la colline tumulaire de Helge et vit le roi entrer à cheval dans la colline avec beaucoup de guerriers; elle chanta.)

LA SUIVANTE DE SIGRUN.

27. Suis-je abusée par une illusion, ou bien le soir des puissances serait-il venu, puisque les morts sont à cheval et excitent leurs montures avec l'éperon? Les héros auraient-ils été renvoyés de Walhall?

L'OMBRE DE HELGE.

28. Tu n'es pas abusée par une illusion, le soir des puissances n'est pas venu, parce que tu nous vois exciter nos chevaux avec l'éperon, et les héros n'ont pas été renvoyés de Walhall.

(La suivante retourna au logis et dit à Sigrun.)

LA SUIVANTE *à Sigrun*.

29. Descends promptement des montagnes de Séva, Sigrun, si tu veux voir le prince des combats. La colline est ouverte, Helge est venu, sa plaie saigne, il te prie de la fermer.

(Sigrun entra dans la colline tumulaire de Helge et chanta.)

SIGRUN.

30. Je suis aussi contente de notre rencontre que les corbeaux affamés d'Odin lorsqu'ils savent où trouver des chairs encore chaudes, ou lorsqu'ils voient venir le point du jour.

31. Je veux embrasser mon roi privé de la vie, avant qu'il dépouille sa cotte de mailles sanglante. Tes che-

veux, Helge, sont glacés de part en part ; le chef guerrier est entièrement couvert de la rosée des batailles. Comme les mains du parent de Hœghe sont froides ! Où trouverai-je, mon roi, des remèdes pour tous ces maux ?

L'OMBRE DE HELGE.

32. C'est à cause de toi seule, Sigrun des montagnes de Séva, que Helge est couvert de la rosée des douleurs (1). Tu répands avant de te coucher, femme resplendissante du Sud, des larmes de feu ; chacune d'elles tombe sur mon sein, sur ma poitrine enfoncée, froide et pénétrée par ta douleur.

33. Nous boirons encore le précieux hydromel, quoique nous ayons perdu la joie et notre royaume. Cependant personne n'a fait entendre le chant de l'agonie, malgré les blessures de mon sein : les épouses royales sont maintenant enfermées dans la colline tumulaire avec nous.

(Sigrun fit un lit dans la colline et chanta.)

SIGRUN.

34. Je viens, Helge ! de te préparer ici un lit de repos exempt d'angoisse pour le descendant d'Ylfing. Je veux, mon roi, dormir dans tes bras comme autrefois lorsque tu vivais.

(1) Les larmes. (Tr.)

L'OMBRE DE HELGE.

35. Je le dis maintenant, rien n'est impossible, tôt ou tard, auprès de la montagne de Séva, puisque tu sommeilles dans les bras des morts, blanche fille de Hœgne; et cependant tu vis, quoique appuyée sur mon sein royal!

36. Mais il est temps de reprendre les chemins rouges, laisse mon cheval fouler le sentier aérien; il faut arriver à l'ouest du pont de Vindhjælm, avant que le chant du coq réveille le peuple victorieux de Walhall.

> (Helge et ses compagnons entrèrent alors dans leur demeure; mais Sigrun retourna chez elle. Le second soir, Sigrun fit faire sentinelle par sa suivante sur la colline tumulaire; mais lorsque Sigrun y arriva, au coucher du soleil, elle chanta.)

SIGRUN.

37. Il serait arrivé maintenant, le fils de Sigmund, s'il devait venir des salles d'Odin. L'espérance de revoir le roi diminue, je le sais, quand les aigles s'envolent des frênes, quand le monde entier sort de ses rêves.

LA SUIVANTE.

38. Ne sois pas assez extravagante, descendante de Skœld, pour te rendre seule dans le monde des esprits. Les ennemis morts ont plus de force la nuit que le our.

La vie de Sigrun fut abrégée par le chagrin et le regret. D'après une croyance répandue chez les anciens Scandinaves, et regardée maintenant comme une erreur de vieille femme, les hommes naissaient de nouveau. On prétendit donc que Helge et Sigrun revinrent au monde ; que Helge fut appelé le vainqueur de Hadding, et Sigrun, Kara, fille de Halfdan, comme il est dit dans le poëme de Kara ; elle était aussi une valkyrie.

VI

LA MORT DE SINFJŒTLE

Sigmund Vœlsungsson était un roi de Franconie, et Sinfjœtle son fils aîné; le second de ses fils se nommait Helge, et le troisième Hunder. Borghild, femme de Sigmund, avait un frère appelé Gunnar; mais Sinfjœtle, son beau-fils, et Gunnar ayant adressé une demande de mariage à la même femme, Sinfjœtle tua Gunnar. Lorsqu'il revint au logis, Borghild le pria de s'en aller. Sinfjœtle lui offrit une somme d'argent comme indemnité pour la mort de Gunnar, elle fut obligée de l'accepter. Lors du festin des funérailles, Borghild servait la bière forte aux convives. Elle prit une coupe remplie de venin, et l'apporta à Sinfjœtle; mais celui-ci, en regardant ce breuvage, remarqua que la coupe contenait du poison, et il dit à Sigmund : — « Cette boisson est trouble. » — Sigmund prit la coupe, et but ce qu'elle contenait. On dit que ce roi avait été rendu invulnérable à toute espèce de venin à l'intérieur et à l'extérieur; ses fils résistaient également au venin, excepté quand il était répandu extérieurement sur leur peau. Borghild apporta une autre coupe devant Sinfjœtle en l'invitant à boire, et tout se passa comme précédemment : elle lui présenta cette coupe une troisième fois, mais en lui adressant des injures. Sinfjœtle parla encore à son père, et Sigmund répondit : « Eh bien, mon fils, que ta barbe te serve de tamis. » Sinfjœtle but et mourut. Sigmund le porta fort loin sur ses bras, et arriva près d'une baie étroite et profonde; il se trouvait là un petit navire monté par un seul homme. Il proposa à Sigmund de le porter sur l'autre bord ; mais lorsque Sigmund eut déposé le cadavre dans le navire, celui-ci se trouva suffisamment chargé, et son conducteur engagea Sigmund à faire le tour de la baie. Aussitôt cet homme poussa au large et disparut.

Le roi Sigmund avait séjourné longtemps en Danemark, royaume appartenant à Borghild; mais il s'en alla ensuite au sud dans la Franconie, son royaume à lui. Alors il obtint Hjœrdis, fille d'Eylime; leur fils fut Sigurd. Le roi Sigmund succomba dans sa guerre contre les fils de Hunding, et Hjœrdis épousa Alf, fils de Hjalprek; Sigurd passa son enfance avec eux. Sigmund et tous ses fils surpassaient de beaucoup le reste des hommes sous le rapport de la force, de la taille, du courage et de l'intelligence ; mais Sigurd fut le plus remarquable d'entre eux, et toutes les antiques sagas le citent comme un très-grand guerrier.

VII

LE PREMIER POÈME SUR SIGURD

LE VAINQUEUR DE FAFNER

APPELÉ AUSSI LA SCIENCE DE GRIPER

Griper était fils d'Eylime et frère de Hjœrdis. C'était le plus savant des hommes, il connaissait l'avenir. Sigurd sortit un jour seul à cheval et se rendit à la demeure de Griper. Il n'y était pas connu. Ayant rencontré, en dehors de la salle, un homme appelé Gejter, il le questionna.

1. Qui habite ce château, et quel nom le peuple donne-t-il à ce chef?

GEJTER.

Celui qui gouverne le pays et le peuple se nomme Griper.

SIGURD.

2. Le roi, ce savant si renommé, est-il dans le pays et viendra-t-il parler à l'inconnu qui a besoin de l'entretenir? Je désire le rencontrer le plus tôt possible.

GEJTER.

3. Le bon roi dira à Gejter: Quel est cet homme qui désire me parler?

SIGURD.

Je suis Sigurd, fils de Sigmund; Hjœrdis est la mère du héros.

4. Gejter s'en fut dire au roi : Un inconnu est en dehors du château; il désire te voir, prince. L'aspect de cet homme est magnifique.

5. Le roi des héros sort de sa chambre, il accueille parfaitement le prince qui arrive : « Sois le bienvenu, Sigurd; pourquoi viens-tu si tard? Prends soin de Granne, Gejter. »

6. L'entretien se noua ensuite, et bien des choses furent dites quand ces héros savants se trouvèrent réunis.

SIGURD.

Si tu le sais, frère de ma mère, dis-moi comment s'écoulera la vie de Sigurd?

GRIPER.

7. Tu deviendras l'un des plus grands hommes de

la terre, et tu seras élevé au-dessus des rois; tu seras libéral, économe quand il s'agira de fuir, remarquable par tes formes et savant en paroles.

SIGURD.

8. Parle, bon roi; je vais encore te questionner en faveur de Sigurd, sage prince. Que faudra-t-il faire, en premier lieu, pour ma gloire, quand je sortirai de ta demeure?

GRIPER.

9. Commence par venger ton père et efface les chagrins d'Eylime. Tu attaqueras promptement les fils de Hunding et tu remporteras la victoire.

SIGURD.

10. Noble prince, dis-moi, à moi qui suis de ta race, et puisque nous parlons avec confiance, si tu prévois pour Sigurd un exploit vanté en tous lieux?

GRIPER.

11. C'est toi qui tueras le brillant serpent affamé, couché dans la bruyère de Gnita. Tu seras le vainqueur de Reginn et de Fafner. Griper t'a dit la vérité.

SIGURD.

12. Je serai assez riche si je deviens, comme tu le

dis, vainqueur dans les combats. Parle encore ; comment se passera ensuite ma vie ?

GRIPER.

13. Tu découvriras la caverne de Fafner et tu t'empareras de son trésor. Charge tout cet or sur les épaules de Granne, et chevauche ensuite vers Gjuke le vaillant roi.

SIGURD.

14. Tu m'en diras encore davantage, ô prince qui lis dans l'avenir ! Je serai l'hôte de Gjuke, puis je m'éloignerai. Comment se passera ensuite ma vie ?

GRIPER.

15. Elle dort encore dans la montagne depuis la mort de Helge, la fille du roi, couverte de la brillante cotte de mailles. Il faudra frapper fortement avec le glaive et ciseler la cotte de mailles avec le vainqueur de Fafner.

SIGURD.

16. L'armure est brisée, la fiancée commence à parler comme si elle sortait d'un songe. Que dira-t-elle à Sigurd ? Ses paroles contribueront-elles à sa prospérité ?

GRIPER.

17. Elle t'enseignera toutes les runes qui sont du

domaine des hommes, elle t'apprendra à parler les diverses langues humaines et à composer les baumes propres à guérir les maux des hommes. Maintenant sois heureux, prince.

SIGURD.

18. Les runes sont apprises, je suis prêt à m'éloigner; mais parle encore. Comment se passera ensuite ma vie?

GRIPER.

19. Tu trouveras les contrées de Hejmer et tu seras joyeux chez le roi de ce peuple. Maintenant, Sigurd, ma connaissance de l'avenir est épuisée; ne me questionne pas davantage.

SIGURD.

20. Les paroles que tu viens de dire m'affligent, car ta connaissance de l'avenir n'est pas épuisée. Tu vois sans doute beaucoup d'angoisses pour Sigurd, puisque tu veux garder le silence.

GRIPER.

21. Ta jeunesse s'est montrée à moi avec plus de clarté. Ce n'est point avec justice que l'on me considère comme un homme versé dans la connaissance des temps. Ce que je savais je l'ai dit.

SIGURD.

22. Je ne sais personne sur la terre dont la vue

plonge plus avant que la tienne dans l'avenir. Ne me cache rien, même le mal et les infortunes qui me sont destinés.

GRIPER.

23. Ce n'est pas comme un fardeau que la vie t'a été donnée. Laissons cela, illustre héros ; ton nom durera autant que le monde.

SIGURD.

24. Le plus grand malheur pour Sigurd, c'est de te quitter ainsi renseigné. Tout a été dit. Montre-moi mon chemin, magnifique frère de ma mère.

GRIPER.

25. Eh bien, puisque tu m'y contrains, tu sauras tout. Apprends donc qu'un jour a été fixé pour ta mort.

SIGURD.

26 Ce n'est pas la colère du roi puissant que je veux, mais je désire recevoir de bons conseils de Griper. Je veux connaître avec certitude la destinée de Sigurd.

GRIPER.

27. Chez Hejmer est une belle femme ; les hommes appellent Brynhild cette fille de Budle ; mais son humeur est rude : elle a été élevée chez le grand roi Hejmer.

SIGURD.

28. Que m'importe si cette fille, quoique belle, a été élevée chez Hejmer! Parle-moi avec détail, car tu connais toutes les destinées.

GRIPER.

29. Cette belle fille adoptive de Hejmer éloignera presque toutes les joies de Sigurd. Tu ne pourras dormir, tu ne pourra songer à rien, tu feras peu de cas des hommes quand tu ne verras point cette vierge.

SIGURD.

30. Quel remède Sigurd trouvera-t-il contre ce mal? Parle, Griper, tu dois le connaître. Obtiendrai-je cette belle fille de roi?

GRIPER.

31. Tous les serments seront faits, mais il y en aura peu de tenus. Après avoir été l'hôte de Gjuke pendant une seule nuit, tu oublieras la jolie fille adoptive de Hejmer.

SIGURD.

32. Comment cela se fera-t-il? Parle; aperçois-tu de la perfidie dans mon cœur? d'où vient que je manquerai à mes promesses envers cette femme que je dois aimer de toute mon âme?

GRIPER.

33. Tu tomberas dans les embûches de Grimhild ; elle t'offrira sa fille, jeune vierge aux boucles blondes, et s'emparera de toi avec artifice.

SIGURD.

34. Si je conclus amitié avec Gunnar et ses frères, et si je possède Gudrun, je serai bien partagé en femme, et le chagrin du parjure ne me donnera point d'angoisses.

GRIPER.

35. Grimhild pourrait bien te tromper et te pousser à demander Brynhild pour Gunnar le chef du peuple ; tu promettras promptement à la mère du roi de faire ce voyage.

SIGURD.

36. Des malheurs m'attendent, je le vois ; bien des choses me semblent chancelantes dans le bonheur de Sigurd. Je demanderai pour une autre cette belle fille que j'aime tant moi-même.

GRIPER.

37. Gunnar, Hœgne et toi, prince, vous ferez tous les serments ; Gunnar et toi vous changerez de formes en route. Griper ne ment pas.

SIGURD.

38. A quoi cela servira-t-il ? Comment pourrons-nous changer de formes et de gestes ? Il y aura là-dessous quelque ruse. Tout cela est inouï. Mais continue, Griper.

GRIPER.

39. Tu auras la force et les gestes de Gunnar, en conservant ton éloquence et ton esprit plein de force. Tu t'assureras pour fiancée l'altière fille adoptive de Hejmer ; personne ne s'y opposera.

SIGURD.

40. Ce qui me fâche, c'est que cette action fera passer Sigurd pour mauvais parmi les hommes. Je ne voudrais pas tromper par des artifices la fiancée royale que j'estime au-dessus de tout.

GRIPER.

41. Prince du javelot, tu reposeras aussi chastement auprès de la jeune fille que si elle était ta mère ; la gloire de ton nom durera autant que le monde.

42. On célébrera dans les salles de Gjuke deux noces à la fois, celle de Gunnar et la tienne. C'est alors que vous ferez échange de forme en rentrant chez vous ; mais chacun gardera l'esprit qui lui est propre.

SIGURD.

43. Gunnar, cet homme brillant parmi les hommes, possédera-t-il la femme bonne, quoique la fiancée altière du héros ait passé trois nuits près de moi?

44. Comment cette parenté deviendra-t-elle un sujet de joie pour les hommes? Dis-le-moi, Griper, en résultera-t-il du bonheur pour Gunnar ou pour moi?

GRIPER.

45. Tu te rappelleras tes serments et tu seras obligé de n'en point parler; cependant tu aimeras Gudrun comme un bon mari aime sa femme. Quant à Brynhild, elle se regardera comme une amante trompée, et elle méditera des artifices pour se venger.

SIGURD.

46. Quelle vengeance pourra-t-elle tirer de nous après avoir été trompée? aucun des serments solennels que je lui aurai faits n'aura été rempli, et il en sera résulté peu de joie pour elle.

GRIPER.

47. Brynhild pourra raconter avec détails à Gunnar que tu as manqué à tes serments, lorsque ce grand

roi, héritier de Gjuke, se reposait entièrement sur toi.

SIGURD.

48. Qu'arrivera-t-il ensuite, Griper? Dis-le-moi, mériterai-je les accusations de cette femme, ou bien aura-t-elle proféré des mensonges sur mon compte?

GRIPER.

49. Dans sa colère et son extrême douleur, la riche fiancée ne te préparera rien de bon. Quoique vous ayez trompé cette fille royale, elle n'en ressentira point de mal.

SIGURD.

50. Le vaillant Gunnar, Guttorm et Hœgne se mettront-ils en route à son instigation? Les fils de Gjuke teindront-ils le tranchant de leur glaive dans le sang de Sigurd, leur parent? Parle encore, Griper.

GRIPER.

51. Alors il fera nuit pour le cœur de Gudrun; ses frères te trahiront. Rien ne réjouira plus cette femme bonne : ce sera l'ouvrage de Grimhild.

52. Ce que je vais te dire, prince, doit soutenir ton courage ; il n'y aura plus, suivant le don qui t'a été octroyé, d'aussi grand homme que toi sur la terre ni sous la voûte des cieux.

SIGURD.

53. Séparons-nous maintenant. Honneur à toi! personne n'a d'influence sur le sort. Tu as fait, Griper, ce que je t'ai demandé, et tu m'aurais prédit des choses plus favorables si tu l'avais pû.

VIII

LE SECOND POÈME SUR SIGURD

LE VAINQUEUR DE FAFNER

Sigur alla dans l'écurie de Hjalprek et y choisit un cheval que l'on appela Granne. Alors se trouvait chez Hjalprek, Reginn, fils de Hrejdmar ; c'était un nain, et personne n'avait autant d'adresse manuelle. Il était savant, colérique et très-versé dans la magie. Reginn donna à Sigur de l'éducation, de la science, et l'aima beaucoup ; en lui parlant de sa famille, il lui raconta ce qui suit : Odin, Hœner et Loke arrivèrent un jour près de la chute d'eau d'Andvare ; il s'y trouvait beaucoup de poissons. Un nain, appelé Andvare, résidait fort souvent dans cette chute d'eau sous la forme d'un brochet, et y trouvait sa nourriture. « Notre frère, chanta Reginn, se nommait Ottar; il se rendait souvent dans cette chute d'eau sous la forme d'une loutre. Ayant pris un saumon, il le mangeait, assis sur le bord de la rivière et les yeux fermés, lorsque Loke le tua d'un coup de pierre. Cette mort fut regardée comme un bonheur par les Ases, et ils s'emparèrent de la peau de la loutre. Le même soir ils demandèrent l'hospitalité à Hrejdmar, et montrèrent leur capture. Alors nous nous emparâmes d'eux et nous leur imposâmes, pour leur rendre la liberté, l'obligation de remplir cette peau de loutre avec de l'or, de la couvrir extérieurement avec de l'or rouge. On envoya Loke à la recherche de ce métal; il arriva chez Ran, qui lui prêta son filet, puis il se rendit à la chute d'eau d'Andvare. Il jeta le filet pour prendre un brochet, ce qui ayant eu lieu, Loke chanta.

1. Quel est ce poisson qui se promène dans le fleuve sans redouter le danger? Rachète ta tête et fournis-moi de l'or.

LE BROCHET.

2. Je suis Andvarre, et mon père se nommait Oinn; j'ai traversé plus d'une chute d'eau. Une mauvaise Norne nous força, depuis l'origine du temps, à vivre dans l'eau.

LOKE.

3. Dis-moi, Andvare, si tu tiens à conserver la vie, comment les fils des hommes s'indemnisent-ils des injures verbales?

ANDVARE.

4. Les fils des hommes qui traversent à gué le Vadgelmer sont soumis à des châtiments fort rudes. La punition appliquée aux paroles mensongères sur le compte des autres dure longtemps.

> (Loke vit tout l'or qu'Andvare possédait ; mais, après l'avoir ramassé, il prit aussi la bague qui lui restait. Le nain entra dans la pierre et chanta.)

5. Cet or, autrefois la propriété de Guster, deviendra une cause de mort pour deux frères, et d'inimitié entre huit princes. Que personne ne jouisse de mon bien !

> (Les Ases étendirent cet or devant Hrejdmar, en remplirent la peau de loutre et la dressèrent sur ses pieds. Les Ases devaient ensuite la couvrir d'or, et lorsque ce fut fait, Hrejdmar s'avança et découvrit un poil qui n'en avait point. Odin y déposa la bague d'Andvare.)

LOKE *chanta*.

6. Tu as maintenant de l'or, et je t'ai donné une forte rançon pour ma tête. Le bonheur ne sera point le partage de ton fils. Ce métal causera votre mort à tous deux.

HREJDMAR.

7. Ce présent, apporté par toi, n'est point un don du cœur ; tu ne l'as pas offert avec loyauté. Si j'avais pu prévoir cette circonstance, je t'aurais fait mourir.

8. Mais je découvre dans l'avenir des événements plus fâcheux encore; des princes combattront pour une jeune fille. Ceux pour lesquels cet or deviendra un sujet de haine ne sont pas nés encore.

9. Je posséderai, je pense, cet or rouge tant que je vivrai; je crains peu tes menaces. Hâtez-vous de sortir d'ici.

(Fafner et Reginn demandèrent alors une indemnité à Hrejdmar pour la mort d'Otter, il la refusa; mais Fafner traversa son père avec son épée tandis qu'il dormait. Hrejdmar appelle ses filles.)

10. Lynghejd et Lofnhejd! c'en est fait de ma vie; on ne peut résister aux arrêts du sort.

LYNGHEJD.

Peu de femmes, en perdant leur père, ont à venger sa mort sur un frère.

HREJDMAR.

11. Si, au lieu d'un fils, tu engendres une fille, femme chérie des loups, fais en sorte de lui chercher un mari, car son fils sera le vengeur de votre affliction.

(Ensuite Hrejdmar mourut et Fafner s'empara de tout l'or. Reginn demanda sa part de l'héritage paternel, Fafner la refusa. Reginn consulte sa sœur Lynghejd sur la manière dont il devait s'y prendre pour avoir sa part d'héritage.)

LYNGHEJD *chanta.*

12. Réclame de ton frère avec douceur et justice

ta portion d'héritage. Il serait peu convenable d'exiger de Fafner, avec le glaive, l'or qui te revient.

> (Reginn raconta la chose à Sigurd, un jour que ce dernier vint chez lui.)

REGINN.

13. Le descendant de Sigmund, le prince aux déterminations promptes, est venu dans nos salles; il a plus de courage que les vieillards, il m'aidera à prendre le loup féroce.

14. J'ai élevé ce roi hardi pour les combats. Le descendant d'Yngvé est venu vers nous; il deviendra le plus riche souverain de la terre, et dans tous les pays on parlera de sa brillante destinée.

> (Sigurd était toujours chez Reginn. Ce dernier lui dit que Fafner se tenait dans la Bruyère de Gnita, sous forme d'aigle, avec le casque de la terreur, devant lequel tout être vivant tremblait. Riginn fabriqua pour Sigurd un glaive qu'on appela Gram; il était si tranchant que Sigurd fendit d'un seul coup l'établi de forgeron de Reginn. Celui-ci l'excita ensuite à tuer Fafner.)

SIGURD.

15. Les fils de Hunding, qui ont arrêté le cours de la vie d'Eylime, riraient bien si je me mettais en recherche de l'or rouge, au lieu de venger mon père.

> (Le roi Hjalprek donna des marins à Sigurd pour venger son père. Ils furent assaillis par une violente tempête, et s'arrêtèrent devant une pointe de montagne. Un homme qui se trouvait sur la montagne chanta.)

16. Quels sont ces individus montés sur les chevaux

de Rœfll, ces hautes vagues de l'Océan retentissant? Les voiles sont couvertes d'écume, les navires ne résisteront pas à la tempête.

REGINN.

17. Les vaisseaux portent Sigurd et nous ; il fait un ouragan qui conduit vers la mort elle-même; les vagues, plus élevées que nos antennes, tombent à pic. Les planches se sépareront ; qui s'informera d'elles?

L'HOMME-SUR-LA-MONTAGNE.

18. On me nommait Hnikar à l'époque où je réjouissais le corbeau, ce fils de Vœls, et lorsque je remportais des victoires. Maintenant tu peux m'appeler l'Homme-sur-la-Montagne, Feng ou Fjœlner. Recevez-moi à bord. —

(Les navires s'approchèrent du rivage, l'homme de la montagne monta à bord et la tempête cessa.)

19. Dis-moi, Hnikar, toi qui nous connais tous deux, qui est le bonheur des hommes et des dieux! quels signes peuvent être considérés comme des présages heureux quand on lance le glaive pour combattre?

HNIKAR *chanta*.

20. Il en est beaucoup de bons quand on les connaît. C'est, je crois, un signe heureux pour l'homme revêtu d'une armure, lorsque le sombre corbeau le suit.

21. Le second signe favorable, c'est de voir sur le

chemin, quand tu sors armé, deux hommes ambitieux qui se battent.

22. En voici un troisième : c'est d'entendre hurler le loup sous les branches du frêne. Tu peux être assuré de la victoire sur le guerrier porteur d'un casque, quand les loups marchent devant toi.

23. Pas un héros ne doit combattre au coucher du soleil. Ils remportent la victoire ceux qui voient distinctement les braves jouer avec le glaive, et qui rangent l'armée avec la promptitude de l'éclair.

24. Si ton cheval bronche en allant au combat, c'est l'annonce d'un grand danger. Les filles de la Ruse sont à tes côtés et voudraient te voir blessé.

25. Que tout homme soit peigné, lavé et rassasié dès le matin, car il ignore où sera son gîte le soir. Si tu tombes, c'est un signe fatal pour toi.

(Sigurd eut une grande bataille avec Lyngvé, le fils de Hunding, et ses frères. Lyngvé y fut tué, ainsi que trois de ses frères. Reginn chanta après la bataille.)

REGINN.

26. Maintenant le dos de l'aigle sanglant a été ciselé en expiation du meurtre de Sigmund. Tu es le plus grand des fils de rois qui ont arrosé la terre de sang et rassasié les corbeaux.

IX

LE POÈME SUR FAFNER

Sigurd et Reginn se rendirent dans la bruyère de Gnita, où ils découvrirent le sentier sur lequel Fafner se glissait pour descendre vers la rivière. Sigurd y fit un grand trou et s'y blottit. Fafner, en glissant de dessus son trésor, lança du venin et passa sur la tête de Sigurd ; celui-ci lui donna un coup de glaive dans le cœur. Fafner se secoua, frappa la terre avec sa tête et sa queue ; Sigurd sortit du trou, et ils se virent face à face.

FAFNER *chanta*.

1. Jeune homme, quelle mère t'a porté ? de quel héros es-tu fils, puisque tu as pu teindre ta brillante

lame dans le sang de Fafner et enfoncer ton glaive dans son cœur?

(Sigurd cache son nom, parce qu'on croyait, dans l'antiquité, que si un mourant maudissait son ennemi en le nommant, il lui portait malheur infailliblement. Il chanta.)

SIGURD.

2. On me nomme Bête-des-Bois; j'ai avancé sans mère dans la vie, et je n'ai pas eu de père comme les autres fils des hommes. Je suis seul.

FAFNER.

3. Si tu n'as point eu de père comme les autres fils des hommes, à quel prodige dois-tu la vie?

SIGURD.

4. Mon origine te serait aussi inconnue qu'elle l'est à moi-même. Sigmund était mon père, et je me nomme Sigurd, moi qui t'ai tué.

FAFNER.

5. Comment cette pensée est-elle venue à ton esprit, jeune homme aux yeux brillants? ton père avait une humeur sauvage.

SIGURD,

6. Mon courage a dirigé ma main et mon glaive tranchant a fait le reste. On trouve rarement des

hommes braves parmi ceux qui commencent par avoir peur et sont timides dans leur enfance.

FAFNER.

7. Si tu avais grandi dans le sein d'une famille, on te verrait dans ce moment combattre avec bravoure; maintenant tu es lié ici et prisonnier de guerre; les prisonniers, dit-on, tremblent toujours.

SIGURD.

8. Pourquoi Fafner me reproche-t-il mon isolement? Je ne suis pas lié, quoique prisonnier de guerre : tu as éprouvé que je suis libre.

FAFNER.

9. Toutes ces paroles méritent vengeance; mais je vais t'en dire une vraie. L'or qui résonne, le bon or rouge étincelant, sera ton meurtrier.

SIGURD.

10. Tout homme veut posséder de l'or jusqu'au dernier jour; chacun de nous doit se rendre chez Hel.

FAFNER.

11. Tu auras constamment devant les yeux la sentence des Nornes (1); tu te noieras si tu vogues au vent; tout est occasion de malheur pour le lâche.

(1) La mort. (Tr.)

SIGURD.

12. Dis-moi, Fafner, car on te croit sage et très-instruit, quelles sont les Nornes qui délivrent une mère de son fils?

FAFNER.

13. Les Nornes ont des origines diverses et ne sortent pas de la même race : les unes descendent des Ases, les autres des Alfes, quelques-unes sont filles de Dvalinn.

SIGURD.

14. Dis-moi, Fafner, car on te croit sage et très-instruit, comment nomme-t-on cette île où le festin des glaives confondra ensemble les Ases et Surtur?

FAFNER.

15. On appelle Oskopper l'île où tous les dieux joueront avec le javelot. Bæfrœst croulera quand ils se mettront en route ; les chevaux nageront dans Mode.

16. Lorsque j'étais couché sur mon trésor parmi les enfants des hommes, je portais le casque d'Æger. Je me croyais le plus fort de tous, car je rencontrais peu d'hommes sur mon chemin.

SIGURD.

17. Le casque d'Æger ne garantit d'aucun danger

au milieu des hommes qui combattent avec colère ; on reconnaît alors qu'on n'est pas fort aux yeux de tous.

FAFNER.

18. Je lançais du venin quand j'étais couché sur le grand héritage de mon père.

SIGURD.

19. Hideux serpent ! tu lançais beaucoup de venin et tu avais une humeur rude. C'est ce qui excitait surtout la colère des fils de la terre.

FAFNER.

20. Je te donne un avis, Sigurd, mais écoute-le avec attention : retourne chez toi. Cet or résonnant et rouge causera ta mort.

SIGURD.

21. Assez de conseils m'ont été donnés ; je vais au contraire me diriger vers la bruyère où ton or repose. Quant à toi, Fafner, tu resteras couché sur la place où ta vie s'éteint, où Hel va te posséder.

FAFNER.

22. Reginn m'a trahi ; il te traitera de même et sera la cause de notre mort à tous deux. Fafner, je le sais, va perdre la vie ; la tienne en deviendra plus puissante.

(Reginn s'était caché tandis que Sigurd frappait Fafner, et reparut lorsqu'il vit le héros essuyer le sang dont son glaive était souillé, et chanta.)

REGINN.

23. Honneur à toi, Sigurd! tu as remporté la victoire et tué Fafner. Je déclare que tu es le plus intrépide des hommes.

SIGURD.

24. Quand tous les fils de la victoire seront réunis, on verra lequel d'entre nous aura montré en effet le plus d'intrépidité. Bien des hommes sont courageux, tout en n'ayant pas rompu de glaive dans le sein de leur semblable.

REGINN.

25. Tu es joyeux maintenant, Sigurd, tu es joyeux de ta besogne, en essuyant Gram dans l'herbe. La blessure de mon frère est ton œuvre; cependant j'y suis pour quelque chose.

SIGURD.

26. Tu m'as conseillé de chevaucher par ici en franchissant de hautes montagnes. Le serpent hideux posséderait encore et la vie et son or, si tu ne m'avais pas excité à tenter cette aventure.

REGINN.

27. Maintenant assieds-toi, Sigurd, et tiens devant

le feu, tandis que j'irai dormir, le cœur de Fafner. Après avoir bu ce sang, il me faut une nourriture plus rafraîchissante.

SIGURD.

28. Tu t'es éloigné tandis que je teignais mon glaive bien affilé dans le sang de Fafner. Pendant que je combattais avec force contre le vigoureux serpent, tu étais caché dans la bruyère.

REGINN.

29. Le vieux démon serait resté longtemps couché sur son or, si tu n'avais point eu le glaive tranchant que j'ai fait pour toi.

SIGURD.

30. Le courage, quand des êtres irrités combattent, est préférable au fil du glaive. J'ai vu souvent l'homme courageux remporter la victoire avec une arme émoussée.

31. Pour prendre part aux jeux de Hildur, on doit préférer l'homme brave à l'homme craintif. En toute circonstance, un homme gai est préférable à un homme triste.

(Sigurd fit rôtir le cœur de Fafner à la broche; ayant posé le doigt dessus pour savoir s'il était cuit, il se brûla et porta le doigt à sa bouche. Mais lorsque le sang du cœur de Fafner vint sur sa langue, Sigurd comprit le chant des oiseaux et entendit des hirondelles gazouiller. L'une d'elles chanta.)

UNE HIRONDELLE.

32. Sigurd, taché de sang, rôtit le cœur de Fafner. Il agirait sagement, selon moi, s'il mangeait ce brillant nerf de la vie.

SECONDE HIRONDELLE.

33. Reginn est étendu sur la bruyère, il médite en lui-même et veut trahir le jeune héros qui se fie à lui. Il amasse des paroles mal ajustées par la colère ; cet instigateur d'infortunes veut maintenant venger son frère.

TROISIÈME HIRONDELLE.

34. Que le vieillard descende plus court de la tête dans l'abîme, et Sigurd pourra disposer seul de tout l'or sur lequel Fafner était couché.

QUATRIÈME HIRONDELLE.

35. Sigurd serait heureux, mes sœurs, s'il suivait votre conseil et s'il réjouissait les corbeaux. Lorsque je vois les oreilles du loup, je pense qu'il n'est pas loin.

CINQUIÈME HIRONDELLE.

36. Le jeune héros ne sera aussi habile que je l'avais présumé du chef de l'armée, s'il laisse échapper Reginn après avoir tué son frère.

SIXIÈME HIRONDELLE.

37. Sigurd est encore incertain sur le compte de son ennemi ; il épargne la place où est étendu Reginn, qui pourra lui faillir, s'il ne sait point détourner ses coups.

SEPTIÈME HIRONDELLE.

38. Que l'homme au côté froid s'éloigne de cet or, plus court de la tête, alors tu jouiras seul des trésors de Fafner.

SIGURD *chanta*.

39. Le sort ne sera point assez puissant pour soustraire Reginn à mon arrêt de mort. Les deux frères se réuniront bientôt dans l'abime.

(Sigurd coupa la tête de Reginn, mangea le cœur de Fafner, but le sang de tous deux, et entendit alors les hirondelles chanter :)

LES HIRONDELLES.

40. Sigurd ! attache ensemble les anneaux d'or ; il n'est pas royal de gémir sur beaucoup de choses. Nous connaissons une vierge, la plus belle des belles ; elle est richement parée avec de l'or ; tu serais heureux si tu pouvais l'obtenir.

41. Il y a chez Gjuke des sentiers verts ; le destin montre la route au voyageur. C'est là que ce roi sage

a élevé sa fille ; tu pourrais, Sigurd, l'obtenir avec une dot.

42. Sur la haute montagne de Hind est une salle environnée de flammes ; des hommes habiles l'ont bâtie avec de l'or.

43. Sur la montagne dort une femme habituée à la guerre ; le feu joue au-dessus de sa tête. Ygger (1) a fixé autrefois l'épine du sommeil dans le manteau de la jeune fille ; tous les héros voudraient pouvoir arrêter leur choix sur elle.

44. Jeune guerrier, tu verras le visage de cette jeune fille, qui était montée sur un aigle en sortant des batailles. Descendant de Skœld, tu ne pourras troubler le sommeil de Sigurdrifa, avant que les Nornes l'aient ordonné.

Sigurd suivit à cheval les traces de Fafner jusqu'à sa demeure. Il la trouva ouverte et les portes de fer entre-bâillées ; l'or était enfoui dans le terreau. Sigurd trouva un trésor considérable, il remplit deux caisses d'or. C'est là aussi qu'il prit le casque d'Æger, la cotte de mailles en or, le glaive Hrotta, et beaucoup d'objets précieux ; il en chargea son cheval ; mais Granne refusa de marcher tant que Sigurd ne fut pas monté sur son dos.

(1) Odin. (Tr.)

X

LE POÈME SUR BRYNHILD

FILLE DE BUDLE

ou

LE CHANT DE SIGURDRIFA

Sigurd chevaucha sur le mont Hind, et tourna au sud vers la Franconie. Il vit sur la montagne une grande lumière, et la flamme s'élevait vers le ciel. En approchant, Sigurd découvrit un château-fort au centre duquel flottait une bannière. Il y entra et vit un homme qui dormait avec toutes ses armes de guerre. Sigurd commença par lui ôter son casque, et s'aperçut alors que c'était une femme ; la cotte de mailles paraissait adhérente à la peau, tant elle tenait au corps; il la coupa du haut en bas et sur les bras avec Gram, puis il l'ôta. Alors cette femme s'éveilla, s'assit, regarda Sigurd et dit :

1. Qui a coupé ma cotte de mailles ? Comment mon sommeil a-t-il été troublé ? Qui m'a ôté ces chaînes bleues ?

SIGURD *répondit.*

Le fils de Sigmund vient de déchirer ce sombre vêtement ; le glaive dont il s'est servi appartient à Sigurd.

ELLE *chanta.*

2. J'ai dormi longtemps, bien longtemps ; les souffrances des hommes sont longues. C'est Odin qui m'a empêchée de rompre le charme des runes du sommeil.

> (Sigurd s'assit à terre et lui demanda son nom. Elle prit alors une corne pleine d'hydromel et lui offrit la boisson de mémoire.)

3. Honneur au Jour, honneur à son fils, honneur à la Nuit et à sa fille! Regardez-nous avec des yeux cléments, et donnez la victoire à ceux que vous voyez assis en ce lieu.

4. Honneur aux Ases, honneur aux Asesses ! honneur à la Terre qui nourrit toutes les créatures. Donnez-nous l'éloquence, la raison, et des mains habiles à guérir tous les maux.

(C'était une valkyrie, appelée Sigurdrifra. Elle raconta que deux rois se battaient; l'un, Hjalmgunnar, était vieux et le plus grand guerrier; Odin lui avait promis la victoire; mais l'autre roi se nommait Agnar, frère de Hœdas, dont personne ne voulait. Sigurdrifra tua Hjalmgunnar dans le combat; mais Odin la toucha avec l'épine du sommeil pour s'en venger, et chanta qu'elle ne serait jamais victorieuse dans les combats et serait mariée. — Mais je lui ai dit à mon tour que je faisais le serment de ne jamais me marier avec un homme qu'on pourrait sauver. Sigurd répond et la prie de lui apprendre la sagesse, puisqu'elle sait des nouvelles de tous les mondes. Sigurdrifra chanta.)

5. Je t'apporterai un breuvage, chef des cottes de mailles, un breuvage mélangé de puissance et de force divine, de chants et de baumes, de joyeux poëmes et des runes de la gaieté.

6. Pour être vainqueur, il faut connaître les runes de la victoire et les graver sur le glaive : les unes sur la lame, les autres sur la poignée, et prononcer deux fois le nom de Tyr.

7. Si tu ne veux pas qu'elle t'échappe la femme en qui tu as confiance, il faut connaître les runes à boire, les tracer sur la coupe, sur le revers de la main, et graver le mot *naud* sur l'ongle.

8. Bénis la coupe pleine, prends bien garde au danger, mets des herbes dans ton bain : alors l'hydromel ne sera jamais mélangé de matières nuisibles pour toi.

9. Il te faut connaître les runes de délivrance, si tu veux sauver les autres, aider les femmes en mal d'en-

fant; on les trace sur la main et sur toutes les jointures. Invoque ensuite l'assistance des Disas (1).

10. Si tu veux sauver tes navires en mer, il faut savoir les runes qui calment la tempête, les graver sur l'avant, sur le gouvernail, et lancer du feu sur la trace de la carène; alors, si escarpée et si sombre que soit la vague, tu échapperas au danger sur l'Océan.

11. Si tu veux guérir les blessures, il faut connaître les runes des plantes et les graver sur l'écorce, sur les troncs des arbres de la forêt dont les branches s'inclinent à l'est.

12. Il te faut connaître les runes du langage, si tu veux éviter de payer chèrement le dépit; on les enlace, on les répand sur l'assemblée à laquelle le peuple doit se rendre pour assister aux jugements.

13. Si tu veux être plus spirituel que les autres, il est nécessaire que tu connaisses les runes de l'esprit : Hropter fut le premier qui les grava, les expliqua, et en fit l'objet de ses méditations.

14. Des gouttes tombées de la tête de Hejddrœpner et de la corne de Hoddrœpner............ Il était sur la montagne avec un glaive de feu à la main et un glaive sur la tête.

15. Ce fut alors que les lèvres de Mimer dirent leur première parole pleine de sagesse, et des runes véridiques : il les traça sur le bouclier dressé devant le Dieu lumineux;

---

(1) Divinités chargées de veiller chacune à la destinée d'un homme. Elles ont quelque analogie avec les anges gardiens. (Tr.)

16. Sur l'oreille d'Arvaker et sous les sabots d'Alsvinn, sur la roue qui roule dessous la voiture de Rœgner, sur les dents de Sléipner et sur les traces du traîneau;

17. Sur la griffe de l'ours et sur la langue de Brage, sur les griffes du loup, sur les serres et les ailes sanglantes de l'aigle, sur la main libératrice, sur les traces de celui qui guérit;

18. Sur le verre et sur l'or, sur les objets qui préservent l'homme dans le vin, sur le siége de la sorcière, sur la pointe de Gugner et sur la poitrine de Granne, sur l'ongle de la Norne et sur la griffe du loup.

19. Toutes les runes qui avaient été gravées furent enlevées et déposées dans l'hydromel sacré, puis envoyées au loin. On les trouve chez les Ases, on les trouve chez les Alfes; on en trouve quelques-unes chez les Vanes savants, et aussi chez les hommes.

20. Ce sont là les runes des hêtres, les runes du secours, toutes les runes à boire, toutes les runes précieuses de la force, pour celui qui les sait sans altération et en fait usage pour sa prospérité. Si tu les as comprises, qu'elles te servent jusqu'au moment où les puissances seront dissoutes.

———

21. Maintenant, soutien de l'arme tranchante, choisis, pendant que tu le peux, entre la célébrité et l'oubli; prends goût à toi-même, tout danger est mesuré.

SIGURD *chanta.*

22. Je ne fuirai jamais, lors même que tu saurais l'heure de ma mort, je n'ai point été porté avec lâcheté. Tant que je vivrai, je conserverai le souvenir des avis que ton amour me donne.

SIGURDRIFA.

23. Voici mon premier conseil : Sois sans reproche envers tes parents et lent à te venger d'eux quand ils sont injustes à ton égard ; cela, dit-on, profite aux morts.

24. Voici mon second conseil : Ne fais pas un faux serment ; des châtiments cruels sont imposés au manque de foi ; le parjure est misérable.

25. Voici mon troisième conseil : N'aie point aux plaids d'indivis avec l'extravagant ; l'homme sans sagesse dit souvent des paroles plus fâcheuses que le sage.

26. Mais tout restera dans l'incertitude si tu gardes le silence quand on dira que tu es lâche, ou lorsqu'on t'accusera avec vérité. Le jugement du monde, si on ne l'a pas adouci par de la bonté, est dangereux ; le lendemain, laisse aller ton esprit et venge-toi des mensonges.

27. Voici mon quatrième conseil : Si la demeure d'une femme méchante et vicieuse se trouve sur la route, il vaut mieux continuer de marcher que de lui

demander l'hospitalité, quand même tu aurais été surpris par la nuit.

28. Les fils des hommes qui se rendent au combat ont besoin des yeux de la prudence ; souvent on trouve, assises près de la route, des femmes perverses qui endorment le cœur et le glaive.

29. Voici mon cinquième conseil : Quelque jolie que soit la fiancée assise sur le banc, ne permets point à l'argent de ta parenté de troubler ton sommeil. Que pas une femme ne t'attire pour l'embrasser.

---

30. Voici mon sixième conseil : Si les hommes occupés à boire profèrent des discours incohérents, ne dispute pas avec le guerrier ivre : le vin dérobe l'esprit d'un grand nombre.

31. L'ivresse et le bruit sont devenus pour plusieurs une cause de douleur d'esprit, de mort ou de malheur : il y a beaucoup de choses qui oppressent l'homme.

32. Voici mon septième conseil : Si tu as une querelle avec un homme courageux, il vaut mieux pour les riches se battre dehors que de brûler dans la maison.

33. Voici mon huitième conseil : Regarde où est le danger, éloigne-toi du piége ; n'attire point une jeune fille ni la femme d'un homme ; ne les excite pas à la volupté.

34. Voici mon neuvième conseil : Respecte le corps

d'un mort en telle place que tu le trouves dans les champs, qu'il soit mort naturellement ou noyé, ou tué par les armes.

35. On doit élever une colline tumulaire aux défunts, leur laver les mains et la tête ; il faut aussi les peigner avant de les déposer dans la bière et de les inviter à dormir en paix.

36. Voici mon dixième conseil : Ne crois jamais aux promesses de celui dont tu as tué le frère ou le père ; un loup grandit dans le cœur du jeune homme, quoiqu'il ait été apaisé avec de l'or.

37. Ne crois pas que les querelles et la colère ont sommeil non plus que le chagrin. Un prince, destiné à être le premier parmi les hommes, n'acquiert pas facilement pour cela de l'esprit et des armes.

38. Voici mon onzième conseil : Cherche à découvrir d'où vient le danger, et son but. Une longue existence me paraît destinée au chef ; mais une embûche est dressée.

Sigurd dit : « Il n'est pas d'homme plus savant que toi, et tu m'appartiendras, je le jure, car tu es suivant mon esprit. » — Elle répondit : « Je te préfère à tous les hommes. » Et ils confirmèrent ceci par des serments.

XI

FRAGMENTS DE POÈMES

SUR SIGURD ET BRYNHILD

---

1. Le feu sifflait, la terre tremblait, la flamme montait bien haut et atteignait le ciel; peu de chefs auraient osé chevaucher dans le feu ou s'élancer pardessus.

2. Sigurd excite Granne avec le glaive, et le feu s'éteint devant le fils du roi; la flamme disparaît devant le favori de la renommée; il possédait la resplendissante selle qui avait appartenu à Reginn.

---

3. Sigurd tua le serpent, et cet exploit sera connu de tous tant que la terre subsistera; mais son frère d'armes n'osa point chevaucher dans le feu ni pardessus.

4. Sigurd, après cet entretien (1) dans la salle royale, gémit de telle sorte que les liens de sa cotte de mailles en furent rompus.

---

5. Brynhild, fille de Budle, pourquoi es-tu si fort en colère contre moi ? Pourquoi ton esprit est-il plein de projets meurtriers ? Comment Sigurd, ce héros généreux, a-t-il mérité la mort que tu veux lui donner ?

BRYNHILD

6. Sigurd m'a fait des serments, il m'a fait des serments volontaires, puis il m'a trompée quand il devait être fidèle à ses promesses....

HOEGNE (2).

7. Brynhild a éveillé en toi le mauvais esprit pour faire le mal et causer des chagrins. Elle envie à Gudrun son bon époux, et regrette d'être possédée par toi.

8. Les uns rôtissaient le loup, les autres dépeçaient le serpent et donnaient des morceaux de Freke à Guttorm (3) avant qu'il eût l'esprit assez perverti pour porter les mains sur le vaillant héros.

(1) Avec Brynhild, devenue la femme de Gunnar. Ils s'étaient rappelé tous deux leurs serments et la manière dont ils avaient été trompés. Sigurd lui proposa de répudier Gudrun, mais elle ne voulut pas y consentir. (Tr.)

(2) Gunnar l'avait consulté sur le conseil que Brynhild lui avait donné de tuer Sigurd. (Tr.)

(3) Frère de Gunnar, qui lui offrit de l'or et un grand royaume pour tuer

9. Gudrun, la fille de Gjuke, était dehors et chantait : « Où est maintenant Sigurd, le prince des hommes, quand mes parents sortent à cheval? »

10. Hœgne se borna à répondre : « Nous avons dépecé Sigurd avec le glaive; le cheval gris baisse la tête et flaire le roi qui est mort. »

11. Alors Brynhild, fille de Budle, chanta : « Vous serez les maîtres du pays et des armes. Sigurd serait devenu le dominateur de tout, si son existence se fût prolongée encore un peu de temps.

12. « N'est-il pas présumable que Sigurd aurait dominé le royaume et les peuples nombreux de Gjuke, puisqu'il a engendré cinq fils vaillants pour fortifier l'armée? »

13. Brynhild (et tout le palais en retentit) se mit à rire cette fois de tout son cœur. « Vous jouirez du royaume et du peuple, puisque vous avez laissé succomber le roi hardi. »

14. Gudrun, la fille de Gjuke, chanta alors : « Tu nous parles d'une action inouïe. Que toutes les mauvaises puissances s'emparent de Gunnar, qui a trahi Sigurd! Ce prince sera vengé sur les cœurs pervers. »

15. Sigurd avait succombé au sud du Rhin, et le corbeau, perché sur la branche, cria bien haut : « Atle teindra dans votre sang le fil de son glaive. Assassins! vos serments vous tueront! »

Sigurd. On lui donna à manger un serpent et de la chair de loup bouillis ensemble, pour le rendre cruel. (*Tr.*)

16. Le soir était venu ; on avait beaucoup bu, et plus d'une parole badine avait été dite ; tous ceux qui se mirent au lit s'endormirent ; mais Gunner veilla plus longtemps que les autres.

17. Ils commencèrent à remuer le pied, et parlèrent avec abondance ; le chef voulut réfléchir, le corbeau et l'aigle chevauchèrent vers leur demeure.

18. Brynhild, la fille de Budle et la descendante de Skœld, s'éveilla un peu avant le jour. « Le malheur est accompli ! laissez-moi exprimer ma douleur ! »

19. Tous se turent à ces mots ; peu de gens comprennent ces manières de femmes, qui font pleurer sur des choses ordonnées en riant aux héros.

20. « J'ai cru voir en dormant que Gunnar était bien cruel ; il y avait tant de fraîcheur dans la salle ! mon lit était froid. Mais toi, prince ! les coups te font chevaucher sans joie et enchaîné vers les rangs ennemis. Puisse ainsi la race de Nifl vous ôter à tous votre puissance ! — Vous êtes des parjures !

21. « As-tu oublié, Gunnar, que votre sang à tous deux a coulé sur vos traces ? Tu l'as mal récompensé maintenant de ce qu'il a marché le premier au danger.

22. « Quand il vint courageusement à cheval pour m'adresser une demande en mariage, on vit comment le chef tint sa promesse à ton égard, jeune prince !

23. « Ce roi magnifique plaça entre nous son glaive incrusté de feu ; mais on l'avait auparavant enduit de venin. »

On pourrait conclure de ce poëme que Sigurd fut tué en plein air; mais d'autres prétendent qu'il fut assassiné dans sa demeure et tandis qu'il dormait sur son lit. Les Allemands disent qu'il fut tué dans la forêt. On trouve également dans le poëme antique de Gudrun que Sigurd et les fils de Gjuke se rendaient à cheval à l'assemblée du peuple, lorsque le premier fut tué. Mais tous s'accordent à dire que ses beaux-frères lui manquèrent de foi, et l'assassinèrent couché et désarmé.

XI

PREMIER POÈME SUR GUDRUN

———

Gudrun était assise auprès du corps de Sigurd ; elle ne pleurait pas comme les autres femmes, mais son cœur était sur le point de se briser de douleur. Hommes et femmes essayaient de la consoler ; ce n'était point facile. Suivant une tradition populaire, Gudrun avait mangé du cœur de Fafner, c'est pourquoi elle comprenait le ramage des oiseaux. Voici ce qu'on chante sur Gudrun.

———

1. Il fut un temps où Gudrun manqua mourir, lorsqu'elle était tristement assise près du corps de Sigurd. Elle ne soupirait pas, elle ne frappait point ses mains

ensemble, elle ne se plaignait pas comme les autres femmes.

2. Des Jarls s'approchèrent avec respect pour adoucir son rude chagrin. Gudrun ne pouvait point pleurer, tant la douleur l'oppressait : elle voulait mourir.

3. Les nobles filles des Jarls, parées d'or, étaient assises devant Gudrun ; chacune d'elles racontait sa plus grande douleur, celle qui l'avait le plus affligée.

4. Alors Gjaflœg, la sœur de Gudrun, dit : « C'est de moi surtout que les joies de la vie se sont le plus éloignées : j'ai perdu cinq maris, deux filles, trois sœurs, huit frères ; j'ai seule survécu. »

5. Mais Gudrun ne pouvait pleurer, tant elle éprouvait de douleur de la perte de son époux, tant elle était affligée de la mort du roi.

6. Alors Herborg, la reine des Huns, dit : « De plus grands chagrins encore m'ont atteinte. Dans le Sud, sept de mes fils et mon époux ont succombé dans les batailles.

7. « Mon père, ma mère et quatre de mes frères ont été trahis par le vent sur les vagues ; les flots ont heurté avec violence les ais du bordage.

8. « J'ai été chargée seule du soin de leurs funérailles, de préparer, d'orner leur tombeau ; j'ai enduré tous ces malheurs en un an, il n'y a donc plus de joie pour moi.

9. « Puis, je fus garrottée et faite prisonnière de guerre vers la fin de cette même année ; on me força

d'orner et d'attacher tous les matins la chaussure de la femme du chef de l'armée.

10. « Elle me persécutait par jalousie, et me chassait devant elle en me frappant avec rudesse. Jamais je n'ai vu un maître meilleur ni une maîtresse plus mauvaise. »

11. Mais Gudrun ne pouvait pleurer, tant elle éprouvait de douleur de la perte de son époux, tant elle était affligée de la mort du roi.

12. Gullrœnd, la fille de Gjuke, dit alors : « Ma mère adoptive, malgré ton jugement, tu ne sais guère comment il faut parler aux jeunes femmes. Elle a ordonné de couvrir le corps du roi. »

13. Et Gullrœnd ôta vivement le drap qui couvrait Sigurd, elle tourna les joues du héros vers les genoux de sa femme. « Regarde ton bien-aimé, pose tes lèvres sur celles du roi, que tu as pressé dans tes bras quand il vivait. » —

14. Gudrun jeta un regard sur Sigurd ; elle vit les cheveux du roi trempés de sang ; ses yeux brillants étaient éteints ; sa poitrine était déchirée par le glaive.

15. Alors Gudrun tomba en arrière sur le coussin, le bandeau de ses cheveux se détacha, ses joues rougirent, une goutte de pluie tomba sur ses genoux.

16. Et Gudrun, la fille de Gjuke, pleura ; ses larmes coulèrent avec violence ; les oies, ces magnifiques oiseaux qui appartenaient à Gudrun, joignirent leurs cris aux siens.

17. Gullrœnd, la fille de Gjuke, chanta : « L'amour que vous aviez l'un pour l'autre est le plus fort qu'on ait vu parmi les enfants des hommes ; tu ne pouvais trouver de repos, ma sœur, ni chez toi ni dehors sans Sigurd. »

18. Alors Gudrun, la fille de Gjake, chanta : « En voyant Sigurd au milieu des fils de Gjuke, on aurait dit l'iris qui pousse entourée d'herbes, ou un diamant, pierre plus précieuse que les rois.

19. « Les héros de Sigurd me trouvaient aussi plus grande que les filles d'Odin ; maintenant, je ne suis plus qu'une feuille arrachée par la tempête, et tombée auprès de mon prince sans vie.

20. « Il me manque sur le trône et sur ma couronne le cher objet de mes entretiens. La faute en est aux fils de Gjuke ; ils ont fait mon malheur, et arrachent des larmes amères à leur sœur.

21. « C'est pourquoi vous avez dévasté le royaume témoin de vos serments. Gunnar, tu ne jouiras point de cet or. Les anneaux que tu avais juré de donner à Sigurd seront la cause de ta perte.

22. « Il y avait plus de joie dans le palais, quand mon Sigurd sella Granne pour aller demander la main de Brynhild, cette furie qui est la cause de nos infortunes. »

23. Alors Brynhild, la fille de Budle, chanta : « Qu'elle soit privée de mari et d'enfants, la sorcière

qui t'a fait pleurer, Gudrun, et retrouver la parole ce matin. »

24. Gullrœnd, la fille de Gjuke, chanta: « Tais-toi, horreur des hommes, tu as toujours causé le malheur des héros. Un destin cruel te pousse sans cesse, amer chagrin de sept rois, et la plus grande perturbatrice du repos des femmes. »

25. Brynhild, la fille de Budle, chanta : « C'est mon frère Atle, le descendant de Budle, qui est la cause de tout ce mal.

26. « Nous avons regardé dans la forteresse des Huns, et nous y avons vu tout l'or du roi. Je me repentirai éternellement de cette expédition. »

27. Elle était debout près du pilier, qu'elle embrassait avec force; alors les yeux de Brynhild, la fille de Budle, lancèrent des flammes. Elle écumait du venin quand ses yeux se portaient sur les blessures de Sigurd.

Gudrun s'en alla ensuite dans les bois et dans les déserts. Elle se rendit ainsi en Danemark, et y passa sept ans auprès de Thora, fille de Hakon. Brynhild ne voulut pas survivre à Sigurd; elle fit mourir huit esclaves et cinq suivantes qui lui appartenaient, puis elle se tua avec un glaive, ainsi qu'on le voit dans le petit poëme sur Sigurd.

XIII

SECOND POÈME SUR BRYNHILD.[1]

1. Autrefois Sigurd, le descendant de Vœl, après avoir vaincu ses ennemis, visita Gjuke; il reçut le serment des deux princes, et ses guerriers hardis se jurèrent mutuellement fidélité.

2. Ils lui offrirent Gudrún, la jeune vierge, fille de Gjuke, et beaucoup de joyaux; ils burent et causèrent ensemble pendant bien des jours, le jeune Sigurd et les fils de Gjuke.

3. Cet entretien se prolongea jusqu'au moment où ils allèrent demander Brynhild en mariage. Sigurd, qui connaissait le chemin, chevaucha avec eux : il aurait bien désiré la posséder lui-même, si le destin l'avait permis.

---

[1] On l'appelle aussi *Petit poëme sur Sigurd*. (Tr.)

4. Sigurd, l'homme méridional, plaça son glaive nu, son glaive brillant, entre Brynhild et lui ; il n'était point permis au roi des Huns d'embrasser la jeune vierge, ni de la soulever dans ses bras. Il donna la florissante jeune fille au fils de Gjuke.

5. Elle ne connaissait pas un défaut à son corps, ni de crime dans sa vie. Elle n'avait ou ne paraissait pas avoir de défauts.

6. Les arrêts cruels d'Urd vinrent à la traverse : étant assise seule dehors un soir, Brynhild dit sans détours : « Je veux presser Sigurd, ce jeune homme aux fraîches couleurs, dans mes bras, ou mourir.

7. « Je viens de proférer des paroles dont je pourrai me repentir ; Gudrun est sa femme, je suis celle de Gunnar, et les mauvaises Nornes envoient de longs ennuis. »

8. Il lui arriva plus d'un soir, quand sa douleur la pénétrait entièrement, de traverser les montagnes couvertes de glaces et de neige, au moment où, Gudrun et son époux étant couchés, Sigurd, le roi des Huns, tirait la couverture sur sa femme chérie.

9. « Je marche privée d'un époux, de joie et de toutes choses ; mais des pensées cruelles me réjouiront. »

10. Par suite de cette haine, elle excita son époux au meurtre. « Gunnar, tu me perdras ainsi que mon royaume ; je n'aurai plus de joie avec mon roi :

11. « Je retournerai auprès de mes proches, j'y pas-

serai ma vie endormie, si tu ne fais point mourir Sigurd, et si tu ne deviens pas le roi des autres rois ;

12. « Faisons prendre au fils la même route qu'à son père, l'existence du jeune loup ne doit pas se prolonger davantage; car pour qui la vengeance sera-t-elle plus facile, si le fils de Sigurd continue à vivre? »

13. La colère s'empara de Gunnar, et le mécontentement l'accabla; il passa toute cette journée livré à des pensées flottantes, sans savoir précisément ce qui lui convenait de faire ; il regrettait beaucoup Sigurd.

14. Il réfléchit pendant longtemps avec inquiétude, car on voyait rarement les femmes s'éloigner des rois. Il fit appeler Hœgne pour lui parler avec confiance ; c'était en tout un ami intime.

15. « Brynhild, la fille de Budle, est ce que j'ai de plus cher; je renoncerai plutôt à la vie qu'aux charmes de cette femme.

16. « Si tu le veux, nous trahirons le prince du trésor. Il est doux de jouir en paix du métal des fleuves, de gouverner le royaume, et de goûter tranquillement la félicité. »

17. Mais Hœgne répondit: « Il serait mal à nous de commettre une pareille action, de rompre avec le glaive des serments, des serments et des promesses de fidélité.

18. « Il n'y aura point d'hommes plus heureux que nous sur la terre, tant que nous gouvernerons tous quatre le royaume, et que le vaillant Hun sera avec

nous ; il n'y aura point de famille aussi puissante que la nôtre, si nous pouvons vivre longtemps, tous les cinq, et voir notre race se multiplier.

19. « Je connais fort bien le motif de ton discours, les prières de Brynhild son puissantes. »

20. Nous exciterons Guttorm, le plus jeune de nos frères, à commettre ce meurtre ; il n'a point fait de serments ni de promesses de fidélité.

21. Il ne fut pas difficile d'amener le jeune imprudent à ce qu'on désirait de lui, et bientôt le glaive fut debout dans le cœur de Sigurd.

22. Le vaillant guerrier se leva pour se venger, et l'acier brillant de Garm s'envola avec force de la main du roi après Guttorm.

23. Son ennemi tomba en deux morceaux : les mains et la tête furent lancées à distance ; la partie inférieure tomba sur place.

24. Gudrun s'était endormie sans inquiétude à côté de Sigurd ; mais elle se réveilla tristement en nageant dans le sang de l'ami de Freya.

25. Elle frappa des mains avec tant de force que le courageux guerrier se souleva contre le lit. « Ne pleure pas avec tant d'amertume, Gudrun, ma jeune et florissante épouse, tes frères sont vivants.

26. « Mon héritier est trop jeune, on ne peut le sauver de la maison ennemie; ils ont pris avec cruauté et bassesse de nouvelles résolutions.

27. « De sept neveux qui leur naîtront plus tard,

aucun ne se rendra à l'assemblée du peuple. Je sais exactement ce qui arrivera. Brynhild est la cause de tout ce mal.

28. « Je suis l'homme qu'elle a le plus chéri, mais je n'ai point trahi Gunnar. Je suis resté fidèle à mes serments. Depuis, on m'a appelé l'ami de sa femme. »

29. Gudrun soupira et le roi rendit l'esprit. Alors elle frappa ses mains ensemble ; à ce bruit, les chevaux hennirent et les oies poussèrent un cri.

30. Lorsque Brynhild, la fille de Budle, entendit Gudrun sangloter bien haut dans son lit, elle se mit à rire une fois de tout son cœur.

31. Gunnar parla ainsi : « Femme vindicative, ces éclats de gaieté ne t'annoncent rien de bon. Mais d'où vient que tes couleurs disparaissent ? tu sembles mourante.

32. « Tu aurais mérité, femme, de voir tuer Atle sous tes yeux, de lui voir une blessure saignante, et d'être obligée de bander sa plaie humide. » —

33. Brynhild, la fille de Budle, répondit : « Tu ne combattras plus, pas un homme ne te provoquera. Atle redoute peu la colère, il te survivra et sera toujours le premier quant à la puissance.

34. « Je pourrais te dire, si tu ne le savais parfaitement, Gunnar, que tu as changé de forme pour commettre le crime. J'étais bien jeune alors ; le chagrin ne m'a point forcée, moi, richement pourvue de biens, à entrer dans la maison fraternelle.

35. « Jusqu'au moment où les trois descendants de Gjuke entrèrent à cheval dans la cour, je n'avais point voulu appartenir à un homme. Hélas! pourquoi ce voyage a-t-il eu lieu?

36. « Le chef, assis sur les épaules de Granne, et couvert d'or, me donna sa foi; il ne vous ressemblait ni par les regards ni par les formes; et cependant vous croyez être des chefs d'armée.

37. « Atle me dit en particulier qu'il ne permettrait le partage ni des présents, ni de l'or, ni du pays, si je ne consentais point à me donner; que je n'aurais aucune part aux biens ni à l'argent monnayé.

38. « Mon esprit fut en suspens; devais-je combattre ou faire un choix parmi les cottes de mailles pour apaiser ma querelle avec mon frère? Il fallait l'annoncer au peuple et diminuer ainsi la joie de plus d'un homme.

39. « Nous conclûmes la paix. Je trouvai plus de plaisir aux joyaux et aux anneaux rouges que le fils de Sigmund devait me donner. Je ne voulais point l'or d'un autre homme; je voulais en aimer un seul, et pas davantage: la jeune fille, dont la poitrine était couverte d'or, n'avait point un esprit léger.

40. « Quand mon voyage vers la mort sera accompli, Atle saura que la femme au cœur flexible ne passera jamais sa vie avec un autre homme. Alors le moment de venger mes chagrins sera venu. » —

41. Gunnar, le chef des guerriers, se leva, et passa

ses bras autour du cou de Brynhild : tous vinrent, mais séparément, et avec un esprit loyal, pour soulager sa douleur.

42. Mais elle repoussa tout le monde, et ne permit à personne de l'empêcher d'effectuer le long voyage.

43. Gunnar fit appeler Hœgne : « Je veux réunir mes guerriers et les tenir dans la salle ; c'est maintenant nécessaire. Essayons de suspendre le voyage de Brynhild vers la mort, jusqu'au moment où les années amèneront ce malheur; puis nous laisserons agir la nécessité. »

44. Mais Hœgne répondit : « Que personne ne s'oppose au long voyage d'où elle ne reviendra jamais ! Brynhild est mal descendue des genoux de sa mère ; elle est née pour une douleur sans fin, et pour affliger le cœur de bien des hommes. »

45. Gunnar, après cet entretien, courut en hâte vers le lieu où la valkyrie changeait ses parures. Elle jeta un regard sur tous ses trésors, sur ses esclaves et ses suivantes sans vie, passa la cotte de mailles en or, et n'eut l'esprit joyeux qu'après avoir enfoncé le glaive dans son sein.

46. Elle tomba sur le lit d'un autre côté, et dit : « Qu'elles me précèdent maintenant, celles qui désirent obtenir de moi de l'or et de moindres présents ! je donnerai à chacune le collier rouge, l'écharpe, le manteau et les vêtements brillants. »

47. Toutes se turent; elles réfléchirent à ces pa-

roles, et dirent unanimement : « Il y a déjà assez de morts, nous voulons vivre encore, remplir l'office de suivantes dans les salles, et faire ce qui nous plaît. »

48. Celle qui était parée, enveloppée dans le lin, et encore jeune d'années, chanta : « Je ne veux pas que personne abandonne la vie avec mécontentement ou par contrainte à cause de moi.

49. « Cependant, que des trésors lointains brûlent avec vos os, mais non pas l'or de la femme parée de colliers, quand vous trépasserez pour venir me visiter.

50. « Assieds-toi, Gunnar; n'ayant plus l'espoir de vivre, je te parlerai d'une belle fiancée. Votre navire ne se perdra pas entièrement, parce que j'aurai renoncé à la vie.

51. « Vous vous réconcilierez avec Gudrun plus tôt que tu ne le penses. Quoique mariée avec le roi, cette femme sage nourrira le souvenir de Sigurd ; une fille naîtra d'elle; Svanhild sera plus blanche que le jour serein et les rayons du soleil.

52. « Tu donneras à Gudrun un bon archer, cause de malheurs pour grand nombre de guerriers. Gudrun ne sera pas mariée heureusement ; mon frère Atle, le fils de Budle, la possédera.

53. « Il est des choses dont je dois me souvenir, sur la manière dont vous m'avez trompée avec tant de

cruauté. La félicité s'est constamment jouée de moi pendant ma vie.

54. « Tu voudras posséder Oddrun, mais Atle n'y consentira pas ; vous vous inclinerez l'un vers l'autre secrètement : elle t'aimera comme je l'aurais fait, si notre destinée eût été douce.

55. « Atle te fera payer chèrement ce bonheur, et tu seras déposé dans une étroite fosse remplie de serpents; puis Atle rendra l'esprit, et quittera ses trésors et la vie.

56. « Car Gudrun le percera cruellement avec l'acier dans son lit.

57. « Si on donnait un bon conseil à notre sœur Gudrun, et si elle avait un cœur comme le nôtre, elle ferait mieux de suivre chez la Mort son premier mari.

58. «Je parle maintenant avec désordre, mais elle ne perdra point la vie à cause de nous. De hautes vagues la porteront sur la motte de tourbe patrimoniale de Jonaker; les fils de Jonaker sont dans l'incertitude.

59. « Gudrun enverra Svanhild sa fille et celle de Sigurd hors du pays : le conseil de Bicke lui nuira, car Jormunrek vit pour faire le mal. Alors toute la race de Sigurd sera éteinte, et les larmes de Gudrun en deviendront plus abondantes.

60. « Je vais t'adresser une demande : c'est ma dernière prière dans ce monde. Élève dans les champs

un bûcher assez vaste pour recevoir tous ceux qui sont morts avec Sigurd.

61. « Environne le bûcher de tentes, de boucliers, de bannières d'une belle teinte, et d'un grand nombre de guerriers. Brûle-moi à côté du héros.

62. « Brûle de l'autre côté mes serviteurs parés avec de l'or, deux à la tête et deux éperviers ; alors tout se trouvera égalisé.

63. « Mettez entre nous le glaive tranchant incrusté avec de l'or ; qu'il nous sépare encore une fois, comme lorsque nous montâmes dans le même lit ; nous étions époux de nom.

64. « Alors les portes resplendissantes d'or ne lui tomberont pas sur les talons quand ma suite l'accompagnera. Ce voyage ne paraîtra pas misérable.

65. « Car le héros sera suivi par cinq femmes de service et huit serviteurs de bonne race, tous gens de mon pays natal, et par les ancêtres que Budle a donnés à sa fille.

66. « J'ai beaucoup parlé ; j'en dirais encore davantage, si le glaive m'en laissait le temps. La voix faiblit... la blessure enfle... J'ai dit la vérité... Je devais finir ainsi. »

XIV

LE
VOYAGE DE BRYNHILD VERS HEL

OU LE
POÈME DE LA GÉANTE

Après la mort de Brynhild, on éleva deux bûchers : l'un pour Sigurd, il brûla le premier; Brynhild fut consumée ensuite. Elle était dans un char et couverte du drap divin (1), lorsqu'elle se rendit chez Hel. On dit que Brynhild, en suivant la route de l'abîme, passa devant une maison habitée par la géante Gyger.

LA GÉANTE *chanta*.

1. Tu ne traverseras point les terres de mes habita-

---

(1) Le corps de ceux qui ont succombé sur le champ de bataille. (*Tr.*)

tions appuyées contre les rochers ; tu ferais mieux de tisser plutôt que de courir après le mari d'un autre.

2. Comment se fait-il que la fille voluptueuse de Valland vienne dans mes demeures? Femme parée avec de l'or, tu as noyé tes mains dans le sang humain.

BRYNHILD.

3. Si j'ai porté une armure, fiancée des rocs, ce n'est point une raison pour m'adresser des reproches. Je serais peut-être la moins criminelle de nous deux si nos destinées étaient connues.

LA GÉANTE.

4. Brynhild, fille de Budle, tu es née pour le mal. Tu as fait périr les enfants de Gjuke et anéanti leur illustre race.

BRYNHILD.

5. Je te dirai, de ce char léger, que tu es fort ignorante des moyens employés par les fils de Gjuke pour me priver de l'amour de Sigurd et rompre les serments qui m'avaient été faits.

6. Le roi fit porter nos fantômes, au nombre de huit sœurs, sous le chêne. Si tu désires le savoir, je te dirai que j'avais douze hivers quand je promis fidélité au jeune roi.

7. Tous ceux qui me connaissent dans la vallée de Hlym m'appellent Hildur-au-Casque.

8. J'envoyai ensuite du pays des dieux vers Hel, le

vieux Hjelmgunnar, et je donnai la victoire au jeune frère d'Œdas. Je m'attirai ainsi la colère d'Odin.

9. Il m'enferma avec des boucliers dans le bosquet aux arbres élevés : des cercles rouges et blancs me lièrent ; les liens du sommeil ne devaient être rompus que par un homme inaccessible à la peur (1).

10. Odin alluma autour de ma salle, tournée vers le sud, la haute flamme qui dévaste les bois ; puis il invita le guerrier qui devait m'apporter le lit de Falner (2) à traverser cette flamme à cheval.

11. Ce vaillant guerrier, le dispensateur de l'or, montait Granne et se rendit dans le pays où régnait mon père adoptif. Je le distinguai au milieu des Danois.

12. Nous dormîmes paisiblement dans le même lit ; nous ne posâmes pas la main l'un sur l'autre durant huit nuits.

13. Cependant Gudrun, la fille de Gjuke, m'a reproché d'avoir dormi dans les bras de Sigurd. J'appris alors ce que je voudrais ignorer : on m'avait trompée en me donnant un mari.

14. Depuis trop longtemps déjà hommes et femmes naissent pour endurer de nombreux chagrins. Nous allons maintenant, Sigurd et moi, jouir de la vie ensemble. Disparais, géante !

(1) Allusion au poème de Sigurdrifa. (Tr.)
(2) L'or sur lequel ce serpent couchait. (Tr.)

XV

LE CHAGRIN DE GUDRUN

FIN DE LA RACE DE NIFL.

Gunnar et Hœgne s'emparèrent de l'héritage de Fafner ; il y eut une guerre entre les descendants de Gjuke et Atle, qui les accusait de la mort de Brynhild : il fut arrêté qu'on lui donnerait une compensation et Gudrun pour femme. Pour décider la veuve de Sigurd à consentir à cette union, il fallut lui donner le breuvage de l'oubli. Les fils d'Atle étaient Erp et Eitil ; mais Svanhild était la fille de Sigurd et de Gudrun. Le roi Atle invita Gunnar et Hœgne à venir chez lui, et chargea Vingi ou Knefrœde de ce message. Gudrun, sachant que cette invitation cachait un piége, envoya des runes à ses frères pour les avertir du danger dont ils étaient menacés ; elle adressa à Hœgne l'anneau Andvare-naut, et y noua des poils de loup.

Gunnar avait demandé Oddrun, la sœur d'Atle, pour femme ; elle lui fut refusée ; on lui donna ensuite Glœmvor, et à Hœgne Kostbera. Leurs fils furent Solar, Snœar et Gjuke. Lorsque Gunnar et Hœgne arrivèrent chez Atle, Gudrun pria les fils de ce prince d'intercéder en faveur de ses frères : ils s'y refusèrent. Le cœur de Hœgne fut extrait de son sein, et Gunnar jeté dans une fosse remplie de serpents. Il les endormit en jouant de la harpe ; mais une vipère le piqua au foie.

LE CHAGRIN DE GUDRUN.

Le roi Thjodrek était chez Atle, il y avait perdu tous ses guerriers. Gudrun et lui se communiquaient mutuellement leurs afflictions ; la fille de Gjuke lui raconta sa destinée et chanta :

1. J'étais la plus belle des vierges ; ma mère la jolie me mit au monde dans la demeure des femmes. Mes frères me furent chers jusqu'au moment où Gjuke compta l'or de ma dot et me donna à Sigurd.

2. Ce prince s'éleva au-dessus des fils de Gjuke ; c'était le lis qui croît au milieu du gazon, ou le cerf aux jambes hautes, et dont la taille domine celle des autres animaux ; c'était l'or rouge comparé à l'argent grisâtre.

3. Mes frères m'envièrent à la fin le bonheur d'avoir pour époux le plus illustre des hommes. Ils ne purent ni dormir ni juger les procès avant d'avoir fait périr Sigurd.

4. On entendit du bruit, Granne accourut à l'assemblée du peuple, mais Sigurd ne parut pas. Tous les chevaux étaient tachés de sueur et couverts du sang des combattants.

5. J'allai trouver en pleurant Granne, qui était mouchetée de sang; je lui parlai de mon époux. Le fidèle animal baissa tristement la tête : il savait que son maître n'existait plus.

6. Je marchai longtemps, je fus longtemps dans l'incertitude, avant de questionner les princes sur mon roi.

7. Gunnar était debout et triste. Hœgne m'annonça la mort douloureuse de Sigurd. « Le vainqueur de Guttorm est étendu de l'autre côté du fleuve; il a été abandonné aux loups.

8. « Cherche Sigurd au Midi, tu y entendras les corbeaux s'entr'appeler; tu entendras crier les aigles ravis de cette pâture; autour de ton mari hurlent les loup

9. ...ent Hœgne peut-il m'annoncer de semblables ...ortunes? Les corbeaux devraient déchirer ton cœur et en disperser les débris au loin, plutôt que de te laisser vivre.

10. Une grande affliction appesantissait l'esprit de

Hœgne lorsqu'il reprit la parole : « Gudrun aurait plus de sujets encore de pleurer, si les corbeaux déchiraient mon cœur. »

11. Je rompis cet entretien et courus seule vers les restes dispersés par les loups. Je ne soupirais pas, je ne tordais point les mains, je ne pleurais pas comme les autres femmes, lorsque j'étais assise, dévorée de douleur, auprès de Sigurd.

12. Elle me parut obscure, la nuit que je passai près de mon époux. Les loups m'auraient semblé bons s'ils m'avaient ôté la vie ; j'aurais voulu me consumer comme le bosquet de bouleaux enflammé.

13. Je m'éloignai ensuite des montagnes ; je comptai cinq jours avant de découvrir les salles de Half. J'y fus assise avec Thora, la fille de Hakon, et je passai sept années en Danemark.

14. Pour me faire plaisir, Thora tissa dans le drap d'or des palais méridionaux et des cygnes danois (1).

15. Nous représentions sur des tableaux les jeux des héros, et dans nos travaux à l'aiguille les guerriers du roi, des boucliers rouges ; des Huns, l'armée des glaives, l'armée des boucliers, suivaient le roi.

16. Les navires de Sigmund s'éloignaient du rivage avec des ornements d'or et des proues sculptées : nous brodâmes sur les bords les combats entre Sigar et Siggeir, au sud de Fivi.

17. Alors Grimhild, cette femme gothe, me demanda

(1) Des oies. (Tr.)

le sujet de ma tristesse ; elle jeta sa couture, appela ses fils et s'informa avec beaucoup de vivacité de l'indemnité qu'ils pourraient donner à leur sœur pour son mari tué.

18. Gunnar consentit volontiers à donner de l'or pour composition ; il en fut de même de Hœgne. Alors Grimhild demanda : « Qui veut seller le coursier, conduire le char, monter le cheval, porter l'épervier, tirer les flèches avec l'arc courbé? »

19. Les Danois Valdar, Jarisleif et Eymod-le-Troisième avec Jariskar entrèrent alors : leur port était royal. Guerriers à haute stature, ils portaient des manteaux rouges, des casques fabriqués au moule ; ils étaient ceints d'un glaive et avaient des boucles brunes.

20. Chacun voulait me choisir des bijoux et parler de manière à me plaire, afin de me donner une compensation pour mes longs chagrins, si je pouvais avoir confiance dans leurs paroles.

21. Grimhild m'apporta une coupe et m'invita à la vider ; ce breuvage était si froid et si amer, qu'il me fit oublier ma querelle ; il était composé avec beaucoup de sortiléges, avec l'eau froide et amère de l'Océan et l'eau de la réconciliation.

22. Toutes sortes de runes couleur de sang étaient gravées sur cette coupe ; je ne pouvais les expliquer : on y voyait le long serpent du pays de Hadding et des forêts.

23. Ce breuvage était composé d'un grand nombre de mauvaises choses réunies, de plantes forestières, de glands, de la rosée tombée autour de l'âtre, des intestins des animaux offerts en sacrifice, de foie de porc bouilli : car tout cela engourdit la haine.

24. Lorsque j'eus pris ce breuvage, en étant inclinée vers le plancher de la salle royale, j'oubliai tout. Trois rois se placèrent à mes genoux, puis Grimhild vint elle-même me parler.

25. « Je te donne, Gudrun, de l'or, et une grande partie de l'or possédé par ton père défunt, des anneaux rouges, la salle de Hlœdve et tout le château du prince qui a succombé.

26. « Tu auras des suivantes nées chez les Huns; elles travaillent l'or avec adresse et le tisseront dans l'étoffe, de manière à te causer de la joie. Tu posséderas seule les trésors de Budle, tu seras dotée avec de l'or et donnée à Atle. »

27. Je ne suivrai pas un homme et ne veux point appartenir au frère de Brynhild; il ne me convient pas de multiplier, avec le fils de Budle, la race de ce prince, ni de me réjouir de la vie.

28. « Ne rends pas aux héros la colère pour l'amour, puisque nous avons contribué à le faire naître. Agis, au contraire, comme si Sigurd et Sigmund vivaient encore, et comme si tu avais donné le jour à un fils. »

29. Je ne puis, Grimhild, être joyeuse, ou compter les espérances de la gloire guerrière, depuis que le

sang du cœur de Sigurd a été bu par les deux mangeurs de cadavres et par Hugen.

30. « La race de ce roi m'a paru la meilleure, et il est le premier en toutes choses. C'est lui qui sera ton époux jusqu'au moment où le temps t'abattra; tu n'auras point de mari si tu ne prends pas Atle. »

31. Puisque cette race perverse m'invite avec tant d'empressement à m'unir à elle, prends garde à toi ; elle occasionnera du dommage à Gunnar et arrachera le cœur de Hœgne.

32. Je ne prendrai point de repos que je n'aie ôté la vie à ce joyeux ami des combats.

33. Grimhild écouta en pleurant les paroles qui lui annonçaient la perte de ses fils et de grands malheurs aux rejetons de sa race. « Je serai plus généreuse encore : je te donnerai des pays, des peuples et des pages; Vinberg et Valberg, si tu les veux. Puisses-tu les posséder et en jouir toujours, ma fille ! »

34. Je fus donc obligée d'accepter Atle, tout en me résignant avec peine à prendre cet époux offert par mes parents. « Atle ne sera pas pour moi une cause de bonheur; mes frères périront et ne pourront me protéger. »

35. Tous les pages furent bientôt à cheval, et l'on me plaça sur un char. Nous voyageâmes pendant sept jours à travers un pays froid, et durant sept autres jours nous foulâmes les vagues ; après sept jours encore, nous avançâmes sur un terrain sec.

36. Les gardiens des portes du château les ouvrirent avant notre entrée dans la cour.

37. Atle me réveilla. Je paraissais triste comme on l'est en pleurant des parents enlevés par la mort. « Le même réveil m'a été donné par les Nornes, dit-il, je voudrais en avoir une explication satisfaisante.

38. « Il m'a semblé, Gudrun, fille de Gjuke, que tu me perçais avec un glaive taché de sang. » —

39. Quand on rêve de fer, c'est une annonce de feu; la colère des femmes est un présage de perfidie et de chagrin. J'irai au devant du mal pour t'enflammer, te calmer, te guérir, quoique j'éprouve de la répugnance pour toi.

40. « J'ai cru voir tomber dans la cour les rejetons que j'aurais vus croître avec tant de plaisir; ils étaient déracinés et teints de sang. Ils furent apportés sur la table, et on m'invita à m'en nourrir.

41. « J'ai cru voir les éperviers s'envoler affamés de mon poing, et se diriger vers l'habitation du malheur; il m'a semblé qu'on mangeait leur cœur avec du miel pour calmer l'esprit affligé et gonflé de sang.

42. « J'ai cru voir de jeunes chiens s'éloigner de moi, et, quoique sans voix, ils aboyaient tous deux; leur chair me parut corrompue. J'eus bien de la peine à manger de ces rejetons. »

43. Les guerriers parleront autour de ton lit; ils enlèveront la tête aux boucles blondes; ils deviendront lâches en peu de nuits. Le jour n'aura point paru en-

core, que les gens de ta cour auront déjà mangé de cette chair.

44. Je me couchai ensuite, mais sans vouloir dormir; j'étais agitée sur ce lit de douleur et me proposais de réaliser ces présages.

GUDRUN.

45. Qu'as-tu, Atle, fils de Gjuke? ton cœur est constamment malade. Pourquoi ne ris-tu jamais? Les Jarls seraient plus contents si tu leur parlais et si tu me regardais.

ATLE.

46. Je suis troublé, Gudrun, fille de Gjuke, par les paroles que Herkia (1) m'a dites dans la salle. Elle prétend que Tjodrek a dormi avec toi, et n'a point eu de peine à étendre le lin sur vous deux.

GUDRUN.

47. Je puis te faire serment, sur la pierre blanche sainte, de n'avoir eu avec Tjodrek que le commerce permis à toute femme honnête.

48. Mais j'ai embrassé une fois ce noble prince, ce chef d'armée; le sujet de nos entretiens a été la confidence réciproque de nos infortunes.

(1) Servante chez Atle, et autrefois sa concubine.   (Tr.)

49. Tjodrek est venu ici avec trente guerriers; pas un de ces hommes n'est en vie. Entoure-moi de mes frères et de mes guerriers; entoure-moi de mes chefs de famille.

50. Envoie vers Saxe, le roi des méridionaux, il peut consacrer la chaudière bouillante! — Sept cents hommes entrèrent dans la salle avant que la femme du roi eût mis la main dans la chaudière.

51. « Gunnar ne viendra pas maintenant, je n'appellerai pas Hœgne; jamais je ne reverrai mes frères chéris. Hœgne vengerait une telle injure avec le glaive: à présent c'est à moi seule qu'il appartient de châtier le crime. »

52. Elle plongea jusqu'au fond de la chaudière sa main blanche et belle, et en retira les pierres précieuses. « Regardez, guerriers, me voilà justifiée! saintement justifiée! »

53. Le cœur d'Atle bondit dans son sein lorsqu'il vit la main de Gudrun intacte. « Herkia, approche maintenant de la chaudière, toi qui as causé ce chagrin à Gudrun. »

54. Personne n'éprouva de pitié en voyant brûler les mains de Herkia; puis on la conduisit dans les marais hideux. C'est ainsi que Gudrun se vengea de ses afflictions.

XVI

LES LARMES D'ODDRUN

Hejdrek était le nom d'un homme dont la fille se nommait Borgny. Étant sur le point d'accoucher, elle ne put être délivrée tant qu'Oddrun, sœur d'Atle, ne fut venue à son secours. Oddrun avait été la bien-aimée de Gunnar, fils de Gjuke. Voici ce qu'on chante sur cette tradition.

1. Les sagas antiques racontent qu'une vierge arriva de l'Orient ; personne sur la terre ne pouvait secourir la fille de Hejdrek.

2. Oddrun, la sœur d'Atle, ayant appris que Borgny éprouvait de fortes douleurs, se rendit en hâte dans l'écurie, où elle sella son noir coursier.

3. Puis Oddrun le laissa longer la plaine jusqu'à ce qu'elle fût arrivée au château flanqué de hautes tours ; elle débrida son cheval et entra dans la salle longue.

4. Oddrun chanta d'abord ces paroles : « Quelles sont les plus récentes nouvelles de cette contrée ? que dit-on de bon dans le pays des Huns ? »

BORGNY.

Ton amie Borgny est étendue ici, accablée par la douleur. Vois, Oddrun, si tu peux la secourir.

ODDRUN.

5. A quel chef dois-tu ton déshonneur ? Pourquoi les douleurs de Borgny sont-elles si rudes ?

BORGNY.

« Ce chef se nomme Vilmund ; il est l'ami du chasseur à l'épervier. Il enveloppa si bien sa bien-aimée dans le lin chaud durant cinq hivers, que mon père n'eut connaissance de rien. »

6. Je sais qu'elles ne se parlèrent plus. Oddrun s'assit avec douceur aux genoux de Borgny ; elle chanta avec force des chants magiques à son amie.

7. La mère et le fils foulèrent la terre, comme des enfants aveugles, sur la lice de Hœgne. Alors la jeune femme, gravement malade, commença à parler. Voici ses premières paroles :

8. Que les esprits protecteurs, Frigg, Freja et les autres dieux te soient en aide, puisque tu m'as arrachée au danger !

ODDRUN.

9. Je suis venue à ton secours, non parce que tu le méritais, mais pour remplir la promesse que j'ai faite d'apporter remède à tous les maux quand les nobles partagent leur succession.

10. « Il faut, Oddrun, que tu aies perdu le sens pour me chanter ces paroles de la colère ; mais je t'ai suivie sur la vieille terre ; nous étions comme les enfants de deux frères.

11. « Je me souviens encore de ce que tu as dit à Gunnar, le soir où je préparais son breuvage. De pareilles questions, dis-tu, ne seront plus faites au sujet d'aucune jeune fille, moi exceptée. »

12. Alors cette femme, enchaînée au chagrin, raconta ses douleurs et sa rigoureuse destinée. Je fus nourrie dans la salle royale ; beaucoup d'hommes parlaient de moi avec éloge.

13. J'ai joui de la vie et des douceurs de la maison paternelle pendant cinq années seulement que mon père vécut encore : alors il me parla ; ce furent les dernières paroles de ce roi fatigué.

14. Il m'engagea à profiter de l'or rouge et à prendre pour époux le fils de Grimhild ; pas une femme sur la terre ne pourra donner la vie à un homme plus distingué que lui, si le destin a dit la vérité.

15. Brynhild tissait dans la demeure des femmes ; elle était entourée de peuples et de royaumes. La terre

était plongée, ainsi que le ciel, dans un assoupissement plein de charmes, quand le vainqueur de Fafner découvrit le château.

16. Un rude combat fut livré avec le glaive, et le château de Brynhild forcé. Elle ne tarda point à connaître toutes les ruses employées contre elle.

17. Brynhild en tira une vengeance terrible; un souvenir nous en est resté à chacun. Dans tous les pays habités par les hommes, on sait comment elle mourut volontairement avec Sigurd.

18. Mais je donnai mon amour à Gunnar, ce dispensateur de l'or, comme Brynhild aurait dû le faire; elle pria Gunnar de prendre le casque, et il dit qu'elle deviendrait sa valkyrie.

19. Les fils de Gjuke offrirent à mon frère Atle des anneaux rouges, une composition considérable, quinze domaines et le trésor de Fafner pour m'obtenir.

20. Mais Atle chanta qu'il ne donnerait jamais une dot aux fils de Gjuke. Nous ne pûmes vaincre notre amour, et j'inclinai ma tête vers celui qui brisait les boucliers.

21. Alors un grand nombre de mes parents dirent qu'il fallait nous unir. Atle m'invita à ne point commettre cette faute et à ne point m'attirer de la honte.

22. Mais une pareille défense ne devrait pas être faite où règne l'amour.

23. Atle fit battre la sombre forêt par ses émissaires chargés de m'épier; ils vinrent où ils n'auraient jamais

dû venir, lorsque nous étendîmes sur nous la même couverture.

24. Nous offrîmes à ces hommes des anneaux d'or pour les engager à ne point nous trahir ; mais ils avaient hâte de tout raconter à Atle, et coururent vers le logis.

25. Cependant ils cachèrent avec soin cette nouvelle à Gudrun, doublement intéressée à la savoir.

26. Les fers d'or des chevaux retentirent quand les fils de Gjuke entrèrent dans la cour. — On fit l'extraction du cœur de Hœgne ; l'autre frère fut jeté dans la fosse aux serpents.

27. J'étais allée recevoir Geirmund et préparer sa boisson. Le roi Gunnar se mit à tirer les cordes de sa harpe, car il pensait bien que j'accourrais à son aide.

28. J'entendis donc, de Hlessœ, les sons aigus de cette harpe.

29. J'ordonnai aux femmes de ma suite de s'apprêter ; je voulais sauver la vie du roi. Nos navires voguèrent dans le golfe jusqu'à ce que nous pûmes voir entièrement le château d'Atle.

30. Alors la misérable mère de ce roi (1) s'avança en rampant (que n'était-elle pourrie !), se mit à ronger jusqu'à ce qu'elle atteignit le cœur de Gunnar, et m'empêcha ainsi de sauver cet homme généreux.

31. J'ai souvent éprouvé de la surprise en pensant

(1) Une vipère. (Tr.)

que j'avais pu survivre à Gunnar, moi qui aimais par-dessus tout ce guerrier courageux.

Tu as entendu le récit de nos malheurs ; chaque homme vit pour son amour ! — Maintenant les larmes d'Oddrun ont cessé de couler.

XVII

LA VENGEANCE DE GUDRUN

Gudrun, la fille de Gjuke, vengea ses frères, comme il est raconté plus loin. Elle tua d'abord les fils d'Atle, puis celui-ci, et brûla sa salle avec tous les gens de sa cour. C'est sur cet événement que le poëme suivant a été composé.

1. Atle envoya un jour vers Gunnar un homme à cheval appelé Knæfrœd; il arriva dans les domaines et dans les salles de Gunnar; les bancs y étaient couverts de fer, et l'on entendait les voix joyeuses des buveurs.

2. Les princes buvaient le vin dans la salle des batailles, mais en se taisant, car ils craignaient la colère des Huns. Knæfrœd appela d'une voix sans chaleur l'homme méridional, assis sur le banc élevé.

3. « Atle m'envoie ici sur le coursier bridé avec de l'or, à travers la sombre forêt inconnue, pour inviter Gunnar à prendre place sur ses bancs, avec le casque surmonté de l'aigle.

4. « Vous pourrez y choisir des boucliers, des glaives brillants, des casques d'or et bon nombre de Huns, des housses de chevaux en argent doré, des javelots assoupissants, des cottes de mailles teintes de sang, des chevaux avec des mors en or.

5. « Atle promet de vous donner des terres, la vaste bruyère de Gnita, des dards résonnants et des proues dorées, des bijoux précieux et la ville de Danpar. La forêt est aussi belle que celle de Mœrkved. »

6. Gunnar tourna la tête vers Hœgne en disant : « Quel conseil donnes-tu, rigide guerrier, lorsque de semblables discours frappent nos oreilles ? Je ne connais pas, dans la bruyère de Gnita, d'autre trésor que le nôtre.

7. « Nous avons sept salles remplies de glaives ; chacune d'elles a un plafond en or. J'ai le meilleur cheval, je crois, et mon glaive est le plus tranchant ; mon arc est l'ornement des bancs, mais la cotte de mailles en or, le casque, et le bon bouclier des salles de Kjar, sont à eux seuls meilleurs que tous les Huns.

8. « Quelle pouvait être la pensée de Gudrun, en nous envoyant cet anneau enveloppé dans le vêtement des loups ? — « Elle nous donne sans doute un avertissement de prendre garde à nous. J'ai trouvé des

poils de loup noués dans l'anneau rouge : la route qui nous conduira vers Atle est parsemée de piéges. »

9. Ni les fils de Gunnar, ni les autres membres de sa famille, ni les devins, ni les conseillers, ni les riches, ne se montrèrent contraires à ce voyage ; alors Gunnar continua à parler dans la salle du festin, comme il convient à un roi au grand cœur.

10. « Lève-toi, Fjœrner ! prends les coupes d'or de la main des pages, et fais-les circuler dans l'assemblée des héros !

11. « Le loup disposera de l'héritage de Nifl, vieillard à barbe grise, si vous ôtez la vie à Gunnar ; les ours à la brune fourrure se réjouiront en la compagnie des chiens, les récoltes seront dévorées, si Gunnar ne revient pas. »

12. Les vieillards accompagnèrent, en pleurant, leur roi, auquel un défi était venu du pays des Huns. Alors le jeune gardien de l'héritage de Hœgne chanta : « Allez maintenant en paix, beau prince, vers le lieu où votre courage vous appelle. »

13. Les braves firent traverser rapidement la montagne à leurs chevaux, par la sombre forêt inconnue : le sol des Huns, sur lequel ces hommes forts passaient, en était ébranlé ; ils volaient par-dessus les buissons et les vallons verdoyants.

14. Ils virent le pays d'Atle, les échauguettes profondes, et les guerriers de Birke rangés dans la cour haute du château. La salle dans laquelle se trouvaient

les hommes du Sud était garnie de bancs et de boucliers, de ces boucliers qui amortissent les coups des javelots.

15. Mais Atle buvait le vin dans la salle d'armes, tandis que des surveillants étaient assis en face de Gunnar et de ses hommes, pour voir s'ils avaient apporté les javelots qui sifflent, afin d'exciter le roi au combat.

16. Gudrun fut la première à remarquer, tant elle avait usé modérément de l'hydromel, l'arrivée de ses frères dans la salle d'Atle : « Tu as été trahi, Gunnar ! Qu'opposeras-tu, roi, aux crimes des Huns ? hâte-toi de sortir d'ici.

17. « Tu ferais mieux, mon frère, de porter la cotte de mailles, et de venir dans la maison d'Atle avec le casque orné d'or. Si tu étais en selle durant ces jours éclairés par le soleil, les Nornes, pâles comme la mort, pleureraient sur un cadavre ;

18. « Tu ferais connaître le chagrin aux amazones des Huns, et descendre Atle dans la fosse aux serpents ; maintenant elle est préparée pour toi. »

19. « Il est trop tard, ma sœur, pour réunir les enfants de Nifl, et aller chercher au delà des montagnes marécageuses du Rhin nos fiers guerriers. »

20. Ils s'emparèrent donc de Gunnar, enchaînèrent les amis des Bourguignons, et les garrottèrent solidement.

21. Sept hommes frappèrent Hœgne avec le glaive tranchant, mais il poussa le huitième dans le feu ; c'est

ainsi qu'un bon guerrier doit se défendre contre ses ennemis.

22. Le bras de Gunnar défendit Hœgne : on demanda au vaillant roi si le chef du peuple voulait racheter sa vie avec de l'or.

23. « Déposez dans ma main le cœur sanglant de Hœgne, au moment même où il aura été tiré du sein de ce vaillant chevalier avec le poignard émoussé. »

24. On prit le cœur d'un esclave appelé Hjalle ; il fut placé sanglant sur un plat, et porté devant Gunnar.

25. Alors Gunnar, le prince du peuple, chanta : « Je vois ici le cœur de Hjalle ; la différence est grande entre ce cœur et celui du vaillant Hœgne. Il tremble beaucoup sur le plat, et tremblait encore davantage dans son sein. »

26. Hœgne rit lorsqu'on fit l'extraction de son cœur, il voulut même chanter. Ce cœur fut porté devant Gunnar sur un plat.

27. Le héros de la race de Nifl chanta : « Je vois le cœur de Hœgne-le-Vaillant, il est bien différent de celui du timide Hjalle. Il tremble peu sur le plat, et tremblait encore moins dans la poitrine de mon frère.

28. « Pourquoi Atle n'est-il pas aussi éloigné de mes yeux qu'il le sera de nos trésors ! Hœgne a cessé de vivre : c'est à moi qu'appartiennent maintenant tous les trésors de la race de Nifl.

29. « Tant que nous avons vécu tous deux, j'avais de l'inquiétude ; je n'en ai plus maintenant. Le Rhin

possédera ce métal, source de querelle pour les hommes ; il possédera cet héritage de Nifl connu des Ases.

30. « Des anneaux de batailles brillent dans les ondes gonflées du fleuve. Mes braves ! tournez vos chars, le prisonnier est dans les fers. »

31. Atle-le-Puissant s'éloigna entouré de glaives, les pas des chevaux retentirent. —————— Gudrun avertit avec larmes les héros de la victoire, qui se promenaient dans la salle, de prendre garde à eux.

32. « Puisse-t-on être parjure à ton égard, Atle, comme tu l'as été pour Gunnar. Tu lui avais souvent répété sur l'anneau d'Uller les serments faits autrefois devant le soleil du Sud et près du temple de la victoire. »

33. Et sur l'ordre du meurtrier un chétif coursier traîna le gardien de l'or vers la mort.

34. Gunnar vivait encore : la multitude le déposa dans la fosse où les serpents rampaient en grand nombre. Mais Gunnar, la colère dans le cœur, tira avec force, lorsqu'il fut seul, les cordes de sa harpe.

35. Elles résonnèrent ; c'est ainsi qu'un prince vaillant doit défendre son or. Atle quitta avec ses chevaux ferrés l'endroit où le crime avait été commis.

36. Un grand bruit eut lieu dans la cour ; il était produit par la multitude des chevaux et les chants de guerre des guerriers. Ils venaient de la bruyère.

37. Gudrun, pour satisfaire à la demande du roi, fut à la rencontre d'Atle avec la coupe d'or. « Mainte-

nant, prince, tu posséderas avec joie, près de Gudrun, les armes des guerriers qui sont descendus vers Niflhem. »

38. Les coupes d'Atle, pleines de vin, soupirèrent lorsque les Huns se réunirent dans la salle.

39. Atle, l'homme barbu et au visage sombre, entra. Alors une femme monstrueuse vint apporter l'hydromel aux guerriers; elle choisissait les mets les plus friands placés devant les hommes qui pâlissent difficilement; mais elle dit à Atle l'action infâme qu'elle avait faite.

40. « Chef des glaives, tu as mâché le cœur sanglant de tes fils assaisonné avec le miel. Je l'ai dit, que tu pourrais, homme courageux, manger dans un festin de la chair humaine tuée sur le champ de bataille.

41. « Tu n'appelleras plus sur tes genoux Erp et Eitil, ta joie à l'heure où tu te livrais à la boisson. Tu ne les verras plus de ton trône mettre des manches aux javelots, couper la crinière des chevaux ou dompter les poulains. »

42. Une rumeur s'éleva des bancs, un chant singulier se fit entendre parmi les guerriers; les enfants des Huns pleurèrent, mais non Gudrun ; car elle ne pleura jamais ses frères durs comme l'ours, ni les fils jeunes et inexpérimentés qu'elle avait eus d'Atle.

43. La blanche Gudrun sema l'or; elle para les hommes de sa maison avec des anneaux rouges. Elle laissa croître sa détermination et courir le métal : jamais cette femme n'augmenta le trésor.

44. Atle s'était fatigué à force de boire ; il n'avait point d'armes ; il n'était pas en garde contre Gudrun. Leurs jeux étaient plus doux lorsqu'ils se pressaient souvent dans les bras l'un de l'autre.

45. Elle cramponna le lit, donna du sang à boire ; d'une main avide de meurtre, elle détacha les chiens, les chassa dehors de la salle, et tous les gens de la maison furent réveillés par un grand incendie. C'est ainsi que Gudrun vengea ses frères.

46. Elle livra au feu tous ceux qui étaient venus de Mœrkhem où Gunnar et Hœgne avaient été assassinés. Les vieilles poutres tombèrent, les magasins d'approvisionnements fumèrent, les maisons du roi brûlèrent, ainsi que les amazones qui s'y trouvaient. Arrêtées au milieu de leur course dans la vie, elles plongèrent dans la flamme ardente.

47. Tout est dit sur ce sujet. Jamais, depuis lors, une femme ne s'est revêtue ainsi de la cotte de mailles pour venger ses frères. Gudrun-la-Jolie a porté des paroles de mort à trois rois avant de mourir elle-même.

Il est question plus en détail encore de cet événement dans le poëme suivant.

XVIII

LE POÈME GRŒNLANDAIS

SUR ATLE

---

1. Le monde entier a connu la résolution que prirent autrefois des guerriers dans l'assemblée du peuple ; elle fut confirmée par des serments. Ils eurent ensuite un long entretien particulier ensemble ; Odin était irrité contre eux et contre les fils de Gjuke, ceux qui furent victimes d'une perfidie.

2. La race de Skœld était mûre, elle devait mourir. Atle se donna un mauvais conseil ; cependant il avait du jugement. Il renversa ses puissants appuis, il combattit vivement contre lui-même, et envoya avec perfidie vers ses beaux-frères pour les inviter à venir promptement.

3. La dame du logis se hâta de tourner son esprit vers la sagesse ; elle entendit la conversation des guerriers et ce qu'ils se disaient en secret. Alors elle se trouva embarrassée, elle voulait prévenir ses frères ; ils avaient la mer à traverser, et elle ne pouvait se rendre auprès d'eux.

4. Elle se mit à tracer des runes ; Vingi les renversa avant de les remettre, et hissa la voile pour causer des malheurs. Les envoyés d'Atle traversèrent donc le golfe de Lima, au delà duquel habitaient les célèbres frères.

5. Gunnar et Hœgne se réjouirent de leur venue et allumèrent du feu, ne soupçonnant pas le sujet qui amenait les envoyés d'Atle. Ils reçurent les présents que le roi leur adressait, les suspendirent aux piliers, sans songer qu'ils pouvaient avoir une signification.

6. Alors vint Kostbera, la femme de Hœgne, cette femme soigneuse ; elle salua les deux envoyés. Glœmvor, qui appartenait à Gunnar, était contente aussi ; elle savait tout ce qu'il était convenable de faire, et veillait aux besoins de ses convives.

7. Les envoyés d'Atle invitèrent alors Hœgne à venir chez leur maître ; la perfidie était évidente, si les deux frères y avaient réfléchi. Gunnar promit de venir si Hœgne acceptait ; mais celui-ci nia ce qu'il pensait.

8. Alors les jolies femmes servirent l'hydromel ; les

convives étaient nombreux. On vida bien des coupes avant d'en avoir assez.

9. Les époux s'arrangèrent pour reposer comme ils l'entendaient. Kostbera était célèbre : elle savait expliquer les runes, lire les bâtons runiques à la clarté du foyer. Elle n'avait besoin que de laisser sa langue au repos, et les deux frères auraient ignoré que des choses fâcheuses devaient leur arriver.

10. Kostbera se mit au lit avec Hœgne, fit des rêves et les dit au roi en s'éveillant.

11. « Hœgne ! tu te disposes à quitter la maison, prends garde à cet avis : peu de gens sont complétement sages, choisis une autre route.

12. « J'ai trouvé l'explication des runes envoyées par ta sœur; elle ne t'invite point à venir. Une chose seulement m'étonne, c'est que cette femme savante ait mis tant d'incohérence dans la réunion de ces runes.

13. « Elles semblent annoncer votre perte à tous deux si vous venez promptement. Il y a des fautes dans l'orthographe de Gudrun, ou bien elles auront été faites par d'autres. » —

HOEGNE *chanta.*

14. Vous êtes tous enclins au soupçon ; je ne m'attends à aucune infortune. Nous avons des remercîments à faire, le roi veut nous parer avec de l'or rouge. Jamais je n'éprouverai de crainte, lors même que nous entendrions du bruit.

KOSTBERA.

15. Si vous êtes décidés à faire ce voyage, ne l'entreprenez point sans défense. Une hospitalité bienveillante ne vous attend pas cette fois; mes rêves me l'ont dit, Hœgne, et je ne te cache rien.

16. Il m'a semblé que je voyais brûler ton drap; une haute flamme éclairait nos salles.

HOEGNE.

17. Il y a des toiles ici dont tu fais peu de cas; elles brûleront sous peu : mon drap enflammé ne signifie pas autre chose.

KOSTBERA.

18. Il m'a semblé qu'un ours était entré dans notre demeure, qu'il brisait les poutres de la maison; nous étions fort effrayés, car il nous tenait dans sa gueule, de sorte que nous ne pouvions rien faire. Le peuple aussi faisait un grand bruit.

HOEGNE.

19. Le vent se lèvera sans doute et se transformera bientôt en un ouragan. Il viendra de la pluie d'orient, du côté où tu as cru voir l'ours blanc.

KOSTBERA.

20. Il m'a semblé qu'un aigle voltigeait le long de la maison; nous serons tous frappés, car il éclaboussait

du sang : ses menaces m'ont fait penser qu'il était le fantôme d'Atle.

HOEGNE.

21. Nous abattons fréquemment des bestiaux, et nous voyons alors du sang. Souvent, lorsqu'on voit des aigles en songe, cela signifie qu'on verra des bœufs. Malgré tes rêves, le cœur d'Atle est loyal. » Ils se turent ensuite : toutes les conversations finissent ainsi.

22. Les princes s'étant éveillés se promenèrent ensemble. Glœmvor observa que des événements funestes lui avaient été annoncés pendant le sommeil, et ôtaient à Gunnar la faculté de choisir entre deux chemins.

23. « J'ai cru voir dresser une potence, et tu allais être pendu ; des serpents te dévoraient vivant, et le crépuscule des dieux (1) te surprenait. Que peut signifier ce songe?

24. « Il m'a semblé qu'on tirait un glaive sanglant de ta cotte de mailles. Les prophètes de malheur disent que ces rêves sont fâcheux. J'ai vu un javelot te percer de part en part ; des loups hurlaient à ses deux extrémités. »

GUNNAR.

25. On entend hurler les loups dans les lieux où ils se réunissent. Souvent la voix des chiens annonce que les lances volent.

(1) Ragnarœker. (Tr.)

GLOEMVOR.

26. Il m'a semblé voir couler un fleuve le long de la salle; il mugissait avec colère, passait par-dessus les bancs, cassait les jambes à Hœgne et à toi. Rien ne résistait à ce fleuve : c'est un présage de malheur.

27. Il m'a semblé que des femmes mortes se dirigeaient de ce côté; elles n'étaient pas convenablement vêtues, et t'invitaient à prendre place sur leurs bancs. Tes déesses protectrices se sont, je pense, éloignées de toi.

GUNNAR.

28. Ces avertissements viennent trop tard ; nous ne renoncerons pas à notre voyage. Bien des présages cependant nous annoncent que nous n'avons pas longtemps à vivre.

---

29. Quand les premières lueurs du jour parurent, tous les braves se levèrent, les autres tardèrent encore. Ils partirent cinq : cela n'était pas prudent; les gens de la maison auraient pu fournir une troupe plus nombreuse.

30. Snœar et Solar étaient fils de Hœgne ; l'homme qui accompagnait ce dernier s'appelait Orkning ; ce porteur pacifique du bouclier était frère de Kostbera.

31. Ils marchèrent tous ensemble jusqu'au moment où le golfe les sépara. Leurs femmes eurent recours à

tous les raisonnements pour les engager à ne point effectuer ce voyage; mais ils ne voulurent pas s'en laisser dissuader.

32. Glœmvor, la femme de Gunnar, prit la parole et dit à Vingi: « J'ignore si tu nous indemniseras de notre peine avec de la joie; si un malheur arrive, tes intentions étaient perfides. »

33. Vingi jura, tant il pensait peu à son bien, que les géants pouvaient le prendre s'il était un trompeur, et la potence de même, s'il avait des pensées contraires à la paix.

34. Bera à l'esprit doux prit la parole : « Voguez avec bonheur, que la victime vous favorise! Puissiez-vous être exempts du moindre trouble. »

35. Hœgne répondit, car il était bon pour ses parents : « Ayez courage, mes amis, quelle que soit l'issue de ce voyage. Beaucoup de gens parlent ainsi malgré la douleur causée par la séparation, et il y en a peu qui s'inquiètent de la manière dont ils ont été reconduits. »

36. Puis on échangea des regards tant que la distance le permit; leur destinée à tous fut alors, je crois, fixée, et leurs voies se partagèrent.

37. Ces rois puissants furent obligés de ramer, d'éloigner le navire de la côte avec le corps incliné en arrière, de travailler avec ardeur. L'aviron fut brisé ainsi que l'échome; ils n'attachèrent leur navire qu'après avoir sauté à terre.

38. Ils virent un peu plus loin (je raconte la suite de ce voyage) le domaine de Budle; les barrières étincelèrent fortement quand Hœgne frappa.

39. Vingi dit alors une parole qu'il aurait pu s'épargner : « Allez loin d'ici, ce terrain n'est pas sûr pour vous; je vous verrai bientôt brûler, vous serez mis à mort. Je vous ai invités avec politesse à faire ce voyage; elle cachait la ruse. Si vous le préférez, attendez en ce lieu, tandis que j'irai dresser votre potence. »

40. Hœgne chanta ce qui suit, car il ne pensait pas à fuir et ne redoutait aucune épreuve : « Ne songe point à nous effrayer, tu y réussiras difficilement. Si tu ajoutes un mot, tu t'en trouveras mal pendant longtemps. »

41. Ils attaquèrent ensuite Vingi et le tuèrent; ils le frappèrent avec la hache tandis qu'il rendait l'esprit.

42. Les gens d'Atle s'assemblèrent et se revêtirent de la cotte de mailles; ils mirent le mur entre eux et les arrivants; de part et d'autre, des paroles également empreintes de colère furent échangées. « Depuis longtemps nous avons résolu de vous ôter la vie. »

43. « Votre affaire prend un mauvais aspect, puisque vous avez tenu conseil à son sujet étant désarmés. Et cependant un homme a été tué : il était des vôtres. »

44. Ces paroles enflammèrent la colère des gens d'Atle; ils tendirent les doigts, saisirent la corde de

l'arc, tirèrent vivement et se couvrirent de leurs boucliers.

45. Ce qui se passait au delà des murs fut raconté dans la maison ; un esclave criait en dehors de la salle.

46. Gudrun s'irrita en apprenant ce chagrin, tandis qu'elle était parée de colliers ; elle les arracha tous, et lança la chaîne d'argent avec tant de violence, que tous les anneaux en furent brisés.

47. Elle sortit ensuite, et n'ouvrit pas la porte doucement, car Gudrun n'agissait point avec crainte. Elle salua ses frères, accourut près des descendants de Nifl ; ils se dirent quelques paroles encore, ce furent les dernières.

48. « J'ai eu recours au sortilége pour vous éviter ce malheur, mais personne ne peut fuir sa destinée : il a fallu que vous abordiez ici. » — Gudrun parla avec sagesse aux deux partis pour les réconcilier, mais ce fut inutilement ; tous répondirent non !

49. En voyant que ses frères jouaient un jeu difficile, Gudrun prit une forte détermination, et jeta loin d'elle sa robe de cérémonie. Elle saisit un glaive nu, et défendit la vie de ses frères. Partout où elle portait la main, les coups étaient rudes.

50. Deux guerriers succombèrent devant la fille de Gjuke ; elle frappa le frère d'Atle d'un tel coup qu'on l'emporta ; il avait perdu un pied. La pesante main de Gudrun envoya un autre guerrier encore vers Hel, et cela sans trembler.

51. Alors eut lieu un combat dont la célébrité s'étendit au loin; mais les exploits des fils de Gjuke surpassèrent ceux de tous les autres guerriers; c'est pourquoi l'on disait d'eux qu'ils savaient diriger l'attaque du glaive, briser les cottes de mailles et fendre les boucliers, suivant l'impulsion donnée par leur courage.

52. Ils combattirent toute la matinée jusqu'à midi; c'est ainsi que se passèrent les premières heures de la journée. La lutte avait été vigoureuse, le rempart était couvert de sang; dix-huit hommes tombèrent encore; les deux fils de Bera et son frère survécurent seuls.

53. Le vaillant Atle, quoiqu'il fût en colère, se mit à dire : « Ce spectacle est douloureux à voir, et c'est vous qu'il faut en accuser. Nous étions trente hommes propres au combat; onze survivent, une grande perte a été faite.

54. « Nous étions cinq frères lorsque nous perdîmes Budle; la moitié seulement subsiste; deux ont été tués.

55. « Ma famille est illustre, je ne dois pas le cacher; j'ai une femme redoutable; elle n'est point un sujet de joie pour moi, nous sommes rarement d'accord. Depuis que tu m'appartiens, Gudrun, j'ai souvent été trahi; j'ai perdu mes parents, et tu as envoyé ma sœur vers Hel; cette peine surtout m'a paru pesante. »

56. Peux-tu parler ainsi, Atle, toi qui fus le premier à nous donner ces funestes exemples? Tu as pris et assassiné ma mère pour t'emparer de ses trésors ; tu as fait mourir la fille de ma sœur. Tu me sembles ridicule en énumérant tes chagrins ; je rends grâce aux dieux de ce qu'il t'arrive du mal.

ATLE.

57. Jarls! augmentez, je vous y engage, la grande douleur de cette femme orgueilleuse, j'en serai le spectateur. Frappez de manière à faire gémir Gudrun, je verrai ses afflictions avec plaisir.

58. Prenez Hœgne, ouvrez-lui le corps avec un couteau, tirez-en le cœur : hâtez-vous. Attachez le cruel Gunnar au gibet, serrez le nœud avec vigueur, et invitez les serpents à ce festin. » —

HŒGNE *chanta.*

59. Fais ce que tu voudras, ma gaieté n'en sera point altérée ; tu me trouveras intrépide. Autrefois j'ai été plus heureux ; vous éprouviez de la résistance quand j'étais intact ; maintenant je suis tellement couvert de blessures, que tu es le maître d'agir à ta guise.

60. Beiti, le serviteur d'Atle, dit : « Prenons Hjalle et ménageons Hœgne ; cet esclave nous donnera moitié moins de peine ; il mérite la mort ; sa vie est trop longue et sera toujours appelée misérable. »

61. Le gardien de la marmite fut fort effrayé en entendant ces paroles, et ne resta pas longtemps en place; il se glissa dans tous les coins. « Votre lutte avec moi est malheureuse, dit-il, et ce jour est triste pour moi, puisqu'en mourant il faut que je me sépare de mes porcs et de toutes les magnificences dont ma vue est récréée. » —

62. Alors l'esclave de Budle prit le couteau et le dirigea vers Hjalle, qui se mit à hurler d'une manière pitoyable, avant même d'en sentir la pointe. « J'aurai maintenant, disait-il, le temps de fumer les champs, d'entreprendre les travaux les plus pénibles, si vous me sauvez de ce danger, et je deviendrai joyeux si vous me laissez la vie. »

63. Hœgne (peu d'hommes auraient agi comme lui) résolut alors de sauver cet infortuné. « Je n'aime point à voir prolonger ce badinage, ces cris d'effroi me poursuivraient sans cesse. » —

64. On prit donc le roi : les joyeux guerriers n'avaient pas le loisir de différer plus longtemps l'exécution de la sentence. Hœgne se mit à rire : les fils du jour avaient entendu raconter ses exploits; il supporta courageusement la douleur.

65. Gunnar prit une harpe, et en tira les cordes avec les rameaux de la plante du pied; il savait jouer de cet instrument de manière à faire pleurer les femmes, et il attristait les hommes qui l'écoutaient. Quand il chantait, les poutres éclataient.

66 Ces princes rares moururent : leurs exploits leur survivront longtemps. Bientôt il fit jour.

67. Atle s'enorgueillissait d'avoir attiré ses beaux-frères dans le piége, et il annonça leur mort à sa femme en termes ironiques : « Le jour est levé, Gudrun ! tu as perdu ceux qui étaient chers à ton cœur. Il y a de ta faute dans cet événement. » —

GUDRUN.

68. Tu te réjouis, Atle, de pouvoir raconter ce meurtre ; mais le remords tombera sur toi quand tu sauras tout, et le mal ne se séparera pas de toi tant que je vivrai.

ATLE.

69. Je puis le prévenir ; nous rejetons souvent le bien. Je pourrai t'apaiser avec des présents précieux, des esclaves ou de l'argent blanc comme neige : tu n'auras qu'à choisir.

GUDRUN.

70. Cet espoir est vain, je repousserai tes présents ; j'ai rompu le lien de l'amitié pour une cause moins grave. Autrefois on m'a trouvée cruelle, maintenant je le serai encore davantage. Tant que Hœgne a vécu, j'ai étouffé mon mécontentement.

71. Nous avons été nourris dans la même maison, nous avons joué et grandi dans le même bosquet.

Grimbild nous donnait alors avec abondance de l'or et des colliers. Jamais tu ne pourras m'indemniser du meurtre de mes frères ; il ne m'arrivera plus rien dont je puisse retirer de la joie.

72. La suprématie que les hommes s'arrogent opprime la destinée des femmes ; la main tombe sur les genoux quand le bras se fane ; l'arbre s'affaisse si l'on détache ses racines. Qu'Atle règne seul maintenant!

73. Le roi commit une imprudence en croyant à ces dernières paroles ; leur perfidie était évidente s'il y avait réfléchi. Gudrun était alors opprimée ; elle ne pouvait parler suivant son cœur, et se soulageait en jouant avec deux boucliers.

74. Elle prépara un grand festin pour les funérailles de ses frères ; Atle fit de même pour les hommes qu'il avait perdus.

75. Gudrun et le roi s'étaient entendus à cet effet. Les boissons étaient prêtes et le festin avait été ordonné avec la plus grande magnificence. Gudrun, cette femme altière et cruelle, songeait à anéantir la race de Budle ; elle voulait tirer une horrible vengeance de son mari.

76. Elle attira ses fils et les mit sur le bloc ; ces enfants courageux furent effrayés, mais ils ne pleurèrent pas. Ils se jetèrent dans les bras de leur mère, en demandant ce qui allait leur arriver.

77. Point de question ; je songe à vous ôter la vie

à tous deux. Depuis longtemps j'ai le dessein de vous protéger contre la vieillesse.

78. « Sacrifie les enfants comme tu l'entendras, personne ne s'y opposera. Si tu réfléchissais à notre âge, encore si tendre, nous en serions plus heureux. » Elle leur coupa la tête à tous deux.

79. Atle demanda en quel lieu ses fils étaient allés jouer, qu'il ne les voyait pas.

GUDRUN.

80. Je vais traverser la salle pour te répondre. La fille de Grimhild ne doit pas cacher la vérité, et tu seras peu joyeux en l'apprenant, Atle. Tu as réveillé beaucoup de haine en tuant mes frères.

81. J'ai peu dormi depuis qu'ils ont succombé ; j'avais intercédé vivement en leur faveur ; maintenant je te donne un souvenir. Tu m'as annoncé, ce matin, une nouvelle dont je me rappelle parfaitement, et, ce soir, tu en apprendras une pareille de moi.

82. Tu as perdu les fils engendrés par ton âge mûr ; tu as vu leur crâne transformé en coupe ; j'ai mélangé ton breuvage, et l'ai teint avec leur sang.

83. J'ai pris aussi leurs cœurs et les ai fait rôtir à la broche ; puis je te les ai servis en disant que c'étaient des cœurs de veaux. Tu n'as point ménagé ce mets ; tout a été mâché, parfaitement mâché par tes dents molaires.

84. Tu connais maintenant le sort de tes enfants ;

il est peu de nouvelles plus pénibles à apprendre. Mon œuvre est accomplie, mais je ne m'en loue pas.

ATLE.

85. Tu as montré de la cruauté, Gudrun, en mélangeant mon breuvage avec le sang de tes enfants, en pressurant le sang de ta race, et tu laisses peu d'intervalle entre mes chagrins.

GUDRUN.

86. Je désire aussi te tuer ; rarement on agit complétement mal contre un roi comme toi. Tu as été le premier à commettre une action barbare, féroce, inouïe parmi les hommes.

87. Le meurtre que tu viens d'effectuer en augmente encore l'horreur. Tu as une grande dette à payer ; tu as bu la bière forte de tes funérailles.

ATLE.

88. Puisses-tu être brûlée sur le bûcher, après avoir été lapidée, lorsque tu auras atteint ce que tu désires.

GUDRUN.

89. Parle ainsi jusqu'à demain ; mais c'est une mort plus belle qui me fera entrer dans la lumière d'un autre monde.

90. Ils étaient assis dans la même pièce, et fai-

saient l'échange de leur mécontentement en se lançant des mots piquants. Aucun des deux ne s'en trouva bien. Un descendant de Nifl, il portait une grande colère dans son sein, parut devant Gudrun, et lui dit pourquoi il était irrité contre Atle.

91. Gudrun se rappela la manière dont Hœgne avait été traité, et assura qu'il serait heureux si on le vengeait. Alors Atle fut tué assez promptement, dit-on, par le fils de Hœgne et Gudrun.

92. Le roi commença à parler quand on le réveilla, et mit vivement la main sur sa blessure, en observant qu'un bandage était inutile. « Dites-moi la vérité, qui a frappé le fils de Budle? Je suis trahi. Je n'ai point l'espoir de vivre. »

GUDRUN.

93. La fille de Grimhild ne te cachera rien. J'ai voulu arrêter le cours de ta vie, et j'ai excité le fils de Hœgne à te frapper.

ATLE.

94. La fureur t'a portée à un meurtre contre nature; c'est mal de trahir celui qui se confiait à toi. Je suis allé demander la main de Gudrun.

95. Tu étais restée veuve; on disait que tu avais un esprit supérieur, et nous l'avons éprouvé dans l'occasion. Tu nous as accompagnés ici; nous étions

suivis d'une armée ; tout se passa d'une manière royale dans notre voyage.

96. Beaucoup de choses honorables en relevèrent l'éclat. Des bœufs furent tués, nous en mangeâmes avec abondance ; il y avait profusion de vivres, et bien des gens en eurent leur part.

97. Le lendemain de notre noce, je donnais beaucoup de joyaux à ma noble femme ; des esclaves, au nombre de trois fois dix, et sept bonnes suivantes, des guerriers et encore plus d'argent.

98. Tu reçus le tout avec indifférence. Le pays dont j'ai hérité de Budle était tranquille ; cependant tu le minas si bien, que je n'en retirai rien.

99. Tu as souvent fait répandre à ta belle-sœur des larmes abondantes, et depuis lors le cœur de ces époux n'a point été joyeux.

GUDRUN.

100. Tu manques maintenant à la vérité, Atle ; peu importe cependant. A compter de cette époque, j'ai rarement été douce ; toi aussi tu étais inquiet. Vous vous êtes battus entre frères, la discorde a été au milieu de vous. La moitié de ta maison est allée vers Hel, et tout ce qui devait causer votre bonheur a croulé.

101. Nous étions trois, et nous ne paraissions pas craindre le danger. Nous quittâmes notre pays pour suivre Sigurd, en nous abandonnant au vent ; chacun

de nous gouvernait à son tour le navire pour chercher la fortune, et nous arrivâmes enfin dans l'Orient.

102. Nous tuâmes le premier roi du pays et prîmes possession de son royaume; les Herses nous vinrent en aide, ce qui leur apprit à nous craindre. Ceux qui étaient poursuivis sans cause furent sauvés du bûcher par nous, et nous fîmes la fortune de ceux qui ne possédaient rien.

103. Le héros Hun mourut, et avec lui succomba mon bonheur. La jeune femme éprouva alors un rude chagrin; elle eut le lot d'une veuve. Je regardais comme un tourment ma vie et ma venue dans la maison d'Atle. Autrefois j'appartenais à un héros; sa perte me fut amère.

104. Quand tu venais d'une assemblée, nous demandions si tu avais vengé une injustice ou opprimé les autres; tu voulais toujours céder, ne jamais tenir pied, et garder le silence à ce sujet.———

105. « Tu manques maintenant à la vérité, Gudrun! mais notre sort ne pouvait être meilleur. Nous avons tout assassiné. A présent, Gudrun, veille à ce qu'il me soit rendu des honneurs quand on m'emportera d'ici.

GUDRUN.

106. J'achèterai un navire, puis un cercueil en pierre, et une toile bien cirée pour envelopper ton

cadavre. Je veillerai aux moindres détails comme si j'étais bienveillante pour toi. »

107. Atle devint cadavre, le chagrin de ses parents fut grand. Gudrun accomplit tout ce qu'elle avait promis. La savante fille de Gjuke voulait perdre la vie ; elle différa quelques jours, et mourut une autre fois.

108. Heureux ceux qui engendrent pour la gloire une fille comme Gudrun ; ils se survivront à eux-mêmes dans tous les pays, et leur saga, souvent répétée, trouvera toujours les hommes disposés à l'écouter.

XIX

LE CHANT PROVOCATEUR

DE GUDRUN

Gudrun, après avoir tué Atle, se rendit sur le rivage ; elle avança dans la mer avec l'intention de se noyer, mais ne put enfoncer. Le courant la porta au delà du golfe, vers le pays du roi Jonaker, et ce prince la prit pour femme. Leurs fils furent Sorli, Erp et Hamdir ; Svanhild, la fille de Sigurd, fut aussi élevée dans ce pays et mariée avec Jormunrek-le-Riche. Birke était chez ce dernier. Il excita Randver, le fils du roi, à jouir de Svanhild, et le dit ensuite à Jormunrek. Alors ce prince fit pendre Randver, et Svanhild fut foulée aux pieds des chevaux. Lorsque Gudrun l'apprit, elle en parla à ses fils :

1. On m'a raconté une querelle sinistre comme l'abîme, faible cause d'immenses chagrins, une querelle qui engagea Gudrun, à l'esprit énergique, à exciter ses fils au combat par des paroles cruelles.

2. « Comment pouvez-vous rester assis? Comment pouvez-vous passer votre vie à dormir? D'où vient que la joie ne vous est point à charge, depuis que Jormunrek a fait fouler votre sœur, encore si jeune, aux pieds des chevaux blancs et noirs, sur une route publique; aux pieds des chevaux gris, bêtes de somme des voyageurs?

3. « Vous ne ressemblez point à Gunnar; vous n'êtes pas non plus vaillant comme Hœgne. Vous vengeriez votre sœur si vous aviez le courage de mes frères ou la fermeté des rois Huns. »

4. Alors Hamdir, à l'esprit magnanime, chanta : « Tu n'as pas exalté, je pense, les exploits de tes frères lorsqu'ils tirèrent Sigurd du sommeil; lorsque tes draps bleu-blanc furent teints dans le sang de ton mari et couverts par le sang d'un meurtre.

5. « L'assassinat de tes frères te parut cruel et dur, puisqu'il te porta à tuer tes propres fils; nous aurions pu tous ensemble venger notre sœur.

6. « Apporte les joyaux des rois Huns! Tu nous as provoqués à nous rendre dans l'assemblée des glaives. »

7. Gudrun courut en souriant vers sa chambre, tira des coffres les casques royaux, de longues cottes de mailles, et les donna à ses fils. Ces beaux princes pesaient sur les épaules des chevaux.

8. Alors Hamdir, à l'esprit magnanime, chanta : « C'est ainsi vêtu que le prince du Javelot, après avoir succombé sur le champ de bataille, viendra visiter sa mère pour l'inviter à boire la bière de nos funérailles à tous, de Svanhild et de tes fils. »

9. Gudrun, la fille de Gjuke, s'éloigna en pleurant et fut s'asseoir pour raconter le sort déplorable de ses frères, et ce qui l'oppressait de bien des manières.

10. Je connais trois feux, je connais trois foyers ; j'ai été conduite vers la demeure de trois hommes ; mais Sigurd m'a semblé le meilleur de tous, lui que mes frères ont assassiné.

11. Je ne puis leur reprocher ces grandes blessures ; ils m'ont causé de plus violents chagrins encore en me donnant à Atle.

12. J'appelais ses fils pleins de vie, et ne crus être vengée de mes chagrins qu'en coupant la tête de ces descendants de Nifl.

13. Je me rendis sur le rivage ; j'étais mécontente des Normes, et voulais me soustraire à leurs persécutions ; mais les hautes vagues me soulevèrent ; je ne fus point noyée, et je pris terre pour vivre encore.

14. J'entrai pour la première fois dans le lit nuptial d'un roi; j'espérais mieux pour moi, et donnai le jour à des fils destinés à conserver l'héritage de Jonaker.

15. Mais de jeunes filles étaient assises autour de Svanhild, celle que j'aimais le mieux de tous mes enfants. Svanhild était aussi délicieuse à voir dans mes salles qu'un rayon du soleil.

16. Elle fut pourvue d'or et de joyaux avant d'être donnée par moi à la Gothie. La plus douloureuse de toutes mes afflictions, c'est de penser que les beaux cheveux de Svanhild ont été foulés dans la poussière par le pied des chevaux.

17. Cependant le chagrin que j'éprouvai en voyant enlever la victoire à mon Sigurd, tué dans son lit, me parut encore plus cruel. J'en éprouvai un bien grand en pensant que des serpents hideux avaient rongé le cœur de Gunnar, et que celui de Hœgne, le roi intrépide, avait été arraché tandis qu'il vivait encore.

18. Je me souviens d'un grand nombre d'infortunes et de douleurs ; ils ont tué Sigurd et laissé courir le poulain roux dont la course était si rapide! Il n'y a point ici de belle-fille ni de petite-fille pour offrir des présents à Gudrun.

19. Te rappelles-tu, Sigurd, ce que nous dîmes étant ensemble dans notre lit? Tu promettais, courageux guerrier, de revenir vers moi de la demeure des morts, et je devais t'y rejoindre.

20. Jarls! dressez le bûcher en bois de chêne, faites-le monter bien haut vers le ciel. Puisse-t-il consumer ce sein rempli d'affliction! le feu fait fondre la douleur autour du cœur. »

21. Que l'oppression des Jarls soit soulagée, que la tristesse de toutes les femmes diminue, en pensant que cette suite de malheurs a été chantée.

XX

LE POÈME ANTIQUE SUR HAMDIR

1. Laissez couler les pensées de tristesse et les larmes des Alfes qui troublent la joie. Le point du jour réveille toutes les souffrances des hommes.

2. Il n'en est point ainsi d'aujourd'hui seulement, ni d'hier ; mais depuis longues années les choses se passent de la sorte, et bien avant le temps où Gudrun, la fille de Gjuke, excita ses jeunes fils à venger Svanhild.

3. « Svanhild, ainsi se nommait votre sœur, que Jormunrek fit fouler aux pieds des chevaux blancs et noirs sur une route publique, aux pieds des chevaux gris, bêtes de somme des voyageurs.

4. « Depuis lors, princes du peuple, vous êtes les seuls rejetons qui me restent de ma race.

5. « Je suis isolée maintenant comme le tremble, je suis dépouillée de mes parents comme le sapin de ses rameaux, je suis privée de joie comme l'osier est privé de ses feuilles quand l'ouragan dévastateur arrive à la suite d'une chaude journée. »

6. Alors Hamdir-le-Magnanime chanta : « Gudrun, tu n'as pas exalté, je pense, les exploits de tes frères lorsqu'ils réveillèrent Sigurd plongé dans le sommeil : tu étais assise sur le lit, tandis que les assassins riaient.

7. « Tes draps nagèrent dans le sang de ton époux, ces draps bleu-blanc tissés avec art. Cependant Sigurd mourut, tu restas assise auprès de son cadavre ; tu ne songeais point à rire ; Gunnar te voulait ainsi.

8. « Ton intention était de nuire à Atle en tuant Erp et Eitil ; mais tu t'en trouvas mal. C'est pourquoi il faut se servir du glaive tranchant pour tuer, et de manière à ne point combattre contre soi-même. »

9. Alors Sorli chanta ainsi ; il avait de la sagesse dans l'esprit : « Je ne veux pas avoir de querelle avec ma mère ; les paroles nous manquent à tous deux. Tout ce que Gudrun peut demander, elle est sûre de l'obtenir par ses larmes !

10. « Pleure tes frères et tes jeunes fils ; ceux qui te sont nés les derniers se rendent au combat ; tu nous pleureras également tous les deux, car nous sommes destinés à la mort : nous succomberons loin d'ici. »

11. Ils partirent donc tout préparés au bruit des

combats; les jeunes princes traversèrent des montagnes humides sur des chevaux huns, afin de venger le meurtre de leur sœur.

12. Alors Erp chanta une première fois; ce noble prince badinait sur son cheval : « Il est difficile de diriger un homme timide; on dit que le fils de l'esclave a le cœur dur. »

13. Ils rencontrèrent sur la route l'homme aux grands exploits : « Comment le héros aux boucles brunes viendra-t-il à notre secours? »

14. Erp, le meurtrier des boucliers, répliqua: « Le sage dit qu'il aidera ses parents comme un pied aide l'autre, ou bien comme une main vient au secours de la seconde. »

15. « Comment un pied peut-il en aider un autre, comment une main viendra-t-elle au secours de la seconde? »

16. Sorli et Hamdir tirèrent le fer du fourreau, à la grand joie des démons, qui diminuèrent leur force d'un tiers, et renversèrent leur jeune frère sur le terreau.

17. Ils secouèrent leurs manteaux, rentrèrent le glaive dans le fourreau, et se couvrirent, ces descendants des dieux, du vêtement divin.

18. Ils continuèrent leur voyage, trouvèrent des sentiers de malheur, et le fils de leur sœur blessé, sur une branche de l'arbre glacé du meurtre. Ils se hâtaient, car il n'y avait pas de temps à perdre.

19. On parlait haut dans la salle; les hommes, étant

ivres, ne purent entendre le bruit occasionné par les arrivants, qu'au moment où l'on sonna du cor.

20. On se hâta de prévenir Jormunrek que des guerriers couverts de casques avaient été aperçus. « Songez à ce que vous avez à faire, les riches sont venus ; vous avez fait fouler aux pieds des chevaux une femme appartenant à ces hommes puissants. »

21. Jormunrek se mit à rire, passa la main sur sa barbe, demanda sa cotte de mailles (il combattait avec habileté), secoua sa tête brune, regarda les boucliers blancs, et se fit apporter promptement la coupe d'or.

22. « On pourra dire que je suis heureux quand Hamdir et Sorli seront dans les salles ; je les garrotterai avec des cordes d'arc, et ferai suspendre ces enfants de Gjuke à la potence. »

23. Roderglœd, chérie de la renommée, était debout sur l'escalier élevé. « Oui, roi, dit-elle à son fils, il en sera ainsi, puisqu'ils ont osé venir sans chance de succès. Deux hommes seuls peuvent-ils en garrotter dix fois autant dans ce château élevé ? »

24. Il y eut du bruit dans la maison ; les coupes furent jetées ; les héros étaient couchés dans le sang qui sortait de leur poitrine.

25. Alors Hamdir-le-Magnanime chanta : « Jormunrek, tu as souhaité notre arrivée, l'arrivée des deux frères dans ton palais. Maintenant tu vois tes pieds, tes — — — — tu vois tes mains, Jormunrek, jetées dans le feu brûlant. »

26. Odin, couvert de la cotte de mailles, rugit alors comme l'ours aurait rugi : « Jetez des pierres sur ces hommes, puisque les glaives ne mordent pas sur les fils de Jonaker. »

27. Hamdir-le-Magnanime chanta : « Mon frère, tu as fait du mal en ouvrant la bouche, puisque de mauvais conseils en sont sortis. »

28. « Hamdir, tu as du courage; que n'as-tu aussi du jugement? Il manque beaucoup de choses à un homme quand il est privé de raison. »

29. Ta tête serait déjà coupée, si Erp, le vaillant frère que nous avons tué en route, vivait encore ; les puissances du destin m'ont excité contre ce héros. Nous avons tué Erp, qui était saint parmi les hommes.

30. Ne ressemblons pas à des loups, en nous attaquant entre nous comme les chiens des Nornes nourris dans le désert.

31. Nous avons bien combattu, nous sommes debout sur les guerriers morts; ils ont été fatigués par les coups du glaive. Nous avons conquis le nom de héros; personne ne passe la soirée lorsque les Nornes ont prononcé leur sentence.

32. Sorli tomba sur le seuil de la salle et Hamdir derrière la maison.

TABLE DES MATIÈRES

CONTENUES DANS CE VOLUME

                                                                     Pages.
Notice sur les Eddas.   v
L'Edda de Snorre-Sturleson.   vii
Avant-propos.   1
Le Voyage de Gylfo.   15
Entretien de Brage avec Æger.   89
L'Edda de Sæmund-le-Sage.   101
Notice. 103

Première partie. 107

   I. La Prédiction de Wola-la-Savante. 109
   II. Les Poèmes d'Odin.
      1. Le Chant solennel antique. 122
      2. Le Chant de Lodfafner. 138
      3. Le Discours runique. 142

		Pages.
III.	Le Poëme de Vafthrudner	146
IV.	Le Poëme de Grimner	158
V.	Le Poëme du Nain Allvis	168
VI.	Le Poëme de Hymer	176
VII.	Le Festin d'Æger	183
	Le Chant diffamatoire de Loke	184
VIII.	La Recherche du marteau	198
IX.	Le Poëme de Harbard	204
X.	Le Voyage de Skirner	215
XI.	Le Poëme du corbeau d'Odin	223
XII.	Le Poëme de Vegtam	228
XIII.	L'Évocation de Groa	232
XIV.	Le Poëme de Fjœlsvinn	235
XV.	Le Poëme de Hyndla	245
Supplément. Le Poëme sur Rig		253
Le Chant du Soleil		261

Seconde partie		273
I.	Le Poëme sur Vœlund	275
II.	Le Poëme sur Helge, le vainqueur de Hating	283
III.	Le Poëme sur Helge, le vainqueur de Hunding	295
IV.	Le second Poëme sur Helge, le vainqueur de Hunding	305
V.	Le Poëme antique sur les Vœls	309
VI.	La Mort de Sinfjœtle	320
VII.	Le Poëme sur Sigurd, le vainqueur de Fafner	323
VIII.	Second Poëme sur Sigurd, le vainqueur de Fafner	335
IX.	Le Poëme sur Fafner	342
X.	Le Poëme sur Brynhild, fille de Budle, ou le Chant de Sigurdrifa	352
XI.	Fragments de Poëmes sur Sigurd et Brynhild	360
XII.	Premier Poëme sur Gudrun	365
XIII.	Second Poëme sur Brynhild	370
XIV.	Le Voyage de Brynhild vers Hel, ou le Poëme de la Géante	380

	Pages.
XV. Le Chagrin de Gudrun.............................	383
XVI. Les Larmes d'Oddrun.............................	393
XVII. La Vengeance de Gudrun........................	399
XVIII. Le Poëme Grœnlandais sur Atle................	407
XIX. Le Chant provocateur de Gudrun................	427
XX. Le Poëme antique sur Hamdir....................	432

FIN DE LA TABLE DES MATIÈRES.

1011. — Paris, imprimerie Jouaust, rue Saint-Honoré, 338.

www.ingramcontent.com/pod-product-compliance
Lightning Source LLC
Chambersburg PA
CBHW071058230426
43666CB00009B/1751